PARA RACHAEL,
Una mujer que revela a Dios

Un alumno de hace veinte años me recordó algo que yo dije en clase cuando tenía unos cuarenta y tantos años. Recuerdo decirlo:
"Me pregunto qué libro escribiré cuando me importe más lo que Dios piensa que lo que piensan las personas."

Puede que este sea ese libro, tal vez el primero de muchos.

CONTENIDO

PRÓLOGO

Nunca oí orar a mi madre. Ella nunca me contaba historias de la Biblia cuando yo era un niño ni tampoco me cantaba cantos de la escuela dominical. Mi madre conocía a Dios, y conocía a Jesús como su Salvador, pero guiarme en el cristianismo era tarea de mi padre. Él era un hombre. Ella era una mujer. La tarea de ella, y que se aplicaba a todas las mujeres piadosas, era desdibujarse en el telón de fondo doméstico; ayudar, nunca dirigir; apoyar, nunca enseñar. Así era como pensábamos en nuestros círculos eclesiales. En ese tiempo, yo no tenía idea alguna de que tal tipo de pensamiento estuviera generalizado en la cultura.

Mi madre era una mujer brillante y a la vez hermosa. Terapeuta ocupacional con formación universitaria, durante años estuvo a cargo del programa de terapia ocupacional en un hospital psiquiátrico privado. He visto fotografías de ella cuando era una joven esposa. Según la norma de mi cultura, ella era más que atractivamente femenina. Llevaba vestidos, tenía una buena figura, tenía un bonito rostro y cuidaba de su familia.

Siete mañanas y siete noches por semana, con pocas excepciones, mi madre cocinaba el desayuno y la cena. Usaba el poco tiempo libre que tenía con limpiar, lavar la ropa, llevarme al médico y al dentista cuando lo necesitaba, hacer la compra, y poner un paño frío sobre mi frente cuando yo ardía de fiebre. Ella era una mujer. Eso es lo que las mujeres hacían.

En el tercer año de su descenso de siete años al Alzheimer que terminó con su vida a los ochenta y siete años de edad, en un extraño momento espontáneo, mi madre puso palabras a una agonía insoportable que ahora creo que había permanecido latente en su interior desde su niñez. Mientras la llevaba hasta mi auto para salir fuera a almorzar, con mi papá caminando lentamente detrás, mi madre de repente se detuvo, y con terror en su mirada mirándome a los ojos, dijo entre lágrimas: "No soy buena para nadie."

Esa fue la segunda vez que yo había visto llorar a mi madre. La primera vez, muchas décadas antes, se produjo cuando yo, un muchacho malcriado de ocho años que no se había salido con la suya, de manera petulante, o más bien cruel, le dije a mi madre lo mala que era, que ella era la peor madre del mundo. No debería haberme asombrado, pero me asombré cuando ella comenzó a llorar. Recuerdo haber quedado sorprendido al entender al instante: *Ella no es solamente mi mamá, es una mujer.* Inmediatamente me retracté, y entre lágrimas le dije que no quería decir lo que acababa de decir, que ella era realmente una madre maravillosa, cualquier cosa para conseguir que dejase de llorar. No podía soportar verla sufrir.

Ella murió hace varios años. Yo sigo preguntándome: *¿Sintió alguna vez mi madre que ella era profundamente buena para alguien, que su vida produjo abundante agrado a Dios, a su familia, a otros, a alguien?*

Creo que no, y entender eso me produce dolor hoy: lo que podría haber sido, pero que no fue. Estoy agradecido por ser su hijo. Según el entendimiento que ella tenía del modo de ser y hacer con que Dios diseñó a la mujer, ella era una buena mujer, una esposa fiel, una madre bienintencionada que expresaba amor con sus obras, no con sus palabras. No recuerdo que ella me dijera nunca que me quería.

Aunque ese "no recuerdo" es triste, mi pensamiento más triste ahora es que quizá mi madre nunca supo, ni siquiera se preguntó a sí misma: *¿Qué significaría estar plenamente viva como mujer portadora de una imagen en cualquier relación que* *mi vida me proporcione, y en cualquier oportunidad para avanzar el reino de Dios que se me presente para la que soy llamada y estoy capacitada para seguir?* Si se hubiera hecho esa pregunta y hubiera decidido libremente que su llamado y sus dones se expresaban más plenamente en las oportunidades domésticas, mi madre habría encontrado significado y gozo en todas las cosas buenas que hacía por nuestra familia.

La historia de mi padre es diferente, pero inquietantemente similar. Con frecuencia yo oía orar a mi padre. Creí por primera vez que había un Dios cuando escuché orar a mi padre una mañana de domingo en la iglesia cuando yo tenía cinco años de edad. Sesenta personas, niños incluidos, se reunían en un gran círculo cada domingo en la mañana para recordar al Señor en su muerte. A esas alturas, yo había oído orar a muchos hombres en mis pocos años de vida. A las mujeres, desde luego, no se les permitía orar en voz alta. Nos enseñaban que ellas debían mantenerse en silencio en la iglesia.

Las oraciones de los hombres siempre parecían formales y predecibles. En una ocasión cronometré la oración de Bill Nelson: veinticuatro minutos. Pero ese domingo en la mañana, como había hecho anteriormente con frecuencia, mi padre se puso en pie para orar. Yo estaba tumbado en el piso alfombrado de nuestra iglesia, esperando que el Sr. Nelson no volviera a orar. No sé por qué, supongo que tuvo algo que ver con el Espíritu de Dios, pero levanté la vista y miré a papá cuando él comenzó a orar. Y lo entendí: *¡Él cree que está hablando a alguien!* En segundos, me puse de pie y casi dije en voz alta: "Mamamía. ¡Él le está hablando a Dios!" En ese momento me convertí en un teísta convencido. Tres años después me convertí en un cristiano creyente.

Papá amaba la Biblia. Cuando yo tenía doce años, él me estaba hablando de cuando Jesús abrió el Antiguo Testamento para mostrar al Cristo a dos discípulos desanimados que iban

DR. LARRY CRABB

PLENAMENTE VIVOS

Una visión bíblica que libera
a hombres y mujeres
para vivir más allá de los estereotipos

EDITORIAL PATMOS

Plenamente vivos

Publicado por Editorial Patmos, Miami, FL EUA 33166

Publicado originalmente en inglés por Baker Books, P.O. Box 6287, Grand Rapids, MI 49516-6287, con el título *Fully Alive*.

Traducido por Belmonte Traductores
Portada por Wagner Leonardo Francia

ISBN 13: 978158802-711-5
Categoría: Vida cristiana/Mujeres

Impreso en Brasil
Printed in Brazil

andando por el camino a Emaús. Recuerdo que hizo una pausa, apartó su vista de mí (ahora creo que estaba fijando sus ojos en el mundo real pero invisible), y casi con emoción y sorpresa infantil, estremeciéndose mientras hablaba, dijo estas palabras exactas: "¿No sería estupendo estar en un estudio de la Biblia con el Autor?"

El padre de mi papá murió cuando él tenía solamente cinco años. Después de terminar el octavo grado, papá dejó la escuela para conseguir un empleo y ayudar a sostener a su madre viuda y sus tres hermanos. Cuando tenía veintitantos años, consiguió un empleo como vendedor en una empresa grande que le proporcionaba un salario suficiente para permitirle proponer matrimonio a mi madre. Unos años después, su superior insistió en que siguiese la costumbre de la empresa y consiguiera mujeres para que durmiesen con clientes exclusivos.

En el espíritu de José, mi padre respondió: "No. No puedo ofender a mi Señor de esa manera." Perdió su empleo. Terminó una prometedora carrera. Entonces papá comenzó un pequeño negocio que durante años necesitó largas horas de trabajo y producía unos ingresos poco seguros. Con la ayuda de mi madre, mi papá nos mantenía a mi hermano y a mí alimentados, vestidos y relativamente cómodos.

Al echar la vista atrás, me doy cuenta con agradecimiento de que papá nos educó bien: mi hermano, Bill, en su larga rebelión, y a mí en mis luchas de fe durante mi época en la escuela superior en psicología. Y no tengo ninguna duda de que él amaba profundamente a mi madre.

Pero no creo que alguna vez se le ocurriera comportarse como un hombre hacia mi madre de maneras dirigidas a liberarla a ella para que pudiera vivir plenamente como mujer. En cambio, creo que él celebraba la conformidad de mi madre a la visión que se tenía, que en su mayor parte no se discutía sino que se acordaba, y que se centraba en "el papel de las mujeres" como sumisamente ayudadoras y seguidoras sin hostilidad. Puede que yo no lo notara, pero a lo largo de cinco décadas de conocer a mis padres, nunca vi a papá mirar a mi mamá con ojos que se preguntaban: *¿Quién es esta notable mujer? ¿Qué puedo hacer yo, y quién puedo ser, que la alentaría a dar libremente todo lo que hay en su interior para el reino de Dios, para la gloria de Dios, para alegría de ella, para la bendición de otros?*

No creo que él se resistiera a ese pensamiento. Creo que nunca se le ocurrió. Y no estoy seguro de que pensara en lo que él podía hacer como hombre para hacer profundizar a sus dos hijos en su masculinidad. Él quería fervientemente que Bill y yo amásemos a Dios y a los demás, pero como cristianos, no tanto como hombres cristianos.

Cuando tenía más de setenta años, papá con frecuencia me expresaba lo pequeño que se sentía, lo inútil e insignificante, y que se preguntaba por qué Dios le mantenía con vida en la tierra. Yo entonces me preguntaba, y me lo pregunto incluso más ahora: *¿Disfrutó alguna vez mi padre de su más profundo llamado como hombre, un llamado que podría haber continuado en sus años de ancianidad hasta el momento de la muerte?*

Creo que no. No creo que mi padre supieran nunca, o supiera preguntar, qué significaría estar plenamente vivo como varón portador de una imagen.

Ireneo, uno de los patriarcas de la iglesia primitiva, una vez escribió acertadamente: "La gloria de Dios es un ser humano hecho plenamente vivo." Permítame dar un poco de forma a esa idea, y expresarla como la pregunta que me incitó a escribir este libro:

¿Qué significa estar plenamente vivo como varón o como mujer para la gloria de Dios?

No quiero que nuestros dos hijos, que ahora están en la mediana edad, lamenten dentro de unas décadas que su madre y yo nunca nos hiciéramos esa pregunta seriamente y con alegría. Quiero que nuestros hijos, nuestras dos nueras y nuestros cinco nietos celebren su feminidad o su masculinidad como oportunidades diseñadas por Dios para traer a la tierra el gobierno de Dios. Quiero que ellos lo hagan revelando, mediante el modo en que se relacionan, algo maravilloso sobre el modo en que Dios se relaciona, tanto dentro de su propia comunidad eterna de tres Personas como con nosotros, sus hijos amados.

Y quiero lo mismo para ustedes, mis lectores, hombres y mujeres que nacieron como varones o mujeres, como parte de un plan divino que conlleva el alegre sentimiento de propósito que Dios quiere que ustedes conozcan en todas sus relaciones, incluso en las difíciles.

A medida que se preparan para leer este libro, permítame sugerir que piensen en algunas preguntas que no creo que mi madre y mi padre se hicieran nunca. Son preguntas que rara vez se hacen en nuestras iglesias, familias o amistades. Pero son preguntas que deben hacerse si hemos de cumplir el diseño de Dios para nuestras vidas. Después de todo, fuimos creados varón y mujer.

- ¿Qué tenía Dios en mente cuando nos creó como varón o mujer? ¿Solamente la procreación placentera? ¿Solamente matrimonios felices? ¿Hay alguna otra cosa que Él tuviera en mente? ¿Quizá algo más? ¿Algo más trascendente que cualquiera, un casado o soltero, puede disfrutar?
- ¿Qué significa estar plenamente vivo para la gloria de Dios como varón o mujer? ¿Está usted plenamente en vivo en su masculinidad o feminidad?
- ¿Qué hace que una mujer sea *profundamente femenina* de manera que revele algo maravillosamente único acerca del modo en que Dios se relaciona? ¿Es esta una nueva pregunta? ¿Le intriga? ¿Se ve usted, como mujer, femenina? ¿Cuándo? ¿Por qué?

- ¿Qué hace que un hombre sea *profundamente masculino* de manera que revele algo maravillosamente único acerca del modo en que Dios se relaciona? ¿Es esta una nueva pregunta? ¿Le intriga? ¿Se ve usted, como hombre, masculino? ¿Cuándo? ¿Por qué?
- ¿Nos quedamos cortos en cuanto a revelar el carácter de Dios al no relacionarnos como mujeres femeninas y hombres masculinos? ¿Hemos entendido que el pecado incluye el pecado *relacional*? ¿O consideramos que el pecado es poco más que una conducta obviamente mala?
- ¿Qué significa que una mujer soltera esté plenamente viva en su feminidad? ¿Qué significa que un hombre soltero este plenamente en vivo en su masculinidad? ¿Es eso posible? ¿Puede una persona soltera ser tan plenamente femenina o masculina como una persona casada? ¿Podría la soltería ser una oportunidad única para aprovechar, para los propósitos de Dios, un llamado tan elevado como lo es el matrimonio?
- ¿Podría haber una relación entre el fracaso de no relacionarse como hombres masculinos y mujeres femeninas y las atracciones hacia personas del mismo sexo, la promiscuidad, las adicciones sexuales o los temores sexuales?
- ¿Podemos entender que el gobierno de Dios, la llegada del reino de Cristo a la tierra, implica de modo central el desarrollo de un tipo de comunidad que solamente se desarrolla entre mujeres femeninas y hombres masculinos en la manera que ellos viven su género y en el modo de relacionarse? Stanley Grenz lo expresó de este

modo: "Cuando el gobierno de Dios está presente, cuando se hace la voluntad de Dios, emerge la comunidad."[1] ¿Qué quiere decir él? ¿Tiene razón?

Importantes preguntas. Muchas preguntas. Preguntas que no se formulan con frecuencia ni se responden con facilidad. Pero son importantes para todo aquel que anhele conocer el significado de la esperanza y el gozo de vivir como habíamos de vivir: como portadores con género de la imagen de Dios.

Mis padres vivieron de una manera que agradaba a Dios. Ellos disfrutaron de un buen matrimonio. Pero ¿cuánto más de la belleza relacional de Dios podrían haberme revelado, y cuanto más de su naturaleza en su género podrían haber disfrutado, si se hubieran hecho esas preguntas y hubieran buscado respuestas en la Biblia?

A mis padres, por su memoria que vive en mí y con el sentimiento que tenían de estar completos como varón y mujer y que disfrutan plenamente ahora y para siempre; y con un cálido agradecimiento les dedico este libro.

1 Stanley J. Grenz, *Theology for the Community of God* (Eerdmans: Grand Rapids, 2000), p. 24.

RECONOCIMIENTOS

Gracias al equipo de Baker Books que, desde nuestro primer desayuno de negocios en Denver, tuvieron una visión para este proyecto y dedicaron sus considerables talentos y energía para ayudar a que fuese lo máximo que pudiera ser a lo largo de su desarrollo. Chad, Mike, Lindsey y el resto del equipo: ha sido estupendo trabajar con ustedes.

Gracias a todos los alumnos en nuestra Escuela de Dirección Espiritual por hacer el viaje conmigo a medida que mis ideas sobre el género tomaban forma. Ustedes me han ayudado a entender que la visión de Dios sobre el género llega hasta lo profundo del alma humana con poder liberador.

Gracias a Tom y Jenny, a Bob y Claudia. Rachael y yo hemos caminado juntamente con ustedes durante casi una década en nuestro grupo de formación espiritual intencional, cada uno de nosotros anhelando llegar a ser más de quienes Dios nos diseñó que fuésemos como hombres y mujeres. Es un *buen* viaje.

Gracias a Andi: colega, amiga y hermana. No puedo imaginar hacer lo que hago sin ti. Tu entusiasmo acerca de mis "cosas del género" me alentó a escribir este libro.

Gracias a mis dos hijos: a Ken, cuyo sagaz interés en este proyecto y sus decenas de profundas conversaciones hicieron más para hacerme avanzar de lo que piensas; y a Kep, cuyo trabajo como agente del libro guió el proceso de pasar ideas a forma de libro, y cuyos sabios comentarios a medida que tecleaba el manuscrito son visibles en cada capítulo.

Y a Rachael, mi esposa durante casi cincuenta años, la mujer que mejor conozco y a la que más aprecio. Cariño, vives la feminidad de maneras que me inspiran a llegar a ser el hombre masculino que fui creado para ser. Lo he dicho un millón de veces y lo diré un millón de veces más: ¡Te amo!

INTRODUCCIÓN

Piense en un matrimonio, una familia, una amistad, un pequeño grupo de misioneros que sirven en un país extranjero, una reunión de la iglesia, una junta de ancianos, colegas en el trabajo, o amigos que juegan al golf…

Dondequiera que personas tengan la oportunidad de reunirse.

Ahora imagine un puente, un estrecho puente, que se extiende sobre un profundo abismo.

Una persona está en un lado del puente, y una segunda persona está en el otro lado. Las dos personas están frente a frente la una a la otra. Pueden ver las expresiones del otro; pueden oír las voces del otro. Pero nunca conectan.

Imagine a esas personas como dos mujeres. O dos hombres. O un hombre y una mujer. No tiene importancia. La única constante es obvia: hay una distancia entre ellos, cualquiera que sea su género. No se encuentran sobre el puente.

Y sin embargo, el cartel que hay a cada lado del puente dice: "El puente de la conexión." Este puente proporciona la oportunidad para que dos mujeres, dos hombres, o una mujer y un hombre se encuentren. Es lo que ellos quieren hacer:

- Las dos mujeres quieren conectar como hermanas o como amigas.
- Los dos hombres quieren conectar como hermanos o como amigos.
- El hombre y la mujer quieren conectar como hermano y hermana o quizá como amantes.

Fueron diseñados para conectar, para encontrarse a un nivel que satisfaga profundamente los anhelos de sus corazones. Pero realmente nunca se encuentran. Nunca sucede.

¿Qué será necesario…

- para que dos mujeres se encuentren como mujeres plenamente vivas?
- para que dos hombres se encuentren como hombres plenamente vivos?
- para que un hombre y una mujer se encuentren como hombre plenamente vivo y mujer plenamente viva, como hermano y hermana, o como amantes a largo plazo que se amarán el uno al otro con un amor semejante al de Dios para siempre?

Este libro utiliza la sabiduría de la comunidad donde se define el *conectar*, la Trinidad de Padre, Hijo y Espíritu Santo, para sugerir el modo en que hombres y mujeres pueden encontrarse y relacionarse sobre el Puente de la conexión.

PARTE I

EN BUSCA DE NUESTRO CENTRO QUE TIENE GÉNERO

DONDE VIVE LA VIDA DIVINA

No podemos decir que la humanidad está dividida en los temperamentos "sanguíneo" y "colérico", en extrovertidos e introvertidos, en razas blanca y de color, en genios y no genios, sino que la humanidad sin duda está dividida en hombres y mujeres, y esta distinción llega hasta las mismas raíces de nuestra existencia personal, y penetra hasta los terrenos "metafísicos" más profundos de nuestra personalidad y nuestro destino.

Emil Brunner[2]

En el centro de quiénes somos, tenemos un género. La feminidad o la masculinidad están irrevocablemente e irreversiblemente engranados en nuestro ser de modo que nadie puede decir de modo preciso: "Soy primeramente una persona y después varón o mujer." Con la privilegiada emoción del destino, más bien debemos decir: "Soy una persona masculina, un hombre," o: "Soy una persona femenina, una mujer." El centro de nuestra alma está vivo con masculinidad o feminidad. Nuestro estilo de

2 Emil Brunner, *Man in Revolt*, trans. Olive Wyon (Philadelphia: Westminster Press, 1939), p. 345.

relacionarnos único de nuestro género es claramente visible en nuestras interacciones cuando refleja algo maravilloso acerca de la naturaleza relacional de nuestro Dios, que está por encima del género.

Por lo tanto, debemos preguntarnos: "¿Qué hace a un hombre masculino? ¿Qué hace a una mujer femenina?"

1

SEXO Y GÉNERO

Cuando conozcamos a Dios lo bastante bien como para no valorar nada más grande que nuestra oportunidad de disfrutar de Él y revelarle a otros mediante nuestro modo de las relacionarnos, entonces llegaremos a estar cada vez más vivos como hombres masculinos y mujeres femeninas.

Debemos comenzar con la pregunta más básica: ¿Cuál es la diferencia entre sexo y género? Reconocer el sexo de un recién nacido, si es varón o mujer, es (normalmente) relativamente fácil. Los órganos genitales nos lo dicen. Con una confianza que no requiere ninguna formación médica, el doctor informa a los padres: "¡Es un niño!" o: "¡Es una niña!" Los padres entonces lo toman desde ahí. Visten y ponen nombre al niño/a de acuerdo a su sexo. La mayoría de cristianos están de acuerdo en que Dios hizo a los varones para que sean hombres y las mujeres para que sean femeninas, y debido al diseño de Dios, el sexo anatómicamente determinado tiene la intención de expresarse a sí mismo en un género socialmente identificado.

Pero no siempre. Recientemente leí el relato de un bebé nacido en Suecia. Cuando los amigos preguntaban a los padres: "¿Es niño o niña?" ellos calmadamente respondían: "Nuestro hijo decidirá eso más adelante. Nuestro hijo finalmente nos hará saber si tenemos un hijo o una hija."

En raros casos de hermafroditismo, los bebés nacen con órganos genitales tanto masculinos como femeninos. Normalmente se toma una decisión. Los médicos pueden implementar la decisión formando quirúrgicamente a ese niño como varón o mujer. En años posteriores, esa persona podría preguntarse por qué se siente como una muchacha atrapada en un cuerpo de muchacho, o por qué se siente como un muchacho atrapado en el cuerpo de una muchacha. En nuestra existencia caída, a veces surgen complicaciones que parecen no tener respuesta y ser difíciles, si no imposibles, de resolver.

El artículo que leí no hacía mención alguna de que el bebé sueco hubiera nacido con los órganos sexuales de ambos géneros, de modo que supuse que el *sexo* biológico del bebé no estaba en cuestión. Pero según la mentalidad de los padres, el *género* del bebé estaba por verse. En sus mentes, el sexo del bebé no determinaba el género. La decisión de adoptar la identidad social de un niño o una niña se dejaba en manos del bebé. Alguien tenía que tomar la decisión; ¿por qué no dejar que la tomase aquel que tendría que vivir con ella?

Los padres, por lo tanto, vestían a su hijo con un bonito vestido un día y con pantalones de chico al siguiente. Su plan era continuar con ese patrón hasta que el niño pareciera verse más atraído hacia un género o el otro.

Su modo de pensar es claro: *sexo y género son separables*. El sexo, sea un bebé varón o mujer, está fijado (en la mayoría de los casos) al nacer. La anatomía toma esa decisión. Pero el género, si un bebé vivirá como muchacho o muchacha y finalmente como hombre o mujer, es una decisión personal. El género escogido no necesariamente se corresponde con el sexo anatómico.

Un educador estadounidense llevó esta idea un paso más allá. Vi un videoclip de un hombre que decía apasionadamente a una clase llena de niños de escuela primaria que el género de cada uno no sólo era una decisión, era una decisión flexible. Si un muchacho quería vivir permanentemente como muchacha, o si una muchacha quería vivir permanentemente como muchacho, la reasignación sexual mediante cirugía era sin duda una opción. El sexo escogido podía encajar con el sexo físico; pero nuestra libertad personal, decía el maestro, es mayor que una decisión de cambiar de género. Que el sexo, la anatomía, permanezca fijado, pero se puede escoger el género a voluntad.

Si le escuché correctamente, el maestro estaba dando a entender que sin alterar la anatomía, cualquier persona podía escoger ser un muchacho hoy, una muchacha mañana; una joven en la universidad, un hombre a lo largo de la madurez; y en la ancianidad, una anciana o un anciano. Nunca debemos sentirnos limitados por nuestro cuerpo. El género es siempre una decisión.

Ni la perspectiva de los padres suecos ni la enseñanza del educador estadounidense representan la cultura generalizada; aún no, de todos modos. Pero sin rendirse a lo que la mayoría de cristianos están de acuerdo sobre la revelación bíblica que Dios hizo a los varones para que sean hombres y a las mujeres para que sean femeninas, sin una creencia correspondiente que señale que, por diseño de Dios, el sexo determinado anatómicamente debe expresarse a sí mismo en el género socialmente identificado, ideas que parecen radicales en la actualidad podrían llegar a generalizarse en el futuro.

El punto de comienzo

Nuestra cultura está sexualmente confundida. Y en el centro de nuestra confusión está la ausencia de un acuerdo bien pensado acerca de lo que hace que una persona varón sea un hombre masculino y acerca de lo que hace que una persona mujer sea femenina. Llegar al acuerdo en un asunto tan lleno de controversia requiere un punto de comienzo acordado.

La mayoría de evangélicos, pienso, creen que cuando Dios nos creó seres humanos varón y mujer, Él quería que nuestro *género*, nuestra identidad social como hombres masculinos y mujeres femeninas, se correspondiera con nuestro *sexo*, nuestra forma física como varones o mujeres. Si usted nació varón, vive como un hombre, tiene el aspecto de un hombre y se relaciona con los demás como hombre. Si usted nació mujer, vive como una mujer, tiene el aspecto de una mujer y se relaciona con los demás como mujer.

Ese punto de comienzo, sin embargo, plantea inmediatamente preguntas difíciles. ¿Qué significa vivir, verse y relacionarse como hombres y mujeres, ser *masculinos* o *femeninos*? Las palabras *masculinidad* y *feminidad* llenan nuestras mentes de tontas imágenes, superficiales estereotipos culturales que quedaron de eras anteriores y que siguen persiguiéndonos en la actualidad: trajes de tres piezas y blusas con volantes, hombres duros y mujeres tiernas, hombros anchos y piernas esculpidas, padres ausentes que trabajan duro y madres presentes que cocinan bien, fuertes líderes masculinos y sumisas seguidoras femeninas.

Si dejamos atrás esos estereotipos, entonces es necesario hacer otra pregunta: ¿Tienen los cristianos alguna base bíblica que podamos utilizar para entender lo que realmente significa que los varones y las mujeres llegan a ser hombres masculinos y mujeres femeninas? Debido a que llevamos la imagen de Dios, ¿pueden hombres y mujeres revelar algo únicamente maravilloso acerca de Dios mediante el modo en que nos relacionamos? ¿Es esa pregunta siquiera importante?

La respuesta de la Iglesia a la confusión de nuestra cultura en cuanto al sexo y el género me parece inadecuada. Nos hemos enfocado tan fuertemente o bien en el papel de las mujeres o en la igualdad de derechos para las mujeres, que hemos pensado muy poco en las *oportunidades relacionales únicas* de mujeres y hombres. Los tradicionalistas creen que tenemos razones bíblicas para mantener a las mujeres "en su lugar." Los igualitarios están preocupados de que no hacer énfasis en la igualdad por encima de la singularidad pudiera permitir que los hombres permanezcan en un "liderazgo dominante" en posiciones de autoridad (especialmente en la Iglesia).

Su preocupación está garantizada. En mis años de juventud, con frecuencia escuchaba a hombres en mi iglesia hablar de modo condescendiente acerca de "el papel de las mujeres." Nunca escuché a un hombre hablar de modo similar acerca de "el papel de los hombres." El mensaje estaba implícito pero claro: las mujeres están restringidas, los hombres son libres. El liderazgo pertenece a los hombres, las mujeres siguen calladamente. Mis padres vivían este mensaje.

Lo que no escucho en la actualidad en nuestros debates sobre sexo/género es una discusión profunda, bíblicamente dependiente y abierta de lo que significa que los hombres se asemejen a Dios en su masculinidad y que las mujeres, con igual importancia pero de modo único y diferente, se asemejen a Dios en su feminidad.

Los tradicionalistas patriarcales hacen hincapié en el liderazgo masculino, si no es en el mundo laboral, entonces ciertamente en la iglesia y la familia. Los tradicionalistas jerárquicos insisten en el otro lado de la misma moneda: el liderazgo de los hombres requiere la subordinación de las mujeres. Las mujeres disfrutan de igual valor, quizá, pero no de igual oportunidad. Las mujeres deben quedarse en el lugar que Dios les ha asignado. Eso es lo que hacen las mujeres *femeninas*.

Los que defienden el complementarianismo reconocen gustosamente que hombres y mujeres son diferentes, e insisten en que las diferencias creadas por Dios yacen primordialmente en papeles definidos por el género. Los hombres masculinos lideran. Las mujeres femeninas se someten. Algunos complementarianistas se alejan más de los tradicionalistas cuando sugieren que las diferencias de género proporcionan a las mujeres la oportunidad de complementar a los hombres relacionándose con ternura femenina mientras que los hombres siguen liderando con fuerza masculina. La autoridad final, sin embargo, se queda en el hombre tanto en la familia como en la iglesia.

Los igualitarios con frecuencia están de acuerdo en que hombres y mujeres son diferentes; pero en lugar de explorar nuestra singularidad de género con la esperanza de liberar a los hombres y a las mujeres a su masculinidad y feminidad dadas por Dios, su enfoque se centra en la igualdad plena de mujeres y hombres. Especialmente en el matrimonio, pero también en todas las relaciones (sociales, eclesiales o profesionales), hombres y mujeres han de relacionarse como compañeros iguales, amándose el uno al otro, respetándose el uno al otro, honrando las diferencias mutuas, sometiéndose el uno al otro en un diálogo sano cuando las opiniones difieren, y viviendo con igual libertad para seguir cada oportunidad deseada de ejercitar sus talentos y honrar cualquiera que sea su llamado. La igualdad de derechos para las mujeres es su enfoque, y no las oportunidades únicas en cuanto a género.

Lo que significa vivir, verse y relacionarse como hombres y mujeres plenamente vivos en su masculinidad y feminidad sigue siendo una pregunta inadecuadamente explorada. Con una frescura y un entusiasmo que yo no anticipaba, ahora estoy preguntando qué hace a un hombre masculino y qué hace a una mujer femenina, y cómo las diferencias en el modo en que hombres y mujeres habían de relacionarse, si ciertamente existen, revelan juntamente algo sobre nuestro Dios relacional que Él quiere que veamos y disfrutemos. Estoy mirando la Biblia para ver si Dios tiene alguna opinión sobre el asunto.

Nueva pregunta, nuevos pensamientos

Después de treinta años como psicólogo clínico, practicando y enseñando mi comprensión de la consejería cristiana, un entendimiento más profundo y más radical del cristianismo captó lo mejor de mí. Comenzó a dar vueltas una pregunta en mi mente que no me había hecho seriamente antes: *¿Qué significa llegar a estar plenamente vivo en Cristo por el Espíritu para gloria del Padre?*

Existimos para dar a conocer la historia de Dios. Dios no existe para dar a conocer la nuestra. Debemos llegar a estar plenamente vivos por causa de Dios, para glorificarle al disfrutar de Él y revelarle a los demás. Vivir para cualquier otro propósito conduce a la muerte.

Es muerte. Cualquier sentimiento de vida que produzca es una ilusión.

Se me ocurrió que las conversaciones que realmente importaban eran conversaciones que de algún modo liberasen más de la vida de Cristo en el alma de la persona, capacitándonos para dar a conocer mejor la historia de Dios. Y lentamente comprendí que ni la psicoterapia ni la consejería, tal como las practican los profesionales seculares y también como las practican los cristianos, se califican mediante este criterio como conversaciones que importan. Apuntan demasiado bajo, hacia aliviar el síntoma y producir sentimientos agradables, con métodos más arraigados en la investigación que en la revelación. La dirección espiritual, liberar la vida de Cristo mediante conversaciones guiadas por el Espíritu a almas hambrientas para disfrutar de Dios y revelar a Dios, se convirtió en el interés que me consumía. Poco después nació la Escuela de Dirección Espiritual.

Durante diez años, cuatro veces al año, he estado dirigiendo un programa de una semana llamado Escuela de Dirección Espiritual. Durante los tres primeros años me centré en situarme al lado de personas que portan una imagen para alentar el proceso de llegar a estar espiritualmente formados, de ser más semejantes a Jesús en la medida que le siguen. Entonces tuve algunos pensamientos más. El primero no era nuevo, pero llegó con una nueva fuerza: tenemos la imagen de un Dios relacional, la Trinidad. Ser verdaderamente formados a semejanza de Jesús significa relacionarnos como Jesús. La formación *espiritual* es formación *relacional.*

Rápidamente siguió un segundo pensamiento: no sólo somos personas que portan una imagen; somos personas que portan una imagen *que tiene un género.* Génesis 1:27 deja claro eso. Ahora tenía que preguntarme qué significaba ser formados relacionalmente como personas con género, relacionarnos al igual que Jesús como hombres y mujeres. Fue entonces cuando las palabras *masculinidad* y *feminidad* cobraron vida con un nuevo significado, un nuevo significado que yo quería explorar.

Me preguntaba: *¿Podría ser que masculinidad y feminidad tengan algo que ver con el modo en que hombres y mujeres se relacionan en la comunidad humana, el modo en que se relacionan por el poder del Espíritu de maneras que se corresponden así cómo el Padre y el Hijo se relacionan en la comunidad divina?*

Un tercer pensamiento surgió entonces en mi mente. ¿Podría ser que nos convirtamos en respuestas al Padre Nuestro al traer a la tierra el reino divino de Dios de una comunidad relacional cuando nos relacionamos como hombres masculinos y mujeres femeninas? ¿Nos creó Dios como varones y mujeres portadores de una imagen para que pudieran cada uno de ellos revelar, mediante el modo en que se relacionan, algo de la maravilla en el modo en que las personas de la Trinidad se relacionan?

Las hormonas, los órganos genitales y la distribución de cromosomas XY definen el sexo físico de una persona. Los cirujanos también pueden hacer mucho, aunque no todo, a la hora de cambiar el sexo con que alguien nace. La ropa, el estilo de cabello y las maneras dan evidencia de la identidad social como varón o mujer que alguien ha adoptado, aunque en estos tiempos unisex la evidencia a veces no está clara.

Los problemas de género se abren paso hasta el punto central cuando el *diseño religioso* (los roles del género tal como la iglesia los entiende) para hombres y mujeres se convierte en el tema. La discusión es con frecuencia acalorada. Pero ni la anatomía ni el aspecto (excepto en culturas fundamentalistas en las que las mujeres deben llevar faldas que cubran las rodillas o túnicas que oculten su figura) es responsable del fragor. La batalla se entabla por roles contrariamente a libertad; típicamente para las mujeres, no para los hombres. Dependiendo de la teología que la persona tenga, las mujeres deberían operar bien con roles asignados por hombres, o las mujeres deberían expresar su libertad para ser plenamente quiénes son.

¿Debería el sexo físico ser alterado quirúrgicamente? ¿Cuáles son expresiones visibles apropiadas de identidad social como varón o mujer? Psicólogos y moralistas debaten sobre la sabiduría de alterar el sexo físico de alguien por medio de la cirugía. Las normas culturales sugieren estrechamente o ampliamente expresiones visibles apropiadas de identidad social, del aspecto sexualmente específico de un hombre o de una mujer. Las personas de fe argumentan apasionadamente sobre el diseño religioso. ¿Existe tal cosa como un diseño religioso, un diseño que limita lo que las mujeres deberían hacer o que establece la plena igualdad de mujeres y hombres? ¿Están las mujeres restringidas de alguna manera en que los hombres no lo están? ¿O son las mujeres y los hombres igualmente libres para vivir como ellos decidan tanto en la iglesia como en la sociedad, por supuesto dentro de límites morales mutuamente acordados y aplicados sin discriminación?

Aunque estas preguntas reclaman la atención, hay otra,

quizá más importante, que está a la espera de ser abordada: ¿Qué significa relacionarse como mujeres femeninas y hombres masculinos para la gloria de Dios?

¿Nos creó Dios varón y mujer para relacionarnos de maneras únicas que revelen juntas la gloria del modo en que Dios se relaciona, dentro de su propia comunidad y con nosotros? Esa es la pregunta planteada por la idea de *género relacional*. Era una pregunta que yo quería hacer, y este libro es mi esfuerzo por desarrollar esa pregunta. Comencemos en el principio. Génesis 1:26-27 es nuestro punto de comienzo.

2

LAS PALABRAS TIENEN SIGNIFICADO

> Entonces Dios dijo: «Hagamos a los seres humanos a nuestra imagen, para que sean como nosotros...» Así que Dios creó a los seres humanos a su propia imagen. A imagen de Dios los creó; hombre y mujer los creó.
>
> Génesis 1:26-27, NTV

Palabras que parecen difíciles de entender a primera vista, a veces vale la pena leerlas una segunda vez, quizá una tercera. Por ejemplo, consideremos estas palabras escritas por el teólogo Reinhold Niebuhr, que nos dice que lo "eterno es revelado en lo temporal pero no es agotado por ello".[3] ¿Le resultan confusas estas palabras? A mí sí. Pero piense junto conmigo. Considere: si lo eterno es relacional porque Dios es una comunidad intemporal de tres personas en el cielo, y si lo temporal consiste principalmente en personas varón y mujer que se relacionan en la tierra en comunidad, entonces ¿podría ser que hombres y mujeres que se relacionan juntos en este mundo hayan de proporcionar un destello de la vida relacional de la Trinidad? ¿Estamos diseñados como seres con género para revelar algo acerca del modo en que el Dios eterno se relaciona mediante las maneras únicas en que nosotros nos relacionamos?

---

3 Reinhold Niebuhr, *Beyond Tragedy: Essays on the Christian Interpretation of History*, citado en Brian D. Ingraffe, *Postmodern Theory and Biblical Theology* (Cambridge: Cambridge University Press, 1995), p. 86.

Egoísmo bien disfrazado

El egocentrismo es una Medusa de muchas cabezas. Antes de que el Espíritu de Dios derrame la vida de Cristo en nosotros, el egoísmo es la energía principal en el alma humana. Busquemos por debajo de la superficie de la mayoría de las palabras que decimos, y aparecerá un interés obsesivo por nuestro bienestar, un interés con un compromiso muy dispuesto a utilizar a los demás, Dios incluido, para propósitos egoístas. El viejo cliché sigue diciendo la verdad: se trata de nosotros.

He preguntado a decenas de mujeres cuándo se sienten más femeninas, más contentas de estar vivas como mujeres, con más feminidad. Varias de ellas se ofendieron cuando utilicé la palabra *feminidad*. Una de ellas se expresó con fuerza y con una enojada pasión. "Su pregunta es degradante. Preguntarme cuándo me siento femenina da a entender que he de ser atractiva para un hombre, más un 'objeto femenino' que una persona respetada. ¡Escuche! Soy persona tanto como cualquier hombre. Lo que yo hago, cómo pienso y quién soy importa más que cómo me veo."

Respuestas más típicas se produjeron después de una expresión de confusión y una pausa para pensar: "No estoy segura de haberme hecho esa pregunta alguna vez." Cuando yo presionaba un poco, varias mujeres sonrieron y dijeron: "Bueno, sí me siento bien conmigo misma como mujer cuando sé que me veo bonita." Otras pensaban que la experiencia del embarazo y de dar a luz era una personificación de su identidad única como mujeres. Unas pocas dijeron que se sentían más femeninas durante el acto sexual. Y otras expresaron su deseo de ser queridas, valoradas y respetadas, tanto por hombres como por mujeres, por sus mentes y su competencia, por lo que ellas podían ofrecer a los demás y a la sociedad.

Ni una sola mujer me dijo: "Me siento más plenamente viva como una mujer femenina cuando me relaciono con otros de una manera que revela algo maravilloso acerca de Dios, algo maravilloso acerca del modo en que Él se relaciona y que yo fui especialmente diseñada como mujer para dar a conocer."

He preguntado a decenas de hombres, principalmente cristianos, cuándo se sienten más masculinos, más vivos como hombres. La mayoría respondió con una expresión de alegre indiferencia. Algunos sonrieron y dijeron: "¿Qué piensa que soy? ¿Un flojo?" O: "La evidencia es bastante clara. No soy una mujer. Y no soy gay." Respuestas más serias a la pregunta tenían que ver con competencia, logros, estatus social, capacidad atlética, una personalidad ganadora y divertida en las reuniones de negocios o en los vestuarios deportivos, y reconocimiento, principalmente por parte de compañeros varones.

Ni un solo hombre (incluido yo, al menos antes de comenzar a escribir este libro) se acercó a decir: "Me siento más vivo como un hombre masculino cuando me relaciono con otros de una manera que revela algo increíblemente bueno acerca de Dios, algo asombroso acerca del modo en que Él se relaciona y que yo fui especialmente diseñado como hombre para dar a conocer."

¿Qué hace a una mujer femenina? ¿Qué hace a un hombre masculino? Como pocas, esas dos preguntas revelan un egocentrismo bien disfrazado que mantiene al Dios que creó todo para su gloria en un trasfondo religioso cómodamente vago y centra la atención en cualquier cosa que nosotros poseamos o controlemos y que nos hace sentirnos bien con nosotros mismos. Ningún valor se siente mejor que nuestro experimentado bienestar.

Esa misma energía alimenta gran parte del debate sobre el género que surge en nuestra cultura. Casi siempre, la corrección política demanda que la identidad de género esté envuelta en libertad, no en una libertad dada por Dios para revelarle a Él, sino en sentirnos egoístamente con derecho a darnos importancia: "No definamos a las mujeres según los modelos sexy que vemos en las portadas de las revistas, y no definamos a los hombres según la anchura de hombros de un defensa de fútbol. Las mujeres son femeninas y los hombres son masculinos, si es que a alguien realmente le importan tales asuntos, cuando ejercen su libertad para vivir, verse y relacionarse de la manera en que quieran hacerlo y de tomar cualquier decisión que mejore su sentimiento de valía personal." La plena calidad de persona, no el pleno sentimiento de género, es el asunto.

La corrección religiosa, en círculos cristianos, llega principalmente en dos versiones. La versión tradicional enseña que las mujeres piadosas expresan su feminidad diseñada por Dios al someterse a sus esposos en el hogar y al liderazgo de los hombres en la iglesia. Y lo hacen en obediencia a Dios, con un sincero deseo de honrarle. Las mujeres que no tienen esposo son libres para moverse por la sociedad como deseen, pero deben someterse a la autoridad masculina en el ministerio. La feminidad, si alguna vez se utiliza esa palabra, es revelada en una mujer que se conforma a su papel dado por Dios. La masculinidad, es una palabra que rara vez se utiliza, tiene más que ver con el ejercicio fuerte y amoroso del liderazgo masculino en la familia y la iglesia, y hasta cierto grado en círculos profesionales y de negocios.

El igualitarismo, la segunda versión de corrección religiosa en el mundo cristiano, entiende los pasajes en la Biblia sobre sumisión y silencio (Efesios 5:22-24 y 1 Timoteo 2:9-12) como instrucciones que hablan a una situación cultural que ya no existe en la actualidad. Apelando a la Escritura, los igualitarios evangélicos creen que están honrando a Dios y su evangelio al alentar a las mujeres y los hombres (particularmente a las mujeres) a disfrutar de la libertad que Cristo ganó para ellos para vivir como personas libres e iguales. La feminidad madura se centra en libertad e igualdad, no en sumisión y silencio. La masculinidad madura se revela en la negativa de un hombre a sujetar a mujeres a su supuesta autoridad y en su libertad de seguir su llamado a la vez que vive en igualdad con mujeres en el hogar, la iglesia y la sociedad.

Ninguna de las perspectivas "correctas" sobre género parece lidiar vigorosamente con el modo en que la Biblia podría definir a una mujer *femenina* o un hombre *masculino*. Como espero demostrar, las palabras bíblicas se combinan con historias e instrucciones en la Biblia para indicar que feminidad y masculinidad consisten en *maneras de relacionarse* únicas y profundamente engranadas. Esta idea de que las mujeres femeninas y los hombres masculinos están formados para relacionarse con los demás de una manera que revela algo único acerca del carácter relacional de Dios no es fácil de digerir, en parte quizá porque vivir la idea requiere un asalto a nuestro egocentrismo. La primordial pasión de revelar a Dios a otros a cualquier costo para nosotros mismos requiere que nuestra obsesión por el yo dé paso a la obsesión por Dios.

Si la Biblia apoya esa idea, entonces debe ser explorada. Antes de preguntarnos si somos mujeres femeninas o somos hombres masculinos, antes de interpretar los pasajes sobre sumisión y silencio, y antes de decidir si estamos en el campamento tradicional o el igualitario, deberíamos estudiar las palabras escogidas por Dios cuando Él se refiere a su creación de nosotros como personas varón y mujer. Quizá ese estudio proporcionará más indicaciones para entender el modo en que Él ha diseñado a hombres y mujeres para relacionarse, y con qué propósito. Las palabras sí tienen significado, especialmente las palabras bíblicas.

Un entendimiento relacional del género: primeras indicaciones

Veamos de nuevo dos versículos que nos son familiares. Notemos las palabras que he puesto en cursiva.

Entonces Dios dijo: «*Hagamos a los seres humanos a nuestra imagen, para que sean como nosotros*. Ellos reinarán sobre los peces del mar, las aves del cielo, los animales domésticos, todos los animales salvajes de la tierra y los animales pequeños que corren por el suelo».

Así que Dios creó a los seres humanos a su propia imagen. A imagen de Dios los creó; *hombre y mujer* los creó. (Génesis 1:26-27, NTV)

No deberíamos pasar por alto que la historia bíblica asume, no se molesta en demostrar, la existencia de Dios. Lo que es evidente por sí mismo para una mente humilde no necesita defensa alguna. Desde un principio se nos dice que el Dios que siempre ha existido creó todo lo que ahora tiene existencia. Comenzando en el versículo 3 y continuando hasta el versículo 25, el primer capítulo del Génesis sencillamente dice que siete veces Dios declaró una palabra y todo, desde la luz hasta el espacio, los océanos y las plantas, las aves y los peces, y los animales, aparecieron milagrosamente. En estos versículos no hay referencia directa alguna a quién es Dios, solamente a lo que Él puede hacer.

Pero la fórmula cambia cuando Él crea a los seres humanos. Ahora está registrado que Dios dice, por primera vez, "Hagamos", aparentemente refiriéndose a una conversación entre al menos dos, o quizá tres, personas divinas que llegaron a una decisión conjunta. Es significativo observar que la primera indicación de Dios como una *comunidad de personas* se produce cuando Él crea a las personas. Y el Dios que escoge en este momento, no antes, revelarse a sí mismo como un ser divino relacional, crea a los seres humanos para *que sean como Él*. ¿Cómo? ¿En su relacionalidad? Eso parecería. El ser divino relacional crea seres humanos relacionales. Así es como comienza la historia de Dios, y de los seres humanos.

Las implicaciones llegan hasta la raíz misma de quiénes

somos y cómo estamos diseñados para vivir. Dios existe eternamente en una relación. Él es un ser relacional, y la Escritura pasa a revelar que la Deidad está formada por tres personas distintas que viven en comunidad. (Podríamos observar, de paso, que la Trinidad es el único grupo pequeño que siempre se ha llevado realmente bien y durante muchísimo tiempo.)

Debido a que este Dios relacional nos creó para que fuésemos como Él, desde el momento en que cada uno de nosotros llegó a existir fuimos creados como seres relacionales, llamados y diseñados para vivir en una comunidad semejante a la de Dios como personas distintas, hombre y mujer.

Observemos también la palabra *ellos* en el versículo 26: "ellos reinarán..." ¿Sobre qué? Sobre "los peces del mar, las aves del cielo, los animales domésticos, todos los animales salvajes de la tierra y los animales pequeños que corren por el suelo." Aparentemente, a hombres y mujeres conjuntamente se les otorga igual autoridad para gobernar sobre toda la vida subhumana; pero no se hace mención alguna de un género que gobierne sobre el otro. Al menos en este punto, el asunto de la autoridad no parece entrar en el plan de Dios para el modo en que los portadores de su imagen deben relacionarse mutuamente.

Y entonces, en el versículo 27, el escritor inspirado se repite otra vez, como un medio de hacer hincapié en algo. "Así que Dios creó a los seres humanos a su propia imagen. A imagen de Dios los creó." El punto está claro: ¡fuimos creados para ser como Dios! No para ser Dios, sino para reflejar a Dios de una manera crucial.

El escritor entonces nos dice inmediatamente que Dios nos creo varón y mujer. ¿Para ser como el Dios que está por encima del género en nuestro género? Así parece. Y debido a que solamente cuando Dios creó a los seres humanos varón y mujer fue cuando se presentó a sí mismo como personas en comunidad ("*Hagamos*"), se nos alienta a asumir que *como personas varón y mujer somos como Dios en su naturaleza relacional.*

Ahora tenemos motivos para pensar que sea lo que sea lo que signifique ser masculino o femenino, relacionarnos como lo hace la Trinidad es al menos parte del cuadro; y quizá el cuadro mismo.

Para resumir brevemente:

- Dios se reveló a sí mismo primeramente como una comunidad de personas en relación, no cuando creó los cielos y la tierra; las estrellas, soles y planetas; las plantas, peces, aves y animales, sino solamente cuando creó a personas varón y mujer.
- En la creación, Él dio a las personas que creó igual autoridad sobre toda la vida subhumana, pero ninguna autoridad para gobernar el uno sobre el otro.
- Siendo Dios revelado como relacional, creó a los seres humanos varón y mujer para que fuesen como Él, abriendo la posibilidad de que los hombres y las mujeres se relacionen mutuamente de una manera que refleje el modo en que las personas de la Trinidad se relacionan.
- Con estos pensamientos en mente, ahora podremos explorar con más detalle el propósito de Dios al crearnos varón y mujer. En el proceso, descubriremos lo que significa ser una mujer femenina o un hombre masculino, y estudiaremos las palabras clave en estos dos versículos en Génesis, en su idioma original.

3

EN EL PRINCIPIO

El género en el huerto de Edén

> Profundos anhelos yacen latentes en el alma adormecida. Las almas permanecen dormidas a fin de evitar sentir dolor y afrontar el fracaso. Pero un vivo y sustentador sentimiento de propósito que sobrevive a los inevitables desengaños y tragedias de la vida está a disposición de cada persona que despierte para descubrir el género que está en su centro.

Me pregunto si Dios dará la bienvenida a mi esposa en el cielo diciendo con calidez: "¡Bien hecho! Viviste tu vida como una mujer hermosa, femenina hasta la médula." Creo que lo hará.

A algunas mujeres, me temo que les dirá: "Como a todo aquel a quien alegremente recibo para que viva conmigo para siempre, estás aquí porque mi Hijo murió para darte el regalo de la vida eterna. Pero aunque viviste tu vida como una mujer admirable, atractiva, adorable, moral, generosa, trabajadora y competente, muy pocos en tu círculo familiar y de amistades fueron atraídos a mí por el modo en que te relacionaste con ellos. La belleza central de tu alma permaneció oculta. No viviste como una mujer profundamente femenina." En aquel día, ninguna mujer dirá: "¿De qué estás hablando?" Lo sabrán. Entonces.

Madre Teresa

Un boceto a lápiz enmarcado de la madre Teresa cuelga en nuestro pasillo. Paso a su lado cada día; por lo común, me detengo y lo miro. Y cuando lo hago, nunca falla: cada vez me siento extrañamente capturado por un asombro de indescriptible belleza, una belleza que abre los ojos de mi alma para ver y apreciar lo que mi vista natural no puede ni ver ni apreciar. Miro a la madre Teresa y quiero a Dios.

¿Por qué? ¿Era la desgastada y arrugada santa de Calcuta hermosa con la belleza de Dios? ¿Era ella femenina? Escuchemos a Pedro cuando habla a las esposas. Sus palabras hablan a todas las mujeres, casadas o solteras, y describen a la madre Teresa.

> No se interesen tanto por la belleza externa: los peinados extravagantes, las joyas costosas o la ropa elegante. En cambio, vístanse con la belleza interior, la que no se desvanece, la belleza de un espíritu tierno y sereno, que es tan precioso a los ojos de Dios. Así es como lucían hermosas las santas mujeres de la antigüedad. Ellas confiaban en Dios y aceptaban la autoridad de sus maridos.
> (1 Pedro 3:3-5, NTV)

La belleza que proviene del interior. Una belleza que no se desvanece. La belleza de un espíritu tierno y tranquilo. Mujeres santas que se hacen a sí mismas hermosas.

Creo que es seguro suponer que la madre Teresa ahora pertenece al grupo de mujeres santas que Pedro mencionó. La pregunta entonces es: ¿Cómo se hizo a sí misma hermosa? Sin duda, no con los peinados de moda, aretes de diamantes o trajes caros. Un hombre mira a una "diosa del sexo" y siente lujuria. Un hombre mira a una mujer femenina y adora. Si él tiene ojos que pueden ver la verdadera belleza, la atracción sexual hacia una mujer femenina, a pesar de lo fuerte que sea, ocupa un segundo lugar después de adorar a Dios y disfrutar de la manera femenina que la mujer tiene de relacionarse con los demas.

La madre Teresa sirvió a los demás de modo sacrificial y enfocado. El propósito de su vida era llevar a los perdidos a Jesús y llevar a Jesús a los perdidos. Pero un hombre puede también vivir para ese mismo propósito. ¿Puede una mujer servir a los demás de una manera diferente a la de un hombre, con una energía relacional diferente, ya sea que esté predicando desde detrás de un púlpito o abrazando a niños en un orfanato? ¿Había algo *femenino* acerca del modo en que la madre Teresa llegaba a los más pobres de la India?

En una ocasión tuve el privilegio de escuchar hablar a la madre Teresa en un desayuno de oración en Washington, DC. Mientras estaba allí sentado con otras tres mil personas que escuchaban su frágil pero a la vez fuerte voz, observé cuando ella abrió sus brazos y dijo: "No maten a más bebés no nacidos. Déjenlos vivir, y después tráiganmelos a mí." Mientras ella hablaba, yo pude ver a Jesús con brazos extendidos declarando palabras de invitación: "Vengan a mí todos los que están cansados y llevan cargas pesadas, y yo les daré descanso" (Mateo 11:28, NTV).

La belleza de la feminidad esparció el aroma de Dios por todo aquel auditorio, una belleza en las palabras de la madre Teresa que se correspondía con algo hermoso en Dios, lo cual Jesús perfectamente reveló.

Tres palabras en las que pensar

El poder de la invitación está vivo en el alma de cada mujer que conoce a Jesús. Ella tiene un poder para revelar la naturaleza relacional de Dios que ningún hombre puede revelar con tanta claridad. Yo lo denomino poder femenino. No es atractivo sexual; no es una personalidad socialmente adorable, o belleza física, o una competencia impulsada por la ambición. Es la belleza de la feminidad relacional. El libro del Génesis nos ayudará a entender este concepto.

> Entonces dijo Dios: Hagamos al hombre [*Adán*] a nuestra imagen, conforme a nuestra semejanza. (Génesis 1:26)
>
> ¡Con la ayuda del Señor, he tenido un varón! [*ish*] (4:1, NTV)
>
> Ella será llamada "mujer" [*ishah*] porque fue tomada del hombre. (2:23, NTV)

Adán

La primera palabra a observar es *adán*. Es más que el primer nombre del hombre. En hebreo, *adán* simplemente se refiere a un ser humano, ya sea hombre o mujer; una persona humana, no una persona divina o una criatura animal, sino un hombre o una mujer hechos a la imagen de Dios. Entonces Dios dijo: "Hagamos a Adán a nuestra imagen, conforme a nuestra semejanza" (véase 1:26).

Hagamos: las tres personas en la comunidad divina crean seres humanos *conforme a nuestra semejanza*, como seres relacionales.

Las Escrituras dicen que Dios es amor. Dios es un ser relacional cuyo amor fue derramado en su propia comunidad de la Trinidad antes de que ninguna otra cosa ni nadie existiera. Su gloria esencial, su gloria *relacional*, es amar, dar, aumentar el gozo y el bienestar de otro a cualquier costo para sí mismo. Para revelar su gloria, Dios creó seres humanos que, al igual que Él, son capaces de dar y recibir amor. Él nos creó para amarnos, y capacitarnos para revelar su amor mediante el modo en que nos relacionamos con los demás. Su plan era que viviéramos juntos como personas en comunidad del modo en que la Trinidad vive junta como personas en comunidad.

Ish

La segunda palabra que necesitamos observar es la palabra hebrea *ish*. Cuando Eva dio a luz (una experiencia nueva y agradablemente sorprendente que le pertenecía a ella únicamente como mujer), dijo: "¡Con la ayuda del Señor, he tenido [*ish*] un varón!" (4:1, NTV). Pero ella estaba sosteniendo un bebé. ¿Por qué llamó al niño un varón? Su bebé era un ser humano cuya anatomía igualaba a la de su esposo, no a la de ella. Ella reconoció que su primogénito era un ser humano varón, un bebé que crecería para convertirse en un hombre. Podría haber dicho fácilmente: "He tenido un varón en proceso, una persona varón".

Cuando ella declaró que su hijo era *ish*, estaba hablando de su sexo biológico, no de su masculinidad relacional. El asunto del *género* aún había de ser revelado.

Ishah

La tercera palabra a observar es *ishah*. Cuando Adán se despertó de su sueño, vio a una criatura distinta a todos los animales a los que él había puesto nombre antes de quedarse dormido, un *adán* semejante, un ser humano como él, pero no *ish*, no un varón. "¡Esta es hueso de mis huesos y carne de mi carne! Ella será llamada "mujer" [*ishah*] porque fue tomada del hombre [*ish*]" (2:23).

Imagino que su emoción fue doble. Por una parte, sintió enseguida que ahora había alguien de quien podía disfrutar relacionalmente de un modo en que no era capaz de hacerlo con los perros, los monos y los osos a los que acababa de poner nombre.

Pero su emoción tenía una segunda fuente, ciertamente sexual pero también personal y relacional. Había algo atractivo acerca de ese *adán* semejante. Esa persona era como él, pero diferente y atractiva. Con una sabiduría pura, Adán reconoció algo que le inspiró a decir: "Ella será llamada *ishah* porque fue tomada del *ish*".

Repito: el *sexo* está considerado, no el *género*. Aún no. La condición femenina estaba clara. La feminidad aún había de ser revelada y disfrutada.

Dos palabras más

Si no hubiera más palabras que discutir, si feminidad y masculinidad no tuvieran en cierto modo que ser reveladas aún como las expresiones relacionales del sexo, entonces el género sería identificado por las necesarias y universales expresiones físicas del sexo biológico de la persona: de *adán* como *ish* o *ishah*. El género de la persona no sería entonces otra cosa sino tono de voz, estilo de cabello, forma corporal y ropa. El género quedaría reducido principalmente a la sexualidad, a características físicas en uno que provocasen excitación física en otro, o al menos a la compatibilidad social.

La comunión del alma quedaría perdida. La cualidad de una relación sería medida por el nivel de satisfacción sentida que una persona experimentase en presencia de otra. La satisfacción sería derivada de los intereses comunes o de la excitación sexual, o de ambos. La puerta entonces estaría totalmente abierta a encuentros de cualquier tipo con personas del mismo sexo o del sexo contrario, fuesen sexuales o sociales. Incluso los buenos amigos no alcanzarían la gloria relacional de Dios. Cuerpos desnudos intentarían proporcionar la pasión que ya no estaría disponible en almas entrelazadas. Compañeros de golf y amigos de la iglesia entonces sobrevivirían con menos satisfacción de la que Dios quiso, y tan sólo vagamente se darían cuenta de lo que se estaban perdiendo.

La Biblia, sin embargo, ofrece más palabras que abren una comprensión relacional del género, una comprensión de la feminidad y la masculinidad relacional, y señalan el camino hacia un encuentro de almas que satisface mucho más profundamente que un encuentro de cuerpos o un encuentro de intereses mutuos.

Leamos una vez más Génesis 1:26-27, con mis comentarios esclarecedores:

"Hagamos, una comunidad de personas relacionales, seres humanos (*adán*) a nuestra imagen, no como seres físicos sino como seres relacionales, para que sean como nosotros en el modo de relacionarnos."

Por tanto, Dios creó personas humanas (*adán*) a su imagen relacional, con la capacidad como la de Dios de disfrutar del tipo de placer relacional en la comunidad humana que Dios disfruta en su comunidad divina. A imagen de un Dios relacional profundamente feliz los creó, varón (*zakar*) y mujer (*neqebah*) los creó.

Con estas dos palabras hebreas, *zakar* y *neqebah*, se introduce la idea de género como la expresión relacional del sexo de una persona. Veremos primero *neqebah*, una palabra que nos lleva más lejos que *ishah*, a lo que hace que una mujer sea femenina. La madre Teresa era una persona humana (*adán*) y una mujer (*ishah*), pero también era femenina (*neqebah*). ¿Qué significa eso?

4

¿QUÉ HACE A UNA MUJER FEMENINA?

Y sin embargo, en nuestro mundo todos piensan en cambiar el mundo pero nadie piensa en cambiarse a sí mismo.

Leo Tolstoy[4]

Todos pueden ser grandes porque todos pueden servir.

Dr. Martin Luther King Jr.[5]

En este mundo no todos podemos hacer grandes cosas; tan sólo podemos hacer pequeñas cosas con gran amor.

Madre Teresa[6]

Quién es más importante: el que se sienta a la mesa o el que la sirve? El que se sienta a la mesa, por supuesto. ¡Pero en este caso no!, pues yo estoy entre ustedes como uno que sirve.
Jesucristo (Lucas 22:27, NTV)

---

4 Leo Tolstoy, *Pamphlets* (Ann Arbor: University of Michigan, 1900), p. 29.

5 Dr. Martin Luther King Jr., discurso dado en Ebenezer Baptist Church, Atlanta, Georgia, 4 de febrero de 1968.

6 Madre Teresa y Brian Kolodiejchuk, *Mother Teresa: Come Be My Light* (New York:Doubleday Religion, 2007).

¿Qué hace a una mujer femenina? Las ideas en cuanto al género que desarrollaré son ajenas al modo en que gran parte de nuestra cultura cristiana piensa, y son muy incoherentes con la cultura secular, y por lo tanto, podrían ser resistidas o rápidamente descartadas.

Considere este primer pensamiento: una mujer es femenina cuando se relaciona de una manera que invita a otros a ver algo con respecto a Dios que es irresistiblemente atractivo, algo acerca de la naturaleza relacional de Dios que ella fue creada para disfrutar y revelar. Creo que esta es una perspectiva precisa y bíblica, contraria a lo que la sociedad ha presentado. Y para comenzar, permítanme ofrecer algunas palabras de contexto bíblico para definir a lo que me refiero cuando utilizo el término "feminidad relacional."

Un Dios relacional

Jesús nos dijo que nos amásemos los unos a los otros como Él nos ama, que mostráramos su modo de relacionarse mediante el modo en que nosotros nos relacionamos (véase Juan 13:34-35). Su plan está claro. Él quiere exhibir su persuasivo amor para que el mundo lo vea, no sólo mediante el activismo social de sus seguidores sino también, y aún más, por lo íntimamente que sus seguidores se corresponden los unos a los otros así como lo hace Jesús.

Esto es un asunto radical. Piense en la última vez que alguien hirió sus sentimientos. ¿Qué sucedió en usted? ¿Cómo respondió? Pablo quiere que mostremos la misma actitud que tuvo Jesús, una actitud que estuvo dispuesta a sufrir un trato terrible sin vengarse, con un solo propósito: *revelar la gloria relacional de Dios* (véase Filipenses 2:5-11).

¿Podemos usted y yo, hombres y mujeres comunes, que vivimos con todos los desaires, desdeños y aguijones que se producen incluso en la mejor de las relaciones, realmente interiorizar esa actitud y vivirla cada día cuando nos relacionamos los unos con los otros? Parece que Jesús así lo creía.

> "Les he dado [a sus seguidores, usted y yo] la gloria que tú me diste [el favor especial de Dios que vino con la encarnación de Cristo, la oportunidad de sufrir traición y abandono a fin de revelar el amor de Dios en las relaciones humanas, en cualquier circunstancia, en cada relación], para que sean uno [usted y yo], como nosotros somos uno" (Juan 17:22, NTV).

Pensemos en esa última frase: *"para que sean uno, como nosotros somos uno."* Jesús oró para que los seres humanos (*adán*), hombres y mujeres (*ish* e *ishah*), reprodujesen la comunidad divina en la comunidad humana, nunca perfectamente pero cada vez más fácilmente reconocible como divina, Trinitaria y semejante a Dios. Él quiere que nos encontremos en el puente construido por su cruz, el puente sobre el cual hombres y mujeres pueden conectar al relacionarse el uno con el otro de un modo que revele el modo en que Dios se relaciona. Hemos de dar a conocer al Dios que todo ser humano fue creado para disfrutar, el Dios que quiere que nos unamos a su fiesta y comencemos a danzar el uno con el otro.

Ahora bien, este es el punto hacia el que estoy avanzando. La comunidad humana está constituida por hombres y mujeres que se relacionan. Somos seres sexuales, *ish* e *ishah*, seres físicos que pueden hablar juntos, trabajar juntos, jugar juntos, disfrutar de intimidad física juntos, vivir juntos y servir juntos en nuestras iglesias y comunidades. Pero podemos hacer más.

Somos más. Tenemos un género relacionalmente, somos seres espirituales diseñados por Dios para encontrarnos en el puente revelando, como mujeres femeninas y hombres masculinos, algo maravillosamente único acerca de la naturaleza relacional de Dios. Revelamos algo que nos permite ver por qué las tres personas de la Trinidad conectan tan bien, por qué son eternamente felices con un gozo que anhelan compartir con nosotros.

Anteriormente vimos tres palabras hebreas: *adán* (personas humanas), *ish* (personas varones) e *ishah* (personas mujeres). Juntas, estas tres palabras afirman lo que es obvio: que los individuos son personas humanas que vienen en dos sexos, varón y mujer. Y debido a que llevamos la imagen de un Dios relacional, estamos constituidos para conectar y relacionarnos los unos con los otros, no sólo físicamente sino también personalmente.

Pero ¿cómo? ¿Cómo hemos de conectar, de relacionarnos juntos exitosamente? Acudamos a otras dos palabras hebreas: *neqebah* y *zakar*, palabras que aparecen en el lenguaje original del Génesis: "Así que Dios creó a los seres humanos a su propia imagen. A imagen de Dios los creó; hombre (*zakar*) y mujer (*neqebah*) los creó" (Génesis 1:27, NTV).

Ya sabemos lo que es obvio: somos hombres o mujeres. Pero estas dos palabras ahora nos conducirán a un territorio menos obvio y más controvertido, a lo que significa ser como Dios con un género relacional.

Neqebah: Hacia una comprensión de la feminidad

Una mujer femenina es... ¿qué? ¿Sensual? ¿Maternal? ¿Tierna? ¿Esbelta? Cuando Dios nos presenta por primera vez a mujeres, se refiere a ellas como *neqebah*. La palabra significa "perforado; horadado."

¿Cómo? ¿Una mujer femenina es una mujer que ha sido horadada? En el mejor de los casos, eso es confuso. En el peor, es ofensivo. ¿Dónde nos está llevando esta palabra?

Menos literalmente, *neqebah* se refiere a algo que ha sido abierto y donde ahora se puede entrar. ¿Quiere Dios que pensemos en el modo en que Él diseñó el cuerpo de la mujer? En el sexo, el acto físicamente más íntimo, la mujer presenta su cuerpo, abierto por Dios, capaz de que el cuerpo del hombre entre en ella. El encuentro es productivo y placentero, y bendecido por Dios si el hombre y la mujer están en una relación de pacto, casados, comprometidos el uno con el otro de por vida, y comprometidos al placer del otro más que al propio.

Viene un pensamiento a la mente: quizá la forma física del cuerpo de la mujer sea un tipo de parábola, o imagen, de la forma espiritual del alma de la mujer. ¿Podría la feminidad tener algo que ver con una mujer que está *relacionalmente* abierta a recibir? Nuestra semejanza a Dios no es física. Dios es un ser espiritual, tres personas que se relacionan no físicamente sino personalmente. Nosotros le reflejamos a Él más claramente cuando nos relacionamos juntos como personas.

Neqebah sugiere que la feminidad es relacional.

Una mujer femenina es una mujer que se relaciona de una manera en particular; está abierta a recibir a otros que acuden a ella. Y para llevar un poco más lejos la imagen, ella rodea cálida y agradablemente a aquellos a quienes recibe; invita el movimiento hacia ella y acepta el movimiento que recibe.

Nequebah *sugiere que las mujeres están diseñadas para invitar, no para demandar ni controlar.*

Cuando Eva pecó en el huerto, el juicio de Dios llegó en dos partes: *dolor físico*, dolor en el embarazo y en el parto, ambos el resultado de la intimidad física; y *dolor relacional*, conflicto sobre el puente, un hombre y una mujer que rivalizan por tener el control. Dios dijo: “Eva, ahora desearás controlar a tu esposo; pero a él no le gustará. Él te demostrará que no puedes controlarle alejándose de ti; o intentará dominarte para que seas sumisa” (véase Génesis 3:16).

Varias traducciones de Génesis 3:16 lo expresan de este modo: "tu deseo será para tu esposo." Sin embargo, la palabra que con tanta frecuencia se traduce como *deseo* en Génesis 3:16, *teshuqah*, aparece de nuevo en Génesis 4:7, donde Dios le está hablando a Caín, advirtiéndole que su ilegítimo y egoísta resentimiento contra su hermano podría conducir a la violencia. "El pecado está a la puerta, al acecho y *ansioso por controlarte*" (NTV, énfasis del autor). La palabra traducida como *deseo* en el juicio de Dios sobre Eva es la misma palabra en la advertencia de Dios a Caín, traducida como *ansioso por controlarte*. La Nueva Traducción Viviente de Génesis 3:16 lo dice correctamente: "Y desearás controlar a tu marido."

Dios estaba juzgando a Eva como mujer, tanto como mujer física como mujer relacional. Una mujer relacionalmente femenina está abierta a recibir; no demanda, invita como Jesús, quien invitaba a las personas cargadas y cansadas a acudir a Él. Pero Eva, ahora una mujer no femenina, está cerrada; ya no está abierta a recibir sino que ahora está ansiosa por controlar.

¿Por qué? El juicio de Dios no fue arbitrario; fue una consecuencia natural de que ella se alejase de Dios en desobediencia. Al negarse a descansar confiadamente en el amor de Dios, y no depender ni tampoco disfrutar de la bondad de Él, Eva estaba ahora sola, vulnerable en un mundo relacional peligroso. Necesitaba de Adán lo que ella no podía garantizar, lo que ella ya no podía disfrutar de parte de Dios. Con Dios fuera del cuadro, Adán ahora tendría que servir; pero él podría hacerle daño, y ya la había culpado a ella de su fracaso. Desde luego que ella tenía que protegerse a sí misma teniendo el control. Eso es totalmente razonable: para una mujer que no conoce a Dios.

Eva ya no estaba abierta a recibir; ahora estaba ansiosa por controlar, defensivamente e insistentemente. Su fragancia relacional ya no era invitacional; ahora estaba estropeada por la demanda, por un espíritu de sentirse con derecho: "Tú deberías ayudarme. Tú *debes* ayudarme. Me ocuparé de que lo hagas, y te dejaré si no lo haces." Eva, y las hijas de Eva, se convirtieron en mujeres no femeninas. Solamente Dios podía restaurar su feminidad. Solamente la vida de Jesús implantada podía capacitarlas para relacionarse como Jesús, para invitar, no para demandar ni controlar, y para finalmente y en última instancia depender y disfrutar de Dios, no de las personas y especialmente no de los hombres.

Neqebah *sugiere que una mujer femenina discierne y está abierta a recibir solamente lo que refleja el carácter de Dios y avanza sus propósitos.*

Este pensamiento viene de una historia del Antiguo Testamento relatada en 2 Reyes 12. Joás, rey de Judá, se dio cuenta de que era importante reparar el templo del Señor. Su pueblo ya no adoraba en el lugar donde Dios quería que adorase; en cambio, ofrecían sus sacrificios en altares paganos. El templo no estaba en buen estado; pero las reparaciones requerían fondos. Por lo tanto, Joás encargó a los sacerdotes que recogiesen el dinero que el pueblo daba al Señor y lo utilizasen para pagar las reparaciones tan necesarias.

Después de un retraso, un sacerdote llamado Joiada finalmente llegó a hacer lo que el rey quería que se hiciera: recoger dinero. Él "tomó un cofre grande, le hizo un agujero en la tapa y lo puso al lado derecho del altar, en la entrada del templo del Señor. Los sacerdotes que cuidaban la entrada ponían dentro del cofre todas las contribuciones de la gente" por el agujero hecho en su tapa (v. 9, NTV). Con el dinero del cofre abierto, el templo fue reparado.

Joiada "hizo un agujero" en la tapa del cofre. Esa frase traduce una palabra muy relacionada con *neqebah*. El cofre estaba abierto a recibir; pero notemos que estaba abierto a recibir solamente lo que la gente que obedecía a Dios echaba por el agujero. Y nada entraba mediante el cofre abierto que no se utilizase para avanzar los propósitos de Dios. El templo fue reparado, y eso agradó a Dios.

La historia sugiere una importante lección: cuando Dios abre algo, lo abre como parte de un plan para recibir solamente lo que le da gloria a Él revelando su carácter y avanzando sus propósitos. Mediante la obediencia de Joiada, Dios abrió el cofre para organizar la restauración de la adoración verdadera. Cuando Él abre a una mujer, la abre para recibir solamente lo que revela el carácter de Él y avanza sus propósitos.

Neqebah *sugiere que la feminidad relacional es una calle de doble sentido. Incluye una apertura a recibir y una disposición a dar.*

Marcos, el escritor del Evangelio, relata la historia de un debate entre unos fariseos y Jesús. El ganador, desde luego, fue Jesús. Los fariseos habían desafiado al Señor a explicar y defender sus puntos de vista sobre el divorcio. Moisés, el legislador designado por Dios, había dado permiso para que un hombre "puede darle a su esposa un aviso de divorcio por escrito y despedirla" (véase Marcos 10:2-9, NTV). ¿Estaba de acuerdo Jesús? ¿Estaría Él en desacuerdo con Moisés?

En la respuesta de nuestro Señor, recordó a quienes le desafiaban que "desde el principio de la creación "Dios los hizo hombre y mujer" (Marcos 10:6, NTV) y enfatizó el punto de que la conexión, no la distancia, era el plan de Dios. *Thélus*, la palabra griega utilizada para "mujer" en este pasaje, se refiere al seno femenino, más específicamente al pezón en el seno. De modo figurado, *thélus* da a entender algo con la capacidad de alimentar, *de dar a otro lo que puede sostener la vida de otro.*

La feminidad *física* se centra en la capacidad de recibir y dar, un cuerpo abierto para la entrada y para dar vida mediante la procreación, y senos liberados para dar el alimento que sostiene la vida.

La feminidad *relacional* es una manera de relacionarse que invita una conexión que da vida desde otro y alimenta una relación que da vida en otro. Pero este es sólo un entendimiento preliminar de la feminidad relacional, una definición de comienzo. Puede decirse mucho más, y lo diremos.

Para apreciar lo liberador que es en realidad el llamado de Dios a las mujeres, necesitamos pensar en lo que Pedro tenía en mente cuando enseñó a las esposas que se sometan a sus esposos. Sus palabras estaban dirigidas específicamente a mujeres casadas pero hablan a todas las mujeres, con un sorprendente entendimiento de lo que significa que una mujer se someta.

Oímos la palabra *someter* y pensamos en rígida restricción. Cuando Dios dice la palabra *someter*, abre una oportunidad para revelar algo maravilloso sobre el modo en que Él se relaciona.

5

SUMISIÓN

¿Una mala palabra?

> Entonces dijo Dios: Hagamos al hombre a nuestra imagen (*tselem*), conforme a nuestra semejanza (*demut*).
>
> Génesis 1:26

Todo ser humano lleva la imagen y semejanza de Dios. Eso significa que fuimos creados para *representar* a Dios reflejando su existencia trinitaria en este mundo como portadores de su *tselem*, su imagen, y también para *reflejar* a Dios como portadores de su *demut*, su semejanza relacional, relacionándonos en nuestra comunidad del modo en que Dios se relaciona en su comunidad.

Las mujeres y los hombres están diseñados especialmente por Dios para darle gloria a Él al reflejar a Dios y revelar el uno al otro algo único acerca del modo en que nuestro Dios en tres personas se relaciona dentro de su familia divina y con su familia humana.

Desde la eternidad, cada persona de la Trinidad *da* a las otras dos y *recibe* de las otras dos, siempre *moviéndose* hacia los otros para dar y siempre permaneciendo *abierto* a recibir.

Y así es como Dios se relaciona con nosotros, siempre moviéndose hacia nosotros para darnos todo lo que necesitamos, y siempre abierto para recibir de nosotros todo lo que nos produce gozo dar.

Sumisión mutua

Esposas, sométanse. No hay otro modo. Dios les dice a las mujeres que se sometan a sus esposos; pero también es cierto que Dios enseña a los hombres a someterse a sus esposas. Su plan parece ser que esposos y esposas vivan en una relación de sumisión *mutua.*

Peo el modo en que cada uno se somete al otro es diferente. Las mujeres femeninas se someten de una manera. Los hombres masculinos se someten de otra manera. ¿Cuál es la diferencia?

La respuesta tradicional a esa pregunta sigue estos términos: los esposos se someten a las necesidades de su esposa "más débil" (el término *más débil* está en 1 Pedro 3:7, NTV) al liderarla firmemente, fuertemente y amablemente en la buena dirección. Para los hombres, la sumisión se centra en amorosa *autoridad.* Las esposas, por otro lado, se someten a su esposo siguiendo el liderazgo de su esposo. Para las mujeres, sumisión significa amorosa *obediencia.*

Demos un paso más: no debe haber ninguna excepción a la obediencia de una mujer, como Pablo deja claro: "Así como la iglesia se somete a Cristo, de igual manera la esposa debe someterse *en todo* a su marido" (Efesios 5:24, énfasis del autor). Esas palabras están en el texto. No hay modo de evitarlas. Pero ¿qué significan esas palabras?

El significado que se enseñaba hace tiempo me hacía estar contento de unirme a los hombres judíos en dar gracias a Dios cada día por no haber nacido mujer. Me parecía que Pablo (y también Pedro) estaba confrontando a las mujeres con una difícil decisión. O bien la esposa debía agachar la cabeza bajo las órdenes de Dios y hacer cualquier cosa que su esposo piadoso o impío le dijera que hiciera, o debía desobedecer a Dios y tomar las cosas en sus propias y competentes manos, defendiéndose a sí misma como una compañera igual en todas las relaciones.

Supongo que hay una tercera opción, una escogida informalmente por un creciente número de mujeres cristianas: no preocuparse por el asunto. Que los profesores de seminario y pastores eruditos resuelvan lo que significa la sumisión. Hay que quedarse con las ideas prácticas para hacer funcionar un matrimonio sin preocuparse por toda esa enseñanza bíblica tan sofisticada. Los desafíos diarios para llevarse bien en una relación son lo bastante difíciles sin que una esposa tenga que pensar en si está siendo sumisa o no. En el peor de los casos, la sumisión es una idea repulsiva; en el mejor, es una antigüedad que encajaba hace un siglo. No es lo relevante para mantener vivo un matrimonio. ¿Es eso correcto?

¿Es la *sumisión* realmente una mala palabra, ofensiva, que hace demandas irrazonables y degradantes a las mujeres?

No puede ser así. Dios nunca declara una palabra que deshonre su creación. Sus mandamientos pueden parecer ofensivos para nuestro egocentrismo basado en nuestro orgulloso, pero nunca para nuestra humilde rendición. Cada palabra que sale de la boca de Dios es una palabra mediante la cual podemos vivir plenamente vivos como mujeres y hombres. Las palabras de Él son buenas y puras, justas y hermosas, siempre dan vida y nunca sofocan la vida.

Pero *¿sumisión?* ¿Es eso justo? ¿Es una vida buena y hermosa la que se vive cuando una mujer se somete a su esposo? Sí, desde luego… si entendemos correctamente la sumisión. Quizá necesitemos examinar con mayor detenimiento lo que Dios tenía en mente cuando les dijo a las mujeres que se sometieran a sus esposos. ¿Y qué tiene que ver la sumisión con que una mujer llegue a estar plenamente viva en su feminidad para la gloria de Dios?

Corregir el malentendido

Yo soy el primero de la fila como hombre que necesita desesperadamente volver a pensar en lo que Dios quiso decir cuando le dijo a mi esposa que se sometiera a mí.

Hace casi cincuenta años, mientras escuchaba a una mujer hermosa, talentosa y competente prometer obedecerme, sentí una ráfaga de superioridad. Mis votos delante del predicador el día de nuestra boda no incluían la palabra con "o". Yo prometí amar a mi esposa, no obedecerla.

Mientras escuchaba las promesas que nos hacíamos el uno al otro, surgió una imagen en mi mente. Me vi a mí mismo como un sargento amigable pero a la vez firme mirando a una soldado a quien, por su propio bien, se le requería hacer lo que yo dijera. Desde luego que también pude oírme a mí mismo prometer amar a Rachael del modo en que Cristo amó a su esposa, la Iglesia. No sentí ninguna incoherencia entre mis papeles como sargento y amante.

¿Por qué? Yo era el hombre, llamado a amar liderando. Ella era la mujer, llamada a amar sometiéndose. Yo dirigía. Ella seguía. Ese era el plan, y me gustaba. Me hacía sentirme fuerte, masculino, vivo en mi masculinidad con mis anchos hombros erguidos y mi orgullosa cabeza bien en alto.

Me sentía bien, pero también sentía presión. Como un cirujano que dirige a una enfermera mientras realizan una cirugía a corazón abierto, yo tenía que hacerlo bien. Al igual que la enfermera, la tarea de mi esposa era seguir mi dirección, sin hacer preguntas y con consejos dados solamente cuando se pidieran. Y al igual que el cirujano, mi responsabilidad era no cometer ningún error. Un error por mi parte podría significar la muerte de nuestro paciente.

¿Podría yo hacerlo siempre bien? Sentía miedo, me sentía inadecuado para la tarea, más débil que confiadamente fuerte. ¿Tenía yo lo necesario para liderar a mi esposa en el conflicto, en los temores como padres, en decisiones acerca del dinero y la profesión, en las inevitables luchas en el camino estrecho que conduce a la vida? No estaba seguro.

Incluso ahora mientras escribo estas palabras casi medio siglo después, me pregunto si aquellas dudas fueron las primeras indicaciones de un deseo de tener una compañera de matrimonio, no una subordinada. Recientemente le pregunté a Rachael cómo se sentía a medida que mis perspectivas sobre la sumisión estaban cambiando. Su respuesta requirió menos de un segundo de pensamiento. Ella dijo: "Aliviada."

Ya es momento de que limpiemos una palabra que, gracias a nuestros antecedentes y nuestra naturaleza caída, con demasiada frecuencia suena como una mala palabra a nuestros oídos. Dos pasajes en particular me están ayudando a ver brillar la palabra *sumisión* con la belleza que debe tener, tanto para mujeres como para hombres. En nuestra cultura, la pregunta realmente difícil es esta: ¿debería una esposa someterse a su esposo en todo? Mi respuesta es: desde luego que sí. Eso es lo que dice la Escritura. Pero mi pregunta es: ¿Qué quiere decir la Escritura?

El primero de los dos pasajes que quiero que veamos es la mitad de un versículo en Génesis. Se le dijo a Adán, antes de que Dios crease a Eva, que pusiera nombre a todos los animales. Me pregunto si Adán terminó su tarea sintiéndose increíblemente solo. *¿Son estas las únicas criaturas vivientes con las que puedo estar? Falta algo.* Me imagino a Dios sonriendo con anticipación mientras dirigía para que se escribieran estas palabras: "mas para Adán no se halló ayuda idónea para él" (Génesis 2:20). Algunas traducciones dicen que ninguna ayuda "idónea" para Adán se encontró entre los animales. Si Dios estaba sonriendo, era una risa de gozo. Él conocía la sorpresa que esperaba a Adán.

Ahora bien, supongamos que un chovinista, un hombre que se siente superior a las mujeres, o peor aún, un misógino, un hombre que menosprecia a las mujeres con una odiosa burla, pudiera llegar con charlatanería a la conclusión de que este pasaje demuestra que Dios está de acuerdo con su terrible perspectiva sobre las mujeres. El texto está claro: Dios creó a las mujeres para ser una ayuda idónea para los hombres. A los hombres les gusta el sexo. Nuestras esposas deberían estar disponibles para nuestro placer cómo y cuando nosotros lo queramos. A los hombres les gustan los alimentos. Nuestras esposas deberían aprender a cocinar comidas que nos gusten.

El lugar de una mujer es cooperar dondequiera que nos lleve nuestra profesión, seguir nuestra dirección en cuanto a cómo educar a nuestros hijos, gastar el dinero como nosotros queramos que se gaste. Los hombres buenos, desde luego, deberían ser razonables y sensibles, ocasionalmente incluso tiernos. Pero lo fundamental está claro: una esposa existe para ser una ayuda idónea para su esposo. Eso es lo que dice el texto.

Pero ¿es eso lo que quiere decir el texto? Ni siquiera se acerca a eso.

Ezer

La palabra traducida como "ayuda" es *ezer*. ¡Es una palabra hebrea utilizada a lo largo del Antiguo Testamento para referirse a Dios! Está en Éxodo 18:4; Deuteronomio 33:7, 26, 29; Salmos 33:20; 115:9-11; 124:8 y 140:5. El pasaje de Éxodo nos dice que Moisés puso por nombre a su segundo hijo Eliezer, un nombre que significa "Dios es mi ayudador." Y sabemos por qué escogió Moisés ese nombre. Está en Éxodo 18: "porque dijo: El Dios de mi padre me ayudó, y me libró de la espada de Faraón" (v. 4). Moisés que recordó la poderosa intervención de Dios en su vida y dijo: "Dios fue mi *ezer*."

Eva no era el *ezer* de Adán.

Notemos lo siguiente: *la palabra* ezer *nunca se utiliza para referirse a un subordinado que sirve a un superior, sin duda no cuando se utiliza para referirse a Dios como nuestro ayudador.* En la traducción griega del Antiguo Testamento, *ezer* se traduce como *boéthos*. Esa palabra significa literalmente "ayuda provista por alguien fuerte."

¿Da eso a entender que las esposas son tan fuertes como sus esposos, quizá más fuertes? Pero ¿acaso no dijo Pedro a los hombres que diesen "honor a la mujer como a vaso *más frágil*" (1 Pedro 3:7, énfasis del autor)? Es cierto que la mayoría de las mujeres son físicamente más débiles que la mayoría de los hombres y, por lo tanto, son más vulnerables al abuso físico y sexual. Y las mujeres tienden a reconocer con mayor facilidad cuando se sienten heridas y, por lo tanto, podrían parecer en algunas ocasiones más débiles emocionalmente que los hombres. ¿Son esas observaciones que Pedro tenía en mente?

Recordemos que también es cierto que las mujeres muestran una increíble fuerza que ningún hombre entiende al pasar por el agonizante dolor del parto y levantarse de la cama a las dos de la madrugada para ocuparse de un bebé que llora mientras su esposo sigue roncando. Desde luego, las mujeres son fuertes en muchos aspectos, de algunas maneras más fuertes que los hombres.

Me pregunto si *ezer* y *boéthos* nos dicen algo más sobre las mujeres. Como ya he sugerido, las mujeres están diseñadas para revelar algo acerca de Dios más claramente (¿podemos decir más fuertemente?) que los hombres. ¿Podría ser una fuerte capacidad de imitar la naturaleza invitacional de Dios, incluso hacia hombres críticos y que rechazan, y podría esa capacidad tener algo que ver con que una mujer sea un *ezer*, un *boéthos*, una fuerte ayudadora?

Quizá eso sea especular demasiado. Pero lo que está claro es que no hay indicación alguna de subordinación que nace de la debilidad en las palabras *ezer* o *boéthos*. Veamos ahora otra palabra en nuestro texto.

Kenegdo

Eva fue creada para ser una ayuda (*ezer*) adecuada para Adán. *Kenegdo* es la palabra hebrea traducida como "adecuada" o "idónea." Se refiere a alguien que corresponde a otro, alguien diseñado de manera única para ponerse al lado de otro como compañero; ni detrás como seguidor ni por debajo como inferior.

¿Recuerda el Puente de la conexión? Adán está en un extremo del puente, solo con un zoológico lleno de animales. Si ningún otro ser humano está al otro lado del puente, Adán no tiene ninguna ayuda idónea a quien dar, amar, de quien recibir ayuda o a quien disfrutar. Entonces él estaría destinado a vivir para sí mismo y organizar su vida en la tierra en torno a sus necesidades, porque no existía nadie más que tuviera necesidades humanas. Él siempre sería consciente de necesidades relacionales en sí mismo que nunca podrían comenzar a ser satisfechas en un mundo con hermosas flores e interesantes animales, pero sin ningún otro ser humano capaz de recibir lo que él podía dar y de dar lo que él anhelaba recibir.

Pero Adán se despertó de su sueño y miró al otro lado del puente para ver a otro ser humano, una ayuda idónea, una *ishah* que se correspondía con él, un *ish*; una mujer fuerte que podría invitar a Adán a avanzar hacia ella como un hombre fuerte, que podría revelar la apertura de un Dios invitacional. Imagino esa escena en el paraíso cuando Adán se encontró con Eva, y quiero gritar. "¡Que comience el baile!" Mi respuesta refleja la respuesta de Dios. Cuando Dios vio a un hombre y a una mujer en el medio de su hermosa creación, Él cantó el primer canto de la Biblia: "Entonces Dios miró todo lo que había hecho, ¡y vio que era muy bueno!" (Génesis 1:31, NTV). Su reino había llegado a la tierra.

El primer pasaje en Génesis nos señala hacia una nueva manera de entender la sumisión de la mujer, una nueva manera que quita lo malo de la palabra y revela su belleza. El término "ayuda idónea" nos dice que ninguna mujer en virtud de su género es inferior al hombre.

Avanzando hacia la enseñanza del nuevo pacto, podemos decir con confianza que cada mujer seguidora de Cristo es equipada por el Espíritu de Cristo para avanzar los propósitos del Padre de Cristo. ¿Cómo? Al relacionarse con la valentía y la fortaleza de una ayuda idónea, correspondiéndose con el modo en que Dios ayudó a Moisés a escapar de la espada de Faraón para dirigir a su pueblo hasta la Tierra Prometida.

Pero la pregunta permanece: ¿qué significa exactamente que una mujer se someta a su esposo en todo? ¿Puede nuestro estudio de *ezer* y *kenegdo* conducirnos hacia una comprensión limpia y liberadora de la sumisión?

Para responder estas preguntas, debemos ver ahora un segundo pasaje, más largo y lleno de sabiduría. Necesitaré otro capítulo para desarrollar lo que oigo decir a Pedro sobre la sumisión de una esposa a su esposo, y para llegar más cerca de saber lo que significa que una mujer, soltera o casada, esté plenamente viva en su feminidad para la gloria de Dios. Se complica un poco, pero permanezca a mi lado. Hacia donde nos dirigimos es bueno. Es *muy* bueno.

6

LO QUE SIGNIFICA REALMENTE LA SUMISIÓN

El desafío de la vida cristiana es actuar hacia los demás de maneras similares al modo en que Dios ha actuado hacia nosotros.

Charles Ringma[7]

La dignidad y la excelencia de un alma han de medirse por el objeto de su amor.

Henry Scougal[8]

Mi esposo acaba de admitir ante mí que es adicto a la pornografía. Yo no tengo idea alguna *de lo que significaría someterme a él. Me siento cualquier cosa menos femenina. Me siento muy poco querida, en todos los aspectos. No puedo imaginar ni siquiera volver a respetarle."*

"Las ideas de mi esposo sobre la educación son realmente exageradas. Él dice que cree en la disciplina estricta, pero se comporta tan duramente con nuestros hijos que los está alejando de él. Y siempre me critica por ser demasiado indulgente. No hay manera alguna en que yo pueda seguir un tipo de disciplina que hace que mis hijos estén aterrados

---

7 Charles Ringma, *Seize the Day with Dietrich Bonhoeffer* (Colorado Springs, CO: Pinon Press, 2000), 3 de enero.

8 Henry Scougal, *The Life of God in the Soul of Man* (Scotland, UK: Christian Focus Publications, 1996), p. 68.

por estar cerca de su padre. ¿En realidad se espera de mí que me someta a él?"

"Los dos acabamos de cumplir los cincuenta. Ahora, repentinamente él tiene un apetito insaciable de sexo. Nuestra vida sexual había sido buena, pensaba yo, pero ahora sus demandas son totalmente insensibles. A mí también me gusta el sexo, pero a veces, y con mayor frecuencia ahora, no estoy interesada. ¿Realmente espera Dios de mí que esté disponible para tener sexo con mi esposo siempre que él lo quiera? Sencillamente no puedo hacerlo. No puedo someterme a él."

"Realmente quiero casarme con este hombre. Pero durante tres años, casi cuatro, me ha estado diciendo que no está preparado. Dice que me ama, y me trata bien. Pero los dos tenemos cuarenta y tantos años y nunca nos hemos casado. Sé que no tengo que someterme a él como si fuese su esposa, pero no tengo idea alguna de lo que sería una feminidad sumisa en esta relación de noviazgo, o incluso si tiene un lugar. ¿Se supone que debo esperar dulcemente, decirle lo maravilloso que él es y orar para que él dé el paso?"

Dos preguntas: ¿Qué piensa cada una de esas mujeres que significa que una esposa se someta a su esposo? ¿Y qué les diría usted? A la primera pregunta, la respuesta parece clara: haz lo que se te diga. Eso es lo que la mayoría de nosotros creemos que significa sumisión. A la segunda pregunta, supongo que usted, y la mayoría de personas, podría responder: "No. No siempre debería someterse. Algunas situaciones requieren que no se someta. Someterse a un hombre que está equivocado haría que usted estuviera equivocada."

Hay una tercera pregunta. Cuando la Biblia dice a las esposas que se sometan a sus esposos *en todo*, y eso es lo que dice, ¿qué significa? ¿Cómo impulsaría el Espíritu de Dios, el verdadero autor de la Biblia, a esas mujeres a que respondan a esos hombres?

Bien, podríamos decir que esa es una pregunta con la que deben batallar los eruditos, y no los cristianos comunes sin títulos en teología. Y aún así, incluso los teólogos no siempre pueden ponerse de acuerdo en las respuestas correctas a preguntas difíciles. Quizá lo mejor que se puede hacer cuando una de esas mujeres le cuenta su problema, sería confiar en su intuición, honrar cualquier principio cristiano que venga a su mente, y ofrecer un consejo que parezca razonable.

Sin embargo, eso demuestra que no confiamos en la Biblia, que ya no dependemos de su enseñanza con respecto a que es clara en sus puntos esenciales y autoritativa en todo. Sin darnos cuenta (o admitirlo), sospecho que muchos cristianos han hecho exactamente eso debido a tres razones:

1. *La Biblia es difícil de entender.* Como acabo de mencionar, incluso los estudiantes de la Biblia serios no siempre están de acuerdo en asuntos importantes. ¿Qué probabilidades tenemos quienes no somos eruditos? Si no conocemos la cultura para la cual se escribieron los "pasajes sobre el matrimonio" en Efesios y 1 Pedro, ¿cómo vamos a entender lo que significa realmente la sumisión?

2. *La Biblia puede parecer irrelevante para la vida real.* Cuando las relaciones se estropean, necesitamos ayuda práctica. La Biblia nos dice que necesitamos conocer a Jesús y hacer nuestro mejor esfuerzo por seguirle, pero cuando necesitamos guía directa, la Biblia ofrece principalmente principios generales. Nosotros necesitamos concreción. ¿Qué ha de hacer una esposa enojada y confusa? Ella necesita respuestas reales, y no pautas generales.

3. *La Biblia nos lleva a direcciones por las que no queremos ir.* Dios puede ser rotundamente escalofriante. Queremos que nos bendiga con cosas buenas. Él quiere formarnos, a veces mediante cosas difíciles. Nosotros queremos utilizar la Biblia para conseguir la vida que queremos y utilizar a Dios para que nos ayude a relatar la historia que queremos relatar con nuestra vida. Pero la Biblia quiere que hagamos

encajar la historia de nuestra vida en la historia que Dios está relatando. La historia de Dios no siempre está en consonancia demasiado bien con la historia que nosotros queremos relatar.

Es cierto. La Biblia puede ser difícil de entender. Puede parecer irrelevante para las preguntas que la vida nos hace preguntar. Y lo que dice a veces sí suena peligroso. El sufrimiento no nos resulta atractivo; preferimos las bendiciones. Pero si creemos que la Biblia es literalmente la Palabra de Dios, una correspondencia de sesenta y seis cartas de amor escritas por Dios para nosotros, entonces perder la confianza en la Biblia, o leerla superficialmente con poco interés en estudiarla, no son opciones.

Dos convicciones y dos historias

A medida que batallo con temas controvertidos como lo que hace que una mujer sea femenina y lo que hace que un hombre sea masculino, dos convicciones centrales me hacen preguntarme ansiosamente lo que quiere decir la Biblia cuando enseña a las mujeres que se sometan a sus esposos en todo:

1. Mediante el Espíritu de Dios, la Biblia habla verdad amorosa y dadora de vida a hombres y mujeres que genuinamente anhelan vivir plenamente vivos *en* Dios, plenamente vivos *hacia* Dios, plenamente vivos *con* Dios, y plenamente vivos *para* Dios.
2. Una respuesta bíblicamente informada en cada situación está siempre a disposición de las personas que la quieran, una respuesta que logra nada menos que revelar la belleza de Dios incluso en los momentos más desagradables.

Esas dos convicciones han mantenido a este psicólogo cristiano en cierta manera cuerdo durante los últimos cuarenta años. He escuchado historia tras historia de sufrimiento, desilusión, fe perdida, furia y desesperación. La mayoría de esas historias giran en torno a sueños de relaciones que quedaron hechas añicos, y todas ellas implican dolorosos desengaños con la vida.

A continuación tenemos dos de ellas, historias reales que probaron mis convicciones. ¿Realmente habla Dios verdad amorosa y dadora de vida en situaciones difíciles que provocan preguntas difíciles? ¿Proporciona siempre la Biblia una respuesta informada a una situación difícil que causa gozo a quien responde?

La historia de Anne

Una mujer llamada Anne concertó una cita urgente. Su esposo durante veinte años, un hombre piadoso a quien ella respetaba profundamente, acababa de dejarla asombrada. Repentinamente, le dijo que quería hacer un intercambio de parejas durante una tarde de diversión sexual con otra pareja que estaba en su grupo de estudio bíblico. La otra pareja ya estaba de acuerdo. Sollozando de enojo, dolor y confusión, esta piadosa mujer me preguntó: "¿Qué debería hacer yo? Me he sometido a mi esposo durante veinte años. ¿He de someterme a él ahora?"

La historia de Jean

Jean y Alan llevaban tres años casados. Ambos tenían cerca de treinta años. Alan había pedido a Jean que firmase conjuntamente una solicitud de préstamo para un auto nuevo. Cuando ella revisó los documentos que Alan ya había rellenado, se dio cuenta de que él había subestimado su notable deuda y había sobreestimado sus ingresos conjuntos. "No puedo firmar esto. No es honesto," le dijo ella. Alan le recordó que él necesitaba desesperadamente un auto nuevo. "Sabes que mi trabajo me tiene en la carretera cinco días por semana, y el viejo auto que ahora conduzco siempre se está averiando y me hace perder mis citas. Estoy perdiendo dinero cada día. Realmente necesito que firmes esa solicitud. No puedo conseguir el préstamo sin tu firma."

Jean había sido educada en un hogar cristiano, y quería ser una buena esposa cristiana. "¿Debería someterme a mi esposo y firmar el préstamo?" preguntó. "¿Es eso lo que Dios quiere que haga?"

La pura verdad

Mi impulso, y quizá el de usted, sería decir no, por amor de Dios, no se someta. No tenga sexo con otro hombre. No firme ese préstamo que está respaldado por información falsa. En esas circunstancias, una esposa no debería someterse a su esposo.

Pero resista ese impulso y piense en cambio bíblicamente. ¿Qué significaría que esas mujeres sean una *ayuda idónea* para sus esposos, que se pongan al lado de esos hombres débiles y equivocados y proporcionen una fuerte ayuda? ¿Se sometería una fuerte compañera a alguno de esos hombres? Pablo les dijo a las esposas que se sometieran a sus esposos *en todo*. ¿Quiso decir lo que dijo? Claro que sí. Pero ¿qué quería decir?

¿Cómo entendemos la mayoría de nosotros la palabra *sumisión*? Cuando un esposo le dice a su esposa que se una a él sexualmente intercambiando parejas, la palabra *sumisión* suena a palabra sucia. Y según el modo en que pensamos en ella, lo es.

Pero quizá la palabra necesite un baño bíblico, un baño espiritual. Escuchemos al Espíritu de Dios hablar por medio de Pedro para limpiar la palabra. Permítame que repita sus palabras inspiradas con unos cuantos comentarios no tan inspirados por mi parte.

> Asimismo vosotras, mujeres, estad sujetas [someteos] a vuestros maridos; para que también los

> que no creen a la palabra [por ejemplo, organizando diversión inmoral y mintiendo en una solicitud de préstamo], sean ganados [no hay garantía; la meta no es cambiar al esposo] sin palabra por la conducta de sus esposas [conducta relacional; ¿no implica eso palabras?], considerando vuestra conducta casta y respetuosa.
>
> (1 Pedro 3:1-2)

Lo cual significa ¿qué, específicamente?

Vuestro atavío [el modo en que se presentan ustedes mismas como seductoramente hermosas para sus esposos] no sea el externo de peinados ostentosos, de adornos de oro o de vestidos lujosos, sino el interno [su belleza tentadora y seductora del alma], el del corazón, en el incorruptible ornato de un espíritu afable y apacible [dos palabras con significado inesperado; el espíritu que describen está oculto en el corazón de toda mujer cristiana, a veces demasiado oculto], que es de grande estima delante de Dios. (vv. 3-4)

¿Por qué?

Porque así también se ataviaban en otro tiempo aquellas santas mujeres que esperaban en Dios [santas porque sabían que su bienestar supremo dependía de Dios, no de sus esposos; y su afecto más profundo era hacia Dios, no hacia sus esposos], estando sujetas a sus maridos [la sumisión, sea lo que sea, ¿hace hermosa a la mujer? ¿Cómo?]; como Sara obedecía a Abraham, llamándole señor [señor, no Señor, un término de respeto, no de adoración]; de la cual vosotras habéis venido a ser hijas, si hacéis el bien [¿Cómo Sara? ¿Cuando ella no protestó cuando Abraham la ofreció a un rey para que tuviera sexo con ella para salvar su propio cuello?], sin temer ninguna amenaza [ser controlada no por lo que teme, sino por su amor por Dios, el cual la libera para estar plenamente viva para Él en su feminidad y para hacer visible la belleza de Dios mediante el modo en que se relaciona sumisamente]. (vv. 5-6)

Cuatro observaciones en las palabras de Pedro que destacan para mí pueden acercarnos hacia un entendimiento más limpio de la sumisión, y un entendimiento liberador de lo que hace que una mujer sea femenina.

Observación 1: Pedro comienza su discusión de la sumisión con la palabra asimismo.

En el capítulo anterior, Pedro estaba hablando de la crucifixión, donde Jesús se sometió a su Padre al escoger activamente y libremente rendirse a débiles políticos y malvados soldados. ¿Y ahora Pedro dice *asimismo*? ¿Debe una mujer someterse a Dios al rendirse a un esposo impío del modo en que Jesús voluntariamente se rindió a hombres impíos?

Sí. ¡Pero no nos apresuremos a una conclusión desastrosa! Pedro *no* está diciendo a las esposas que se rindan pasivamente a esposos abusivos. Si su esposo acude a usted con un bate de béisbol, corra a la vecina más cercana y llame a la policía.

Recordemos nuestro estudio de *neqebah*: una mujer ha sido abierta por Dios para recibir *cualquier cosa que avance los propósitos de Él.* Jesús fue abierto, como el Hijo que amaba a su Padre, para hacer la voluntad de su Padre. Para Él, eso significaba el Calvario. Una esposa piadosa es llamada a someterse igualmente como Jesús, cuyo propósito principal era revelar el corazón y la santidad de su Padre.

Oigo a Pedro decir a las mujeres: *disciernan lo que pueden hacer y decir que revele más claramente algo hermoso sobre Dios que su esposo necesite ver, con la oración de que Dios utilice su sumisión para avanzar su voluntad en la vida de su esposo.* No sean guiadas por lo que ustedes quieren que su esposo haga, o por lo que más temen que él pudiera hacer, sino más bien por su apertura a Dios para revelar lo que más representa al santo Dios de amor.

Observación 2: la palabra traducida como someterse significa "colocarse bajo un diseño mayor."

Quizá tenga la edad suficiente para recordar la comedia de televisión Gomer Pyle. Gomer era un torpe y descoordinado Marine que nunca podía marchar en formación militar. Él caminaba del modo en que su naturaleza arrítmica le guiaba a caminar. Cada episodio comenzaba con el sargento Carter diciendo al soldado Pyle *hypotassó*: que se pusiera en línea con el ritmo de la marcha.

Esposas, *hypotassó*. Esa es la palabra griega traducida como "estad sujetas" en 1 Pedro 3:1. No hagan sin pensar lo que sus esposos les dicen que hagan. Hay un diseño mayor bajo el que colocarse, una historia más amplia y mejor que relatar. La sumisión requiere un discernimiento sabio, no obediencia por reflejo. Hágase esta pregunta. ¿Qué acción por su parte relata no la historia que usted pueda preferir en el momento, sino la historia eterna que Dios está relatando, una historia profundamente buena con algunos capítulos profundamente difíciles? Viva para relatar *esa* historia.

Estemos atentos a un error común. Una esposa afligida puede suponer que marchar al paso del ritmo del Espíritu nunca haría que su vida fuese más difícil. Una esposa que hace que esa suposición puede que se niegue a ser una ayudadora sumisa, pensando que está relatando la historia de Dios cuando en verdad está relatando su propia historia tal como ella prefiere de modo natural que sea relatada.

Observación 3: la sumisión es comunicada más por la actitud que por la acción.

Pedro habla de un *espíritu afable y apacible*, y parece equiparar ese espíritu con la belleza que una mujer está abierta a revelar. *Afable* conlleva la idea de un centro sólido que nadie puede destruir. *Praus*, la palabra griega traducida como "afable," también se utilizaba para describir a un caballo antes salvaje que había sido domado, y llegó a significar "fuerza bajo control". Una mujer afable confía en su fortaleza interior para determinar sus acciones, no en sus emociones que son desencadenadas por el modo en que otros la tratan. Una mujer con un espíritu afable sabe que su esposo no tiene capacidad de destruir su hermosa alma, su centro femenino. Él puede causar un gran daño, pero nunca puede destruir su identidad como mujer creada a imagen de Dios y que está equipada para avanzar el propósito de Dios.

Una mujer con un espíritu afable no vive con un temor mortal a su esposo. El temor ya no requiere por su parte que proteja su alma; por lo tanto, ella es libre para honrar un bien más elevado, para respetar a su esposo como compañero portador de una imagen, e invitarle mediante su afable actitud a ser el hombre que él fue creado para ser.

Un espíritu *apacible* conduce a una mujer a no sentir un impulso controlador de "arreglar cuentas" con alguien que le ha hecho daño, a no devolver mal por mal. Una mujer con un espíritu apacible puede que sea extrovertida o tímida, porfiada o reservada, amante de la diversión y sociable o más seria y aburrida. Sea como sea, la pasión que le gobierna es invitar a que surja lo mejor de los demás al ofrecer lo mejor de ella a los demás.

Años atrás, Rachael y yo dejamos a nuestros dos hijos pequeños con un primo más mayor mientras viajábamos a Dallas. Yo había dejado claro que algo que ambos muchachos querían hacer este fin de semana no era una opción. En la habitación de nuestro hotel el sábado en la tarde, yo caminaba de un lado a otro preparándome para una difícil conferencia que tenía que dar aquella noche.

Cuando sonó el teléfono, Rachael contestó. Escuchó durante un minuto, después se giró hacia mí y dijo: "Es

Kep. Pensó en algo que podría persuadirte para que les dejes hacer lo que les habías prohibido." Me pasó el teléfono. Como un hombre en una misión, yo dije: "Encárgate tú. Necesito prepararme para esta noche."

Rachael me miró tiernamente, dijo no, y puso el teléfono cerca de mí sobre la cama. ¿Se estaba sometiendo a mí? Ella estaba *abierta* a recibir cualquier cosa que discerniera que avanzaría los propósitos de Dios en ese momento, decidiendo aparentemente que alentarme a que pusiera la conferencia por delante de la paternidad no sería bueno. Entonces ella *situó su conducta* para que encajase en su amor por la historia que Dios estaba relatando, una historia que ella quería relatar con su vida al invitarme a que yo relatase la historia de Dios con mi vida.

Ella sabía que yo quedaría sorprendido, enojado y amenazado por la fortaleza de ella. Fueron las tres cosas. Sin embargo, cualquier incomodidad que causara mi reacción no produjo un temor que la controlase a ella. Con el espíritu *apacible* de un amor valiente y respetuoso, ella obedeció a Dios y no a mí. Y mi mal estado de ánimo después de volver a decir no a mi hijo no generó comentarios de reprimenda por parte de ella. Continuó con lo que estaba haciendo antes de la llamada telefónica, leyendo, con un espíritu *apacible* que no sintió ninguna necesidad de hacerme pagar por mi inmadurez y mi falta de bondad.

Los esposos, podría añadir, no son atraídos confiablemente o rápidamente hacia la sumisión limpia de una esposa.

Observación 4: Pedro ofrece a Sara a las mujeres como ejemplo de la belleza de la sumisión.

¿Sara? ¿Cuándo respondió ella a Abraham como Jesús, abierta a recibir cualquier cosa que avanzase la voluntad de Dios, situando su acción para que encajase en la historia más amplia de Dios, no controlada por el temor y sin ningún impulso de responder a la debilidad de Abraham con alguna otra cosa que no fuese gracia?

Pedro nos hace saber que está pensando en la única vez en la historia de Génesis, Génesis 18, en la que Sara llamó señor a Abraham, indicando que le consideraba digno no de adoración sino de respeto.

Años antes, Dios había prometido a Abraham que sería padre. Décadas después, Sara no había concebido. Quizá ella entonces recordó que la promesa de Dios no hizo mención específica alguna a que ella sería la madre. Ya conocemos la historia. Sara entonces sugirió que Abraham tuviera relaciones sexuales con Agar, su sirvienta. Llegó Ismael, y era hijo de Abraham, pero no el hijo de la promesa. Dios le dijo a Abraham que despidiese a Agar y a Ismael.

Pasaron más años. Abraham, que ya tenía casi cien años de edad, volvió a escuchar de parte de Dios: "Serás el padre de un hijo *por medio de Sara*". Sara, oculta en la tienda, estaba escuchando. Oyó que a los noventa años de edad ella finalmente llegaría a ser madre, y se rió en incredulidad. "¿Después que he envejecido tendré deleite, siendo también mi señor ya viejo?" (véase v. 12).

El deleite que ella mencionó se refería al placer sexual que da como resultado la alegría de convertirse en madre. Al decir eso, dio a entender que no había disfrutado del sexo con su "señor" de cien años de edad hacía ya algún tiempo. Y ahora, ¿dos personas ancianas harían el amor? ¿Un hombre de cien años de edad rendiría exitosamente y una mujer de noventa años de edad se quedaría embarazada? Eso debía de ser algún tipo de broma.

Desde luego que no lo era. Notemos que la promesa bastante seria de Dios fue doblemente específica: llegaría un hijo por medio de Sara y el nacimiento tendría lugar dentro de un año. ¿Estaba dando Dios a Abraham tres meses para reunir valentía? Incluso un hombre de fe batalla con la duda. En sus años de juventud, se nos dice, Sara era una mujer físicamente hermosa.

En sus años de juventud, imagino que Abraham disfrutó de una activa vida sexual con su hermosa esposa. Pero ¿ahora?

Veamos lo que sucedió. El hombre de fe hizo el movimiento, sospecho que tres meses después. La mujer de belleza imperecedera se abrió para recibir el movimiento de su esposo que dio honra a Dios. Sara se sometió al propósito de Dios, como una mujer plenamente viva en su feminidad. Y Pedro dice: "Esposas, sean como Sara."

Una mujer me preguntó en una ocasión si debería someterse a un esposo que quería que ella tuviera sexo con otro hombre. Yo respondí: "Claro que sí. Sométase en todo. Dígale que no, tranquilamente y amablemente."

Otra mujer me preguntó si debería firmar conjuntamente documentos para un préstamo que ella sabía que contenía información errónea. Su esposo quería que ella firmase. ¿Debía someterse? Yo respondí: "Sí. Sométase en todo. Niéguese a firmar, tranquilamente y amablemente."

Si mi respuesta no tiene sentido ahora, creo que lo tendrá cuando haya leído usted este libro en su totalidad. Si mi respuesta tiene sentido ahora, cuando termine usted este libro tendrá incluso más sentido. Cada día tiene más sentido para mí.

Hay mucho más que decir acerca de lo que hace que una mujer sea femenina cuando se relaciona, sea esposa, novia, hermana, madre, hija o amiga. Pero ya hemos hablado lo suficiente sobre las mujeres ahora. Es momento de dirigir nuestra atención hacia los hombres y hacer la pregunta: ¿qué hace que un hombre sea *masculino*? Quizá esa palabra necesite también un baño bíblico.

7

¿QUÉ HACE A UN HOMBRE MASCULINO?

Los hombres desean, pero no saben qué: luchan y compiten, pero olvidan el premio… buscan poder y gloria, pero se pierden el significado de la vida.

George Gilder

Aquí estoy en los años de crepúsculo de mi vida, aún preguntándome de qué se trata todo… puedo decir esto: la fama y la fortuna es para las aves.

Lee Iacocca

La verdadera valía de un hombre ha de medirse por el objeto que persigue.

Marco Aurelio[9]

Espero haber sido claro: este no es un libro sobre esposos y esposas. Es un libro sobre hombres y mujeres. Casados o solteros, todos podemos vivir plenamente vivos ya sea como hombres masculinos o mujeres femeninas. El matrimonio presenta oportunidades únicas (y retos) tanto para el disfrute físico y relacional de nuestro género y para nuestro crecimiento relacional como personas con un género. Pero el llamado a relacionarnos como hombres masculinos o mujeres femeninas es para

9 Richard E. Simmons III, *The True Measure of a Man* (Mobile, AL: Evergreen Press, 2011), pp. 18, 15 y 2, respectivamente.

todos nosotros, ya sea que estemos casados, nunca nos hayamos casado, estemos divorciados o viudos.

Una persona femenina es femenina a los ojos de Dios hasta el grado en que revela la naturaleza relacional de Dios relacionándose con los demás de dos maneras distintas: como una mujer *abierta*, abierta a invitar y recibir movimiento de otro que honre a Dios, y como una mujer *llena*, alguien cuya manera de relacionarse muestra evidencia de que recibe con gratitud la vida divina que Dios derrama en ella y comparte generosamente esa vida para el propósito supremo de alimentar en otros movimientos que honren a Dios.

Permita que lo diga con más sencillez: al igual que Dios, una mujer abierta invita el movimiento piadoso y una mujer llena alimenta el movimiento piadoso. No posee ningún otro propósito mayor. Estas cuantas ideas, incluidas aquellas sobre la sumisión, solamente comienzan a relatar la historia de la feminidad. Plantean mil preguntas.

Pero antes de hablar más acerca de la feminidad, los hombres (Dios nos ayude) necesitan un tiempo igual. ¡Varias mujeres me han sugerido que los hombres necesitan *más* tiempo!

Zakar

Así que Dios creó a los seres humanos [*adán*] a su propia imagen. A imagen de Dios los creó; hombre [*zakar*] y mujer [*neqebah*] los creó. (Génesis 1:27, NTV)

Yo soy *zakar*, sea cual sea su significado. Cada persona varón es *zakar*, un hombre diseñado por Dios para revelar algo acerca de Dios mediante el modo en que se relaciona, un varón que puede llegar a ser masculino solamente al relacionarse de una manera distintiva de varón. Pero ¿cuál es esa manera? ¿Qué significa *zakar*?

En Marcos 10:6 Jesús usa la palabra griega *arsen* para referirse a una persona varón. El día 13 de julio de 1944, un médico les dijo a mis padres: "Es niño." Si hubiese hablado hebreo y griego, el médico podría haber dicho: "Su bebé es *zakar*. Es *arsen*." Un capellán de un hospital que supiera sobre tales cosas podría haber añadido: "Su niño ha nacido para revelar algo maravilloso acerca de Dios mediante el modo en que se relaciona. Que el significado de *zakar* y *arsen* les guíe a medida que educan a este niño para que llegue a ser un hombre masculino."

¿Puede imaginar a unos padres que escuchen esas palabras y se apresuran a encontrar diccionarios de hebreo y griego para descubrir de lo que estaba hablando el capellán? Desde luego que no. ¿Realmente necesitamos estudiar el significado de *zakar* y *arsen* para entender lo que hace a un hombre varón, un hombre masculino? ¿No lo sabemos ya?

Si un hombre sencillamente permanece siendo moral y alejado de la pornografía, la promiscuidad y la perversión; si se compromete a dar prioridad a la familia y los amigos por encima del éxito en su carrera y la estabilidad laboral; si vive de modo responsable y honestamente a medida que trabaja duro; si aprende a comunicarse más y a cerrarse menos; si hace cosas buenas para las personas menos afortunadas con su tiempo, talentos y dinero en su comunidad y mediante su iglesia, quizá incluyendo una viaje misionero ocasional a África, ¿no sería eso suficiente? ¿No sería un hombre ese varón?

Muchos hombres buenos piensan así; pero ese modo de pensar no da en el blanco. Deja a los hombres buenos vacíos, prematuramente contentos consigo mismos, y sin ser inquietados por algo que debería inquietarles: *su incapacidad de reflejar el penetrante y poderoso amor de Dios al entrar profundamente en el alma de otra persona con una influencia transformadora.* Tales hombres no sólo no son inquietados por su incapacidad de amar poderosamente, sino que también son inconscientes de esa trágica incapacidad. No tienen comprensión alguna de lo que el anciano y sabio, Zosima, quiso decir cuando dijo en *Los hermanos Karamazov* de Dostoyevsky: "[El infierno es] el sufrimiento de ser incapaz de amar."[10]

La versión actual de masculinidad está tristemente lejos del diseño de Dios. Un exitoso hombre de negocios que no tenga idea alguna de cómo entrar profundamente en el alma de su hija adolescente no es masculino. Los hombres en la actualidad tienen poca visión de lo que es posible para ellos si aprendiesen a relacionarse con el poder del evangelio.

He leído una decena de libros sobre lo que significa ser un hombre. Normalmente, no se emplean muchos pensamientos a la dramática verdad de que los hombres son portadores de la imagen de Dios, de manera única y diferente a las mujeres. Parece haber poca conciencia de que los hombres, al igual que las mujeres, fueron creados por Dios para representar a Dios al relacionarse como Dios. Se genera poca emoción por la idea de que un hombre sea llamado a disfrutar de Dios por encima de cualquier otro placer, sea lícito o ilícito, al relacionarse como un hombre que se relaciona como Dios.

Cuando los hombres dedican su mejor energía a cualquier otra cosa que no sea relacionarse bien en una santidad relacional, puede que se sientan vivos como hombres, pero están equivocados. Están vivos para sí mismos, no para Dios. Solamente cuando un varón vive su destino diseñado como hombre, llega a estar plenamente vivo para la gloria de Dios, como *zakar* y *arsen*.

Zakar significa "dejar una marca, causar un impacto." En la cultura del antiguo Oriente Cercano, la palabra se refería a un asistente de un rey, a un hombre que tenía el importante privilegio de recordarle al rey asuntos que requerían su

10 Fyodor Dostoyevsky, *The Brothers Karamazov* [Los hermanos Karamazov] (Middlesex, England: Penguin, 1959), p. 312.

atención de rey. *Zakar* llegó a significar alguien que *recuerda* algo importante que le *mueve* a hacer algo importante.

Si la idea de un movimiento que da vida se da a entender por *zakar*, ¿hemos de pensar del movimiento de un hombre en el acto sexual? Anteriormente hablamos de que *neqebah*, "abierto", podía referirse al cuerpo de la mujer como una imagen de la forma espiritual del alma de la mujer. Quizá *zakar* también pueda interpretarse más allá de lo físico: el movimiento de un hombre en el sexo proporciona una imagen del modo en que un hombre masculino se mueve en las relaciones.

Arsen

Arsen, la palabra griega para *varón*, significa "levantar, transportar." Señala a la fuerza necesaria para mover algo de un lugar a otro. Conjuntamente, *zakar* y *arsen* sugieren la idea de que un hombre refleja a Dios al recordar lo que es importante y entrando en una situación desordenada con la fuerza para marcar una importante diferencia. Ahora bien, a medida que siga leyendo, tenga en mente con firmeza que un hombre masculino se relaciona de una manera que refleja algo importante acerca del modo en que Dios se relaciona, dentro de la Trinidad y con su pueblo.

Tal como están planteados, estos primeros pensamientos tienen sentido intuitivo para un hombre. Yo me siento bien conmigo mismo cuando recuerdo algo importante que me mueve con la fuerza que necesito para hacer algo importante. Un cirujano recuerda lo que ha aprendido en su residencia hospitalaria y maneja con competencia las complicaciones que surgen en una operación delicada. Un ejecutivo recuerda su formación en capacidades de negociación y cierra de modo eficaz con gran trato para su empresa. En medio de un tenso desacuerdo, un esposo recuerda un consejo que escuchó en un seminario para matrimonios y toma la mano de su esposa, le mira tiernamente a los ojos y le pregunta suavemente: "Por favor, dime exactamente cómo te sientes. De verdad quiero saberlo." Y cada uno de esos hombres se siente bien consigo mismo como un hombre competente, eficaz y sensible.

Pero cada uno de esos hombres no llega a la idea de Dios de masculinidad. Cada uno de ellos ha olvidado lo que importa por encima de todo, y deja una marca que es menor que la marca que fue creado para dejar. Un menos que profundo entendimiento relacional de lo que Dios quiere que los hombres recuerden, unido a un movimiento competente, eficaz y sensible que de todos modos logra menos de lo que los hombres fueron diseñados para lograr, deja a los hombres menos que plenamente vivos en su masculinidad. Ellos revelan menos acerca de Dios de lo que Dios quiso que revelasen. Desgraciadamente, tal pensamiento erróneo llega de modo natural para los hombres. Y comienza en su infancia.

Recuerdo que en mis primeros años de adolescencia hice una recepción en tercera base, girándome rápidamente y lanzando un golpe perfecto al guante del receptor. El receptor fácilmente divisó al corredor de la base que llegaba al *home*. Ese *out* puso fin al partido. Ganamos, seis a cinco. Mis compañeros de equipo se apiñaron alrededor de mí. ¡Yo era el *hombre*!

Algunos años después practiqué softball rápido, como lanzador. Se me daba muy bien. Mi novia, que tenía dieciocho años (ahora es mi esposa) estaba sentada en lo alto de las gradas viendo jugar a su novio, que tenía dieciocho años (era yo). Con una velocidad cegadora y una elegancia sin esfuerzo (al menos así es como decido recordar el momento), hice un lanzamiento que pasó al lado del bate del bateador. ¡Strike tres! El *out* final. Una victoria en un gran partido. De nuevo, mis compañeros de equipo se agolparon alrededor de mí, pero mis ojos miraban fijamente a una bonita morena que llevaba un vestido de cuadros rojos y blancos y que saltaba arriba y abajo, animándome. ¡Yo era el *hombre*!

Menos de una década después, me gradué en primer lugar en mi programa de licenciatura en psicología clínica en la Universidad de Illinois, liderando el desfile de graduados por la plataforma delante de varios miles de padres, cónyuges, amigos y niños que aplaudían. No mucho después, estaba yo predicando en una iglesia donde asistía Pat Zondervan, el fundador de Zondervan Publishing. Él se acercó a mí para decir que había escuchado un libro en mi mensaje y estaría abierto a recibir un manuscrito por mi parte. Unos años después, mi nombre, *Dr.* Crabb, obtuvo un amplio reconocimiento en el mundo cristiano. A Dios sea la gloria. Grande fue su fidelidad. Yo estaba vivo con talento y éxito, dejando mi marca. ¡Yo era el *hombre*! Y me gustaba ese sentimiento.

Como alguien lo expresó, mi camino hacia la masculinidad falsificada comenzó en el campo de juego, cambió hacia el dormitorio y pasó a la sala de juntas.

Mientras tanto, mi matrimonio se desmoronaba. Rachael se sentía ignorada; su alma era invisible para mí a la vez que yo perseguía mi primer amor. ¿Adulterio físico? No. Algo peor: adulterio espiritual. El dios que yo estaba revelando a mi esposa era el dios de este mundo, incluso aunque predicaba en iglesias y escribía libros cristianos. Había olvidado el tipo de movimiento que más importaba. Me había apartado de Dios, y de mi esposa y mis dos hijos pequeños, para seguir lo que yo recordaba que me ayudaría a sentirme bien conmigo mismo: un talento demostrado, lujuria agradable y un éxito reconocido.

No me estaba moviendo como hombre cruzando el puente para derramar amor sacrificial a una mujer abierta, ni a nadie más. Tomando prestada una frase de Agustín, yo estaba centrado en mí mismo, olvidándome del Dios cuya imagen llevaba, sordo a su llamado a disfrutar de Él revelando su humilde amor por mí al amar a otros humildemente.

Me estaba moviendo, pero no por el Puente de la conexión. Me movía hacia mí mismo como un narcisista demandante. Yo era todo un éxito, pero no era masculino.

Ahora veo, y no lo veía entonces, que mi parálisis relacional era pecado relacional. Nada de borracheras, nada de pornografía, nada de pereza, ninguna deshonestidad; solamente una manera de relacionarme que revelaba a un dios erróneo y dejaba a mi esposa abierta sin que nada entrase, su alma femenina invisible y no tocada. ¡Yo *no* era el hombre! Y estaba haciendo difícil para mi esposa permanecer abierta, invitar un movimiento piadoso por parte de un hombre que no tenía entendimiento alguno de lo que era el movimiento piadoso. Pero yo creía que lo hacía. Estaba contento en mi inmadurez espiritual; durante un periodo demasiado largo.

Hasta que un hombre refleje, por atropelladamente que sea, el movimiento relacional del Dios que nunca olvida su pacto y nunca deja de moverse en costoso amor, ese hombre nunca sabrá lo que significa estar plenamente vivo en su masculinidad para la gloria de Dios.

Hasta que el movimiento de un hombre hacia otros revele el movimiento de Dios hacia él, hasta que un hombre recuerde que lleva la imagen de Dios y se mueva para revelar el carácter de Dios a otros, ese hombre seguirá una masculinidad falsificada con la feroz lealtad de un adicto, ya sea mediante la demostración de talento, lujuria agradable o reconocido éxito.

Zakar: un hombre que nunca olvida que lleva la imagen de Dios, que nada importa más que traer el reino de Cristo a la tierra cruzando el puente para entrar con fuerza en las vidas de otros con un peso divino.

Arsen: un hombre que sabe que no se moverá bien hacia

otros hasta que esté quebrantado por lo obsesionado que esté con su propio bienestar y ruegue misericordia mientras busca a Dios con todo su corazón. Este hombre sabe que sin la vida de Dios que vigorice su movimiento, permanecerá atascado en su extremo del puente, débil, incapaz de amar, y sin influenciar profundamente a nadie con la vida de Dios.

La pregunta permanece. ¿Cómo sería que un hombre que recuerda a Dios y depende de Dios se moviese en maneras que revelan a Dios hacia una esposa que se ha cerrado a sí misma, hacia un hijo o hija que le está partiendo el corazón, hacia unos padres que le han fallado, hacia un amigo antes cercano que le ha dado la espalda, hacia un colega que ahora entiende que le ha estado apuñalando por la espalda para avanzar su propia posición en la empresa?

¿Y cómo sería para un hombre masculino moverse hacia una esposa que responde, estupendos hijos, padres fieles, amigos que siguen siendo cercanos y colegas que le apoyan?

Dos pasajes, uno en Génesis y el otro en Éxodo, proporcionan indicaciones de comienzo de lo que significa vivir como un hombre plenamente vivo en su masculinidad para la gloria de Dios, un hombre que aprovecha la oportunidad relacional cuando ve, realmente *ve*, a la persona que está al otro extremo del puente.

8

MASCULINIDAD RELACIONAL

Si limita sus decisiones solamente a lo que parece razonable o posible, se desconecta de lo que verdaderamente quiere. Y lo único que queda es haber hecho una concesión.

Robert Fritz[11]

La resurrección es... el símbolo y la promesa de una humanidad que alcanza su meta adecuada, donde la historia de "pecado" de la vida humana en Adán es vencida y consumida por la historia de "gracia" relatada en Cristo.

Brendon Byrne[12]

La tarea de la nueva humanidad es mostrar en la conducta los caminos de Dios.

Stanley J. Grenz[13]

Toda la comunidad humana está centrada en torno a la comunidad de hombres y mujeres.

Claus Westermann[14]

---

11 Robert Fritz, *By the Path of Least Resistance* (New York: Random House, 1986).

12 Stanley J. Grenz, *The Social God and the Relational Self* (Louisville, KY: Westminster John Knox Press, 2001), p. 224.

13 Ibid., p. 263.

14 Ibid., p. 272.

Antes de que seguir hablando sobre lo que hace que un hombre sea varón, notemos el ritmo de pensamiento que fluye en estas cuatro citas. Es un ritmo que, cuando se capta, puede llevarnos a la confiada esperanza de que realmente podemos vivir como hombres y mujeres plenamente vivos para la gloria de Dios.

- Cita 1: Busque una visión para usted mismo que parezca irrazonable, una visión que esté al alcance solamente si conecta con un deseo dentro de su alma que nunca será satisfecho sin ayuda exterior.

- Cita 2: Gracias a la historia de la "gracia", hay a disposición ayuda exterior que, cuando se acepta, se convierte en ayuda interior. *Conectaremos* con lo que verdaderamente queremos, con nuestro deseo enterrado de revelar a Dios a otros mediante el modo en que nos relacionamos. *Venceremos* la historia de "pecado" o masculinidad y feminidad falsificadas. *Llegaremos* a estar plenamente vivos como varón y mujer que llevan una imagen. Y en verdadera comunidad, cuando nos encontremos sobre el puente, *disfrutaremos* de armonía perfecta, satisfacción completa, plenitud emocionante, y puro deleite como hombres masculinos y mujeres femeninas. Eso *sucederá*, en cierta medida ahora y en plenitud para siempre.

- Cita 3: Es nuestro destino garantizado por Dios relacionarnos unos con otros en el disfrute de Dios. Puede suceder. *Sucederá*.

- Cita 4: Divorcio, abandono, rechazo, ineptitud, torpeza, soledad, insignificancia, fracaso (todo

> lo que evita que nos encontremos en el puente) se convertirán en cosas del pasado, alegremente olvidadas. Por ahora, podemos hacer una travesía por el sufrimiento relacional hacia el sueño aparentemente imposible de nuestro destino relacional, un sueño que, cuando se convierte en nuestra ambición más fuerte y nuestra meta más decidida, nunca más volverá a quedar hecho añicos. A medida que viajemos por un camino estrecho, aprenderemos a danzar juntos como hombres y mujeres que proporcionan una muestra de la comunidad del cielo, una muestra que se convertirá en un banquete eterno y abundante.

Pensemos en lo que revela la historia de la gracia acerca de nuestro Dios social. La manera de Dios de relacionarse es invitacional, abierta de par en par para dar la bienvenida a todo aquel que llega a su fiesta, y totalmente provista para proporcionar el alimento que necesitamos para aprender la danza de la Trinidad. *La feminidad relacional revela la belleza invitacional de Dios.*

Y el modo de Dios de relacionarse es encarnado, recordando siempre su decisión de pacto de tenernos con Él, y moviéndose sacrificialmente a nuestro estado de perdición todo el camino hacia la cruz a fin de llevarnos a Él. *La masculinidad relacional revela la belleza encarnada de Dios.*

Permítame ahora ofrecer algunos pensamientos más sobre masculinidad, primero de Génesis y después de Éxodo. Quiero que veamos como se mira lo que los hombres revelan de Dios en sus relaciones de cada día.

La oportunidad de Adán de ser un hombre, aprovechada y después perdida

El primer capítulo de Génesis, junto con los tres primeros versículos del capítulo 2, dibuja un "gran cuadro" de la creación por un Dios singularmente poderoso y trascendente. Siguiendo Génesis 2:4, el texto se centra en la creación de Adán y Eva por Dios, y nos dice cosas que no se nos dicen en el capítulo 1.

Dios dio indicaciones de su naturaleza relacional solamente en Génesis 1:26 cuando dijo: "Hagamos al ser humano a nuestra imagen." Pero en el capítulo 2 vemos claramente que Dios no solo está *por encima* de nosotros en trascendente majestad, sino que también está *con* nosotros en inmanente amor, como un Dios feliz y social cuyo plan es incluirnos en el gozo de su comunidad.

Pero la cálida invitación de Dios a danzar con Él va acompañada por una firme advertencia: nunca debemos creer la mentira de que Dios retendrá alguna cosa buena de nosotros. Nunca debemos seguir nada que Él prohíba, pensando que disfrutaremos de mayor bondad de la que Él proporciona. Debemos confiar en Dios para que defina lo que es bueno mediante lo que Él proporciona o permite, y debemos confiar en Él para que defina lo que es malo mediante lo que Él prohíbe o retiene. (Hay veces, desde luego, en que Dios retiene cosas buenas para nuestro mayor bien.)

Notemos que el mandamiento de no comer de cierto árbol (un mandamiento que presenta la oportunidad de celebrar la provisión de Dios honrando su prohibición [Génesis 2:16-17]) es seguido inmediatamente por la observación de Dios de que no es bueno que el hombre esté solo, y con eso su intención declarada de hacer otra provisión para Adán: "Voy a hacerle una ayuda adecuada" (v. 18).

Observemos dos cosas acerca de esta extraña secuencia de advertencia y después bendición. En primer lugar, *Dios siguió su prohibición con un aumento de su provisión*. Dios creó a Eva para que el hombre y la mujer pudieran danzar juntos al ritmo de su amor y así mostrar la gloria relacional de Él. Proporcionó todo lo que necesitábamos para tener parte en el gozo de la fiesta de la Trinidad. Como escribió de modo revelador C. S. Lewis: "El gozo es el asunto serio del cielo."[15]

Tenemos que ser claros: las prohibiciones de Dios existen para salvaguardar el disfrute de sus provisiones. Dios le dijo a Adán qué no hacer para que él y su esposa que pronto llegaría disfrutasen de todo lo que podían hacer.

En segundo lugar, quizá más extraño que lo primero: *Dios hizo su advertencia a Adán antes de que Eva fuese creada.* ¿Por qué? Dios le estaba dando a Adán una oportunidad de recordar y moverse, de relacionarse como un hombre al recordar algo importante y al moverse para lograr algo importante. La historia de Génesis da a entender claramente que Adán debía decirle a Eva lo que él recordaba que Dios había dicho, y eso hizo.

¿Cuándo? En el capítulo 1 vemos a Dios bendiciendo a *ambos*, Adán y Eva (véase vv. 28-30); pero en el capítulo 2 vemos a Dios advirtiendo solamente a Adán antes de que Eva fuese creada. La bendición del capítulo 1 llegó *después* de la advertencia del capítulo 2. La secuencia es clara: Dios advirtió a Adán que no comiese del fruto prohibido; después creó a Eva, y más adelante los bendijo a ambos.

Después de haber recibido la bendición de Dios, me imagino a Adán y Eva caminando felizmente agarrados de la mano por el paraíso de la provisión de Dios, maravillándose por lo abundantemente que Dios les había bendecido, literalmente pasándolo genial. Quizá fuese durante ese paseo cuando Adán señaló a un árbol en particular y le contó a Eva la advertencia de Dios. Supongo que repitió lo que recordaba palabra por palabra. No sabemos con seguridad, desde luego, *cuándo* recordó y se movió Adán. *Que* él recordó y se movió es seguro.

15 C. S. Lewis, *Letters to Malcolm: Chiefly on Prayer* (New York: Harcourt, 1964), p. 93.

Fue la primera oportunidad del hombre de disfrutar de masculinidad relacional, y la aprovechó. Me imagino a Eva escuchando atentamente y agradecidamente mientras Adán hablaba de modo protector, teniendo en mente el mejor interés de ella. Los veo reuniéndose en el puente cuando Adán recordó y se movió hacia su esposa abierta y fortalecedora.

Una segunda oportunidad que tuvo Adán de practicar la masculinidad relacional llegó en el capítulo 3, cuando una serpiente inspirada por el diablo hizo que Eva mantuviese una fatídica conversación, nublando de su memoria la advertencia de Dios que ella había oído de su esposo. Eva estaba en el extremo del puente, abierta de modo ingenuo al astuto engaño de Satanás. Adán estaba escuchando la conversación desde su extremo del puente. Era la oportunidad perfecta para qué Adán recordase y se moviese de nuevo, cruzase el puente y hablase con Eva.

"Cariño, no escuches a la serpiente. Escucha a Dios. Permíteme decirte otra vez exactamente lo que recuerdo que Él dijo. Dios no dijo que no podíamos *tocar* el árbol. Estás destacando su prohibición más que su provisión. Y si te oí correctamente, parecías dar a entender que si comíamos del fruto prohibido *podríamos* morir. Dios dijo que *ciertamente* moriremos. Estás minimizando la certeza de las terribles consecuencias de la desobediencia."

Pero Adán se quedó en silencio. No recordó ni se movió. Ese primer fracaso de la masculinidad relacional se ha convertido ahora en el patrón de las relaciones que se produce de modo natural en todos los descendientes varones de Adán. Los hombres no cruzan el puente. Los esposos se cierran. Se alejan de moverse con fuerza protectora hacia el deseo de intimidad de sus esposas. Los hombres toman solamente las decisiones que parecen razonables y posibles. Disfrutan de una masculinidad falsificada, placer masculino sin un movimiento relacionalmente masculino. Miran pornografía, viven para que les reconozcan su éxito y desean sentimientos de importancia y de aptitud mediante cualquier medio que requiera poco riesgo relacional.

En su infinita paciencia, Dios nunca deja de llamar a los hombres a que recuerden quién es Él, cómo se relaciona Él y lo que Él enseña, y después se muevan hacia los demás, para relacionarse con un propósito sin concesiones: *revelar lo que ellos recuerdan*. Los hombres que oyen el llamado de Dios y después recuerdan y se mueven se convierten en hombres masculinos. Todos los demás no lo hacen.

El movimiento siempre sigue al recordar

Cuando Dios recuerda, se mueve; siempre. Él actúa para restaurar cualquier bien que se haya perdido, y provee para el bienestar de su pueblo. La Biblia deja eso muy claro (el énfasis en los versículos es del autor).

1. "Y *se acordó* Dios de Noé... y disminuyeron las aguas... Entonces habló Dios a Noé, diciendo: Sal del arca... fructifiquen" (Génesis 8:1, 15-17).
2. "Así, cuando destruyó Dios las ciudades de la llanura, Dios *se acordó* de Abraham, y envió fuera a Lot de en medio de la destrucción, al asolar las ciudades donde Lot estaba" (Génesis 19:29).
3. "Y *se acordó* Dios de Raquel, y la oyó Dios, y le concedió hijos" (Génesis 30:22).
4. "Y subió a Dios el clamor de ellos [Israel] con motivo de su servidumbre. Y oyó Dios el gemido de ellos, y *se acordó* de su pacto... Y miró Dios a los hijos de Israel, y los reconoció Dios" (Éxodo 2:23-25).
5. Moisés imploró a Dios: "*Acuérdate* de... tus siervos, a los cuales has jurado por ti mismo, y les has dicho: Yo multiplicaré vuestra descendencia... y daré a vuestra descendencia toda

esta tierra de que he hablado, y la tomarán por heredad para siempre. Entonces Jehová se arrepintió del mal que dijo que había de hacer a su pueblo" (Éxodo 32:13-14).

6. "*Acuérdate*, oh Jehová, de tus piedades y de tus misericordias... De los pecados de mi juventud, y de mis rebeliones, no te acuerdes... Conforme a tu misericordia *acuérdate* de mí, por tu bondad, oh Jehová" (Salmos 25:6-7).

7. "¿Por qué, oh Dios, nos has desechado para siempre?... *Acuérdate* de tu congregación... la que redimiste... Este monte de Sion, donde has habitado" (Salmos 74:1-2).

Cuando Dios recuerda, se mueve. Y el pueblo de Dios sabía que ese era el modo en que Él se relacionaba. Cuando tenían problemas, rogaban a Dios que se acordase de su carácter y de su pacto, sabiendo que cuando Él se acordara, se movería en favor de ellos.

Leamos con más detalle Éxodo 2:23-25. En la Nueva Traducción Viviente tenemos:

...Pero los israelitas seguían gimiendo bajo el peso de la esclavitud. Clamaron por ayuda, y su clamor subió hasta Dios, quien oyó sus gemidos y se acordó del pacto que había hecho con Abraham, Isaac y Jacob. Miró desde lo alto a los hijos de Israel y supo que ya había llegado el momento de actuar.

Otra traducción de esa última frase dice: "y reconoció su obligación de ayudarles."

Notemos lo que Dios hizo en este pasaje: Él *escuchó*, *recordó*, *miró* y *actuó*. A pesar de cualquier otra cosa que pudiera estar implicada en el modo en que un hombre se relaciona con su esposa, hijos, padres, amigo, novia o colega, si quiere ser relacionalmente masculino oirá, recordará, mirará y actuará.

- *Un hombre masculino oye el clamor de otros.* Hay un clamor que se eleva en cada corazón humano: desde anhelos no cumplidos, sueños hechos añicos, profundos temores o repetidos fracasos. En periodos de bendición, el clamor puede que esté ahogado, incluso para aquel que clama. Pero un hombre masculino siempre escucha. A pesar de lo intenso que pueda ser su propio clamor, escucha el clamor de otra persona, al igual que Jesús oyó la angustia de su madre mientras estaba clavado a una cruz.
- *Un hombre masculino recuerda al Dios que es llamado a revelar.* Recuerda de quién es la imagen que porta, de quién es el propósito que él vive para avanzar, cuál es el llamado que desea seguir. Puede que se sienta criticado por su esposa, decepcionado por sus hijos, poco apreciado por sus padres, traicionado por sus amigos, apuñalado por la espalda por sus colegas, aterrado ante la posibilidad de fracaso en los negocios, o vacío y débil. Puede que sufra profundamente, pero recuerda a su Dios. Y que sabe que está aquí para revelar a otros el amor fiel, perdonador y eterno de Dios.
- *Un hombre masculino mira la angustia de otro y siente su propia ineptitud que solamente Dios puede vencer.* Es más curioso que inmediatamente útil. Se niega a ofrecer un consejo rápido o soluciones fáciles, el tipo de ayuda que se siente cómodo ofreciendo. En lugar de intentar manejar los problemas de otra persona, mira al problema hasta que se siente inadecuado para resolverlo, y se da cuenta de que lo mejor que puede hacer es ofrecer la presencia

de Cristo mediante el modo en que él es con la otra persona.

- *Un hombre masculino se mueve hacia la necesidad del otro a fin de revelar el santo corazón de amor de Dios.* Él sabe que es momento de actuar cuando oye el clamor de alguien, recuerda la historia de Dios que él anhela relatar con su vida, y busca atentamente discernir la provisión oportuna de Dios para la necesidad real (quizá no sentida) de alguien. Está dispuesto a salir de su zona de comodidad, moverse sin sentirse adecuado, y asumir el riesgo de que otra persona puede que no agradezca su movimiento. Confía en que lo que él discierne en oración está en lo más profundo de su ser mientras oye, recuerda y mira. Se mueve de modo amable pero decisivo hacia la vida de otra persona, entrando por cualquier apertura relacional que la necesidad del otro proporcione. Su gozo depende no del agradecimiento del otro, sino del privilegio de representar al Dios cuya imagen lleva, mediante el modo en que se relaciona con los demás.

Si la feminidad relacional se muestra en una mujer que está abierta a recibir un movimiento piadoso y desea nutrir el movimiento piadoso, la masculinidad relacional se revela en un hombre que recuerda la historia de Dios y se mueve para avanzar su trama. Si captamos incluso una débil visión del alto llamamiento de Dios en nuestras vidas, nos despertaremos de nuestra larga siesta con dulce deseo. *Querremos* vivir plenamente vivos como mujeres femeninas y hombres masculinos.

¿Qué evita que cumplamos nuestro más profundo deseo de estar plenamente vivos como mujeres femeninas y hombres masculinos que revelan por el modo en que nos relacionamos la belleza del modo en que Dios se relaciona? Responderé esa pregunta en la parte II.

Pista: lo sepamos o no, lo sintamos o no, todos estamos literalmente muertos de miedo.

PARTE II

DESCUBRIENDO NUESTRO PROFUNDO TERROR

EL TEMOR RELACIONADO CON EL GÉNERO QUE INMOVILIZA

Como portadores caídos de una imagen, *dependemos de* Dios para vivir como hombres y mujeres plenamente vivos y a la vez *somos hostiles* a Dios, determinados con enojo a disfrutar de nuestra existencia en nuestro género sin depender de Dios para obtener plenitud personal y satisfacción relacional. La dependencia de Dios rechazada y una hostilidad a Dios no desafiada dan como resultado un profundo terror a que nuestro deseo de vivir plenamente como hombres y mujeres nunca llegue a cumplirse, y que permanezcamos personalmente vacíos y racionalmente desconectados. La obstinada negación de este terror, junto a la terca creencia en que nosotros controlamos cómo pueden ser satisfechos nuestros más profundos deseos, define lo que la Biblia denomina necedad: una arrogante independencia que parece sabia durante un tiempo pero que será expuesta como estupidez existencial.

> El pecado es la destrucción de la comunidad…
> En lugar de disfrutar de la presencia de Dios,

> huimos. Vivimos en temor, suponiendo que Dios es hostil hacia nosotros, aunque nosotros somos, de hecho, los hostiles y proyectamos nuestra hostilidad en Dios. A pesar de nuestra infinita dependencia, nos alejamos del único que puede vencer nuestro temor, nuestro quebrantamiento y hostilidad, aquel que puede satisfacer nuestras necesidades más profundas. El pecado, por lo tanto, destruye la comunidad que Dios quiso para su creación... Por consiguiente, somos separados de nuestro verdadero yo. Sencillamente no somos quienes habíamos de ser.
>
> Stanley J.Grenz[16]

En la Parte II descubriremos el profundo terror que vive en el corazón de una mujer y un hombre. El temor que justifica relacionarse de manera autoprotectora, aunque con frecuencia se niegue y no se sienta, sigue teniendo la capacidad de evitar que revelemos a Dios al relacionarnos como portadores de imagen femenina o masculina. Peor aún, puede evitar que descubramos nuestro deseo de hacerlo.

16 Stanley J. Grenz, *Theology for the Community of God* (Grand Rapids: Eerdmans, 2000), pp. 187, 208.

9

NO TENEMOS NADA QUE TEMER EXCEPTO...

Debido a que los hijos de Dios son seres humanos —hechos de carne y sangre— el Hijo también se hizo de carne y sangre. Pues sólo como ser humano podía morir y sólo mediante la muerte podía quebrantar el poder del diablo, quien tenía[a] el poder sobre la muerte. Únicamente de esa manera el Hijo podía libertar a todos los que vivían esclavizados por temor a la muerte.

Hebreos 2:14-15, NTV

Y oyeron la voz de Jehová Dios que se paseaba en el huerto, al aire del día; y el hombre y su mujer se escondieron de la presencia de Jehová Dios entre los árboles del huerto.
Mas Jehová Dios llamó al hombre, y le dijo: ¿Dónde estás tú?
Y él respondió: Oí tu voz en el huerto, y tuve miedo, porque estaba desnudo; y me escondí.

Génesis 3:8-10

Los dos pasajes anteriores pueden ayudarnos a comenzar a entender por qué la mayoría de nosotros no vivimos plenamente vivos ya sea en nuestra feminidad o masculinidad. Observemos:

- El diablo, obrando por medio del mundo y en nuestra carne, nos ciega al gozo singular de revelar a Dios a otros mediante el modo en que nos relacionamos. Nos mantiene preocupados por el temor a que nunca conoceremos los profundos deleites de una feminidad o masculinidad plenamente viva. Nos persuade de que es bueno y correcto hacer lo que sea necesario para protegernos de nuestros peores temores y sentirnos tan bien con nosotros mismos como podamos, sea cual sea el costo para otros.
- El temor es la primera emoción humana que se menciona específicamente en la Biblia. Es la primera y más fuerte emoción sentida después de que Adán y Eva tomaran en sus propias manos el ocuparse de su máximo disfrute de la vida. Esa insubordinada arrogancia ha sido transmitida a todos sus descendientes: a usted y a mí. Ahora asumimos la responsabilidad de manejar nuestro gozo. Manejar lo que no puede manejarse conlleva el riesgo de un inevitable fracaso, el cual genera temor. Hasta que permitamos que Dios lleve a cabo su obra más profunda en nosotros, el temor a que nuestra alma nunca viva realmente da forma y vigoriza el modo en que nos relacionamos los unos con los otros. Cuando el temor funciona como nuestra pasión gobernante, relacionarnos de manera autoprotectora y egoísta es algo que sentimos necesario y natural. Es como nos relacionamos cuando vivimos "esclavizados por temor a la muerte" (Hebreos 2:15, NTV).
- Cuando protegernos a nosotros mismos del dolor que otros pueden causarnos se convierte

en nuestra prioridad justificada, no reconocida como maldad y, por lo tanto, nunca confesada significativamente, la presencia de Dios no es bienvenida; es evitada. Sin un quebrantamiento confesado por el pecado relacional, cualquier experiencia amorosa del santo Dios relacional es falsificada. La santidad relacional nos enfurece al sacar a la luz lo equivocado del pecado relacional al que nos aferramos para nuestra supervivencia. Hasta que la maravilla de la gracia nos sorprenda, el temor al rechazo de Dios no nos atraerá a Él.

- Las máscaras que nos ponemos, las hojas de higuera con las que nos vestimos, las imágenes que presentamos a los demás para asegurarnos de que nunca tengan un terreno razonable para criticarnos o rechazarnos, y los secretos que guardamos para preservar una imagen social favorable, todos ellos están pensados para mantener a raya un terrible temor y para adormecer el dolor de una inminente muerte del alma que amenaza con destruirnos. Nos mantienen en soledad, sintiéndonos poco queridos y poco respetados mientras llevamos a cabo nuestras vidas.
- Con nuestras máscaras, hojas de higuera, imágenes y secretos bien posicionados, vivimos no para revelar al Dios de amor mediante el modo en que nos relacionamos, sino para ocultarnos del temor que amenaza con destruirnos: nuestro profundo terror. ¿El resultado? No llegamos a la gloria relacional de Dios. Nunca estamos plenamente vivos en la feminidad o masculinidad relacional. Vivimos en soledad, en angustia silenciosa, sin encontrarnos con nadie en el puente.

Quizá una historia, que yo llamo "La parábola del puente no cruzado", podría ayudar a ponernos en contacto con el profundo terror en nuestras almas que tiene el poder de mantenernos esclavos al temor a la muerte, un temor que parece justificar el egoísmo relacional y cegarnos al alto y gozoso llamamiento de Dios, a la visión llena de gloria de vivir plenamente vivos en feminidad o masculinidad relacional.

LA PARÁBOLA DEL PUENTE NO CRUZADO

El primer soñador

El pastor de una mujer dijo que no había tal cosa como el infierno. La mujer no estaba de acuerdo. Ella ya vivía allí.

"¿Podría algún infierno ser peor que el que yo vivo cada día?" se preguntaba.

Su soledad era insoportable. Su temor le paralizaba.

"Si hay un infierno peor," musitaba, "debe de ser un lugar donde no haya ninguna distracción del sufrimiento, donde ninguna relación proporcione incluso la ilusión de intimidad, donde ningún momento fugaz de diversión alivie el dolor, y donde sea imposible creer que nada de lo que uno hace importa, porque no importa."

Aunque ella vivía sola en su infierno privado, la mujer se las arreglaba para funcionar. En realidad tenía bastantes recursos; de algún modo era capaz de salir con dificultad de su oscura mazmorra al mundo de las personas y socializar. Algunos días podía estar inmersa en su trabajo como si fuese importante; y podía reír. Podía divertirse por una película inteligente, encontrar agrado en una vivaz fiesta, y sentir un rayo de esperanza de que su vida podría llegar a ser incluso satisfactoria cuando leía una novela bien escrita acerca del amor perdido recuperado.

La mujer podía manejar su vida; era su alma la que no podía tratar. Mientras mantenía distancia emocional del dolor no nombrado que siempre estaba allí, podía sobrevivir. Durante breves periodos podía incluso pensar en que se estaba desarrollando. Casi.

Pero pensar era difícil; le obligaba a admitir que una meta dirigía sus decisiones, que una pasión desesperada proporcionaba energía para su búsqueda. En un momento de perspectiva incómoda, la mujer escribió estas palabras en su diario que rara vez utilizaba: "Debo evitar que la neblina de la nada que llena mi alma destruya cualquier felicidad que pueda arreglarme para producir."

No carecía de amigos; hombres y mujeres sinceramente estaban a gusto con ella. Era ingeniosa, inteligente, atractiva, y por lo general estaba preparada para hacer cosas divertidas. Claro que las personas disfrutaban de su compañía, pero ella quería algo más. Anhelaba ser explorada, vista y querida, incluso en sus batallas y fracasos. Pero la mujer tenía miedo; por lo tanto, se presentaba como si lo tuviera todo solucionado. Sus amigos creyeron la mentira; nunca lucharon por entrar en su alma. Se relacionaban con la persona que ella fingía ser, pensando que se estaban encontrando con ella, creyendo que su amistad era profunda.

La mujer se sentía como una impostora, proyectando una imagen a los demás a la vez que vivía en invisible angustia. Otros disfrutaban de su vivaz personalidad, su disposición a ayudar cuando era necesario, sus muchos talentos que la hacían ser una mujer competente. Pero una pregunta que no le había hecho a nadie sino a ella misma era inquietante: "¿Presento esas virtudes a otros del modo en que un maniquí bien formado muestra la moda a quienes pasan por delante, aquellos que se detienen para mirar y después siguen andando?"

Ella intentaba no pensar en esas cosas. Pensar que hacía

que fuese difícil preservar la ilusión de que ella estaba manejando exitosamente su vida, que estaba contenta. Pensar hacía difícil fingir. Y era ese fingimiento el que hacía su vida soportable.

Hasta que llegaba la noche.

No podía recordar cuándo comenzó el sueño. Quizá comenzase cuando ella era una niña pequeña, cuando los terrores nocturnos visitaron su sueño por primera vez. Si era así, el sueño debió de haber aparecido en la pantalla de su joven mente como el borroso cuadro en un viejo televisor con esas antenas que nadie podía ajustar adecuadamente.

Pero ahora el sueño llegaba en alta definición, varias noches por semana, tan gráfico y claro que parecía más real que la realidad. Quizá así era. Quizá su sueño era una realidad, y su vida era un sueño, un sueño no especialmente bueno, pero al menos era un escape de la infernal realidad que aparecía en su sueño. Ese pensamiento le hacía estremecerse.

Siempre era lo mismo, un largo y estrecho puente entre los dos extremos de un precipicio por encima de un abismo de un kilómetro de profundidad; un puente sin barandillas, claramente un puente peligroso para cruzar. Caerse significaba una muerte segura.

En el sueño, la mujer siempre se veía a sí misma en el extremo del precipicio a un lado del puente. Un hombre, sin facciones a excepción de los ojos que estaban clavados en ella, estaba al otro lado del puente.

La mujer no quería moverse. Caerse era una posibilidad aterradora. Pero había otra razón por la cual no quería moverse, una razón extraña pero más fuerte. Moverse y cruzar el puente sencillamente no parecía correcto. Era parecido a ponerse zapatos pequeños en pies grandes. Moverse no encajaba en su alma. El hombre debería moverse. Eso de alguna manera se sentía mejor, así era como debían ser las cosas.

¿Era ella sencillamente anticuada, queriendo vivir aún en una época en que los hombres abrían las puertas a las mujeres? *Eso es una tontería*, se decía a sí misma. *Yo puedo abrir una puerta yo misma perfectamente bien. Pero no puedo dejar de esperar que el hombre cruce el puente para estar conmigo. ¿Es eso también una tontería?* No estaba segura.

El hombre no se movía. Ella podía ver deseo en sus ojos, deseo por ella, deseo de moverse y estar con ella. Quizá si ella esperaba en su lado del puente con los brazos abiertos de par en par para invitarle, él se movería.

Pero ella también veía temor en los ojos de él. El temor, incluso desde la distancia al otro extremo del puente, parecía más fuerte que el deseo de él. "¿Por qué tiene tanto miedo? ¿Le parezco de alguna forma peligrosa?"

La mujer esperó; pero entonces se vio a sí misma moverse. Lanzando la cautela a las alas del deseo, cruzó el largo y estrecho puente hacia el hombre que estaba al otro lado.

"¿Es que no me ves? Voy hacia ti. Quiero estar contigo. Quiero que tú me quieras. Abre tus brazos para recibirme. Por favor. No puedo soportar vivir sola, estar sola, sin un hombre que me quiera."

Pero a veces en su sueño, a medida que ella se movía, observaba algo inquietante. El temor en los ojos del hombre se convertía en enojo. Su deseo desaparecía. El movimiento de ella le hacía sentir incómodo, incluso resentido. ¿Por qué? Ella no lo entendía.

La confusión convertía entonces su deseo en temor. "Él no me quiere. No hay nada que querer. Yo no soy nada. La soltería es la celda de mi cárcel, mi aislamiento de la vida."

Y entonces miraba hacia abajo. Perdía el equilibrio y se caía. Y mientras caía, el sueño terminaba. Se despertaba temblando de miedo, sollozando con desesperación a medida que descendía a la neblina de la nada que definía quién era ella. Ella desaparecía.

Afortunadamente, el sueño con más frecuencia tenía un final diferente. Cuando ella había recorrido la mitad del puente, veía en los ojos del hombre más terquedad que temor. Y eso le hacía ponerse furiosa.

"¿Por qué querría yo a un hombre tan egoísta, terco y débil? Me daré la vuelta, regresaré a la seguridad de mi vida controlada, trabajaré duro, saldré con mis amigos y veré una buena película. Mis amigos no me conocen en realidad, pero eso no importa. Y la vida de soltera es segura. Y yo puedo hacer que funcione."

Con esa decisión, ella despertaba sintiéndose triste y resignada, pero decidida a seguir adelante con su vida.

En cualquiera de los casos, ya fuese que el sueño la dejase desapareciendo o decidida, la mujer estaba más cerca de la muerte que de la vida. Estaba sola, invisible en un mundo lleno de personas. No tenía visión alguna de lo que significaría estar plenamente viva como mujer, ser *femenina*, ya fuese casada o soltera.

El segundo soñador

El hombre pensaba que disfrutaba de la iglesia. Pensaba que creía lo que el pastor decía. Pensaba que era un hombre decente, un buen hombre cristiano, especialmente cuando rellenaba importantes cheques para su iglesia, una cantidad ligeramente por encima del ordenado diezmo de sus ingresos. El hombre no tenía idea alguna de que era farisaico, egoísta, vacío; y estaba asustado.

Un fuerte temor estaba siempre presente en alguna parte en su interior, pero se las arreglaba para extinguirlo con exceso de trabajo, buen sentido del humor y puntuaciones regulares situadas en los ochenta en el campo de golf, y ocasionalmente hasta en los setenta. El temor, cualquiera que fuese, en su mayor parte permanecía sin ser sentido y tercamente sin ser examinado.

Pero algo seguía inquietándole. *¿Por qué no puedo quitarme de la mente esa frase?* se preguntaba. No mucho de lo que el pastor dijo lo recordó después de la oración final, pero sí una frase. Podría citar la palabra por palabra, y lo hacía, a sí mismo, con bastante frecuencia.

> La mayoría de hombres están impulsados por un temor oculto, por un temor a perder lo que creen erróneamente que es esencial para el disfrute de su verdadera masculinidad.

¿Verdadera masculinidad? ¿De qué está hablando? El hombre se sentía más irritado que intrigado por la pregunta.

Él leía principalmente novelas de acción y libros de negocios, y hojeaba cada día el *Wall Street Journal*. Pero un amigo le había dado recientemente un libro acerca de masculinidad, y dijo que era lectura obligada y reveladora.

La frase que daba comienzo a la introducción, una frase larga, él creía que demasiado larga, la recordaba, como esa frase de su pastor. No sabía por qué, pero hizo algo que nunca antes había hecho. La escribió en una pequeña tarjeta y la llevaba doblada en su cartera. La leía al menos vez por semana.

> Si eres dado a arrebatos de ira que después lamentas, si los impulsos sexuales te conducen hacia la satisfacción sin pensar mucho en nadie más sino en ti mismo, si tus conversaciones con hombres principalmente giran en torno a negocios, deportes, política y charla social, si moverte hacia tu esposa o tu novia para ayudarle a estar plenamente viva como mujer es un nuevo pensamiento, si incluso una de estas cosas es cierta en tu vida, entonces probablemente estés

viviendo con un falso entendimiento de lo que significa ser un hombre.

Ambas frases inquietaban al hombre, pero seguía sin sentir curiosidad ni convicción. Bueno, quizá fuese un poco curioso. *¿Me estoy perdiendo algo? ¿Tengo un falso entendimiento de lo que significa ser un hombre?*

Pero dado otro largo drive en medio de la calle de la pista de golf, otra fantasía sexual permitida, otro buen tiempo con los amigos, otro contrato firmado que garantizaba mucho dinero y le permitía rellenar un cheque incluso mayor para la iglesia, él se sentía bien.

La incomodidad de un temor vago y sin nombre y las inquietantes preguntas provocadas por esas dos frases dieron paso a los placeres de la competencia reconocida, las relaciones agradables, un logro visible y una importancia sentida. Añadamos a eso el extra de tener un sentimiento de plenitud personal, unido a la creencia de que sus muchas bendiciones representaban el favor de Dios, y la vida era buena.

Hasta que llegaba la noche.

Cuando apagaba el televisor y la luz de su mesilla, el hombre se sentía extrañamente como el pequeño muchacho que se tapaba hasta el cuello con la sábana para que Drácula no pudiera morderle, el niño asustado que no dejaba que sus brazos salieran de la cama hacia el piso para evitar que el cocodrilo que se ocultaba debajo de la cama se la cortara de un mordisco, el niño aterrado que le suplicaba a Dios que le protegiera del hombre del saco que estaba en el armario y que podría salir y matarle. De repente él era todo eso, pero ahora en forma adulta.

¿Tenía temor el hombre ahora a que *la vida* le diese un mordisco? ¿Se había convertido el cocodrilo que mordía la mano en una carrera incierta, relaciones que eran divertidas y útiles pero no profundas, o inevitables problemas de salud?

¿Podría ser que el hombre del saco está ahora en el interior de él, amenazando con destruir de algún modo todo lo que tenía?

Y ese sueño, ese sueño que le inundaba y le dejaba desconcertado. ¿De qué se trataba eso?

Siempre era lo mismo, un largo y estrecho puente entre los dos extremos de un precipicio por encima de un abismo de un kilómetro de profundidad; un puente sin barandillas, claramente un puente peligroso para cruzar. Caerse significaba una muerte segura.

En el sueño, siempre veía a un hombre en el extremo del precipicio a un lado del puente. Una mujer, sin facciones a excepción de los ojos que estaban clavados en él, estaba al otro lado del puente.

Él sabía que era el hombre en el sueño. Y sabía que quería moverse, cruzar el puente para encontrarse con la mujer. Moverse le parecía correcto, como ponerse unos zapatos de la talla correcta.

Los ojos de ella le invitaban; pero él no se movía. Incluso en su sueño, estaba desconcertado. Se preguntaba para sí: *¿Por qué no me muevo? Sé que cruzar el puente es peligroso, y tengo miedo a caerme. Pero hay algo más que me retiene, y no sé lo que es. Quiero estar con ella, estar a su lado, estar en ella. Pero no me muevo, y no sé por qué.*

Una cosa parecía clara: estaba más inmovilizado por el temor a cierto tipo de fracaso o crítica que motivado por la esperanza de intimidad, aunque era una intimidad que él quería profundamente. Y mientras seguía allí, la mujer se movía. Pasaba al puente, él pensaba que de modo agresivo. Ella se dirigía hacia él, aún estaba lejos, pero se acercaba con cada segundo.

La confusión del hombre de repente se convertía en enojo. *¿Cree ella que no puedo moverme? Desde luego que puedo. Quizá no quiera moverme hacia esta mujer. ¿Por qué no regresa a su lado del puente y espera a que yo me mueva? Ah, ya sé por qué.*

Ella no me respeta. Piensa que soy débil. Bueno, no voy a faltarme al respeto a mí mismo al recibir su movimiento como si fuese un pequeño muchacho asustado que recibe el consolador beso de su mamá. Las relaciones son un lío. Colegas útiles y amigos divertidos son mucho más fáciles.

El hombre ya no se sentía tan atraído por el deseo que veía en los ojos de la mujer. Ahora le irritaba el movimiento de ella.

Y quedaba sorprendido por lo que a veces hacía después en el sueño. Él pasaba al puente, un pequeño paso seguido de un lento movimiento. Aún quería conectar con la mujer, pero cuanto más se acercaba a ella, más abrumaba ese odioso temor su deseo. Y más enfurecido y terco se sentía.

Entonces miraba hacia abajo, perdía el equilibrio y se caía del puente.

En ese momento se despertó, sudando, temblando, con deseos de agarrar sus palos de golf y dirigirse al campo, tentado a satisfacer su fantasía sexual más satisfactoria, preparado para comenzar a planear su próximo trato de negocios. La idea de hablar con alguien en la iglesia nunca se le pasó por la mente. *¿Por qué? ¿Qué tiene que ver la iglesia con algo realmente importante para mí?*

Sin embargo, con más frecuencia el sueño terminaba de modo diferente. Él nunca se movía. La mujer dejaba de avanzar hacia él, le miraba a los ojos, se encogía de hombros, se daba media vuelta y regresaba a su extremo del puente.

Él la odiaba por moverse hacia él; la aborrecía más por alejarse de él.

A la mayoría de mujeres les emocionaría vivir con él. Él lo tenía todo: encanto, dinero, buen aspecto, moralidad decente, buen sentido del humor, un trabajo importante, y mucha energía sexual. Era un hombre sensato, un buen hombre cristiano. ¿Cuál era el problema de ella? La vida de soltero, con sus citas en serie y enganches sexuales, sonaba muy bien.

Se le ocurrió, aún en su sueño, que quizá se mantendría sexualmente puro. Nada de sexo. Al menos no con tanta frecuencia. Eso sería más "cristiano."

Y entonces se despertaba, más farisaico, más egoísta y más superficial que antes, e incluso más convencido de que era un hombre decente, un buen hombre cristiano. Y en realidad bastante masculino.

Se había olvidado del sueño y siguió adelante con su día, preguntándose acerca del matrimonio, pensando ocasionalmente que podría ser una cosa buena. Pero no podía dejar de olvidar aquellas dos frases. El temor que provocaban seguía con él, como un molesto dolor de cabeza, y le robaba parte de la alegría que sentía cuando golpeaba un estupendo drive con un par de colegas mirando, o desvestía mentalmente a una mujer atractiva, o programaba un gran trato.

El hombre estaba más cerca de la muerte que de la vida. Estaba solo, aterrado de que su movimiento no marcase ninguna diferencia, pero tercamente inconsciente de su temor. No tenía visión alguna de lo que significaría estar plenamente vivo como hombre, ser *masculino*, ya fuese casado o soltero.

Una mujer poco femenina y un hombre poco masculino siempre vivirán a distancia el uno del otro y de sus amigos. Nunca conectarán. Periodos agradables y sentimientos apasionados podrían imitar la conexión, pero la verdadera conexión nunca se produce, ni en el matrimonio ni en las amistades.

Pero cuando una mujer es femenina y un hombre es masculino, se produce comunidad. Las personas se encuentran: en el puente. Y Dios es revelado.

¿Cuáles son esos profundos terrores que evitan que hombres y mujeres vivan plenamente vivos para la gloria de Dios?

10

EL PROFUNDO TERROR DE UNA MUJER

Una invitación sin respuesta

> Venid a mí todos los que estáis trabajados y cargados, y yo os haré descansar.
>
> Jesús (Mateo 11:28)

> »¡Oh, Jerusalén, Jerusalén, la ciudad que mata a los profetas y apedrea a los mensajeros de Dios! Cuántas veces quise juntar a tus hijos como la gallina protege a sus pollitos debajo de sus alas, pero no me dejaste.
>
> Jesús (Mateo 23:37, NTV)

> Subirá cual renuevo delante de él, y como raíz de tierra seca; no hay parecer en él, ni hermosura; le veremos, mas sin atractivo para que le deseemos.
>
> Isaías 53:2

> En el amor no hay temor, sino que el perfecto amor echa fuera el temor; porque el temor lleva en sí castigo. De donde el que teme, no ha sido perfeccionado en el amor.
>
> 1 Juan 4:18

EL PROFUNDO TERROR DE UNA MUJER

La feminidad relacional conlleva un terrible riesgo. Cuando una mujer se relaciona con otros con la belleza invitacional de Cristo, abierta a dar la bienvenida en lugar de estar cerrada para protegerse, y disponible para dar en lugar de posicionada para obtener, se arriesga a perder todo lo que valora; bueno, todo excepto a Dios.

Si no puede imaginarse un bien mayor que conocer a Dios, si la frase "Jesús más nada es igual a todo" le parece cierta en su corazón como algo más que un preciso e inspirador cliché, y si acepta que conocer a Dios personalmente, en la profundidad de la intimidad con la que se le puede conocer, le deja en disposición de revelarle relacionalmente de una manera que le lleva a una comunión con su sufrimiento, entonces oirá al Espíritu susurrar estas palabras en su alma:

> Persigue tu bien más grande con una pasión que debilite tu decisión de evitar tu peor temor. No vivas para evitar lo que más temes. Vive para conseguir lo que más quieres. Sólo entonces descubrirás la verdadera persona que Jesús hizo de ti: una mujer hermosa en quien el Padre se complace, una mujer poderosa a quien Dios puede usar para llevar su reino a la tierra.

Pero existe una trampa, una muy grande: primero, debe morir al poder del diablo para ser libre de la esclavitud a sus temores más profundos. Debe confrontar su profundo terror. Para vivir avivada como mujer, libre para ser todo lo que usted es, debe asumir el riesgo de la feminidad relacional. El riesgo es real.

- Un hombre puede rehusar entrar en el corazón abierto de una mujer hermosamente femenina. Con la ceguera que afecta a tantos hombres, puede que no vea belleza alguna en el alma de ella que le seduzca para tener un compromiso para toda la vida.

- Un esposo ya comprometido mediante los santos votos puede erróneamente alejarse de una esposa abierta y estimulante, encontrando una satisfacción más fácil de disfrutar en el éxito laboral, los logros ministeriales, los placeres pornográficos o incluso las disciplinas espirituales.
- Un hombre cristiano que quiere ser un buen papá pero puede que no reconozca su falta de compromiso significativo con su hija. Tocar su alma con el poder masculino del amor de un padre puede parecerle algo intimidatorio, raro y confuso. Ver la televisión es más relajante. Su hija entiende el mensaje: su belleza no merece que su padre luche por ella.
- Amigos, tanto hombres como mujeres, pueden sentirse afectivamente atraídos a la compañía de una mujer muy buena sin que nunca se les ocurra explorar su fondo. Ella entiende el mensaje: tiene una personalidad cautivadora y es provechosamente talentosa, y nada más. No tiene dentro de sí una convincente belleza visible para otros, esperando ser descubierta y celebrada.

Tentadora, y nadie viene. Abierta, y nadie entra. Estimulante, y la gente acude a otros sitios. La feminidad relacional es arriesgada. Parece inevitable una conclusión devastadora: *relacionarse como una mujer femenina es un estúpido intento de revelar una belleza que no existe.* El resultado posible es demasiado doloroso de soportar.

¿Qué mujer en su sano juicio aceptaría ese riesgo en un mundo tan relacionalmente incierto y peligroso? ¿Invitacional? ¿Abierta? ¿Estimulante? No es realista. Mejor mantener la guardia alta, jugar a lo seguro y estar lista para retirarse si las cosas son demasiado decepcionantes. Pero esa no es la manera de Jesús. ¿Es su manera demasiado arriesgada? ¿Realmente merece la pena?

Como Jesús

"La formación espiritual" se ha convertido en una frase tan cómodamente común en nuestro vocabulario cristiano que me pregunto si hemos perdido de vista lo que significaría realmente que Jesús fuera formado en nosotros. ¿Realmente creemos que estamos siendo espiritualmente formados si experimentamos la presencia de Jesús sin ser facultados para relacionarnos como Jesús? ¿Es la eficacia en el ministerio la mejor medida de madurez? ¿O lo es la conexión con la comunidad, un tipo de conexión que al menos revela débilmente la vida relacional de la Trinidad, un indicador más fiable de que Cristo está siendo formado en nosotros?

Jesús les dijo a sus seguidores que si le habían visto a Él, habían visto al Padre. Él vino para revelar la belleza relacional de Dios, un Dios que *se mueve* en nuestra fealdad y necesidad y que nos *invita* a disfrutar de su belleza y tesoro. Mire por un momento cómo se relacionó Él con otros de formas que definen la feminidad relacional.

- "Venid a mí" (Mateo 11:28). Jesús lanzó una invitación abierta a personas que sabía que no responderían. ¿Cómo le hizo sentir eso?
- "Cuántas veces quise juntar a tus hijos... pero no me dejaste" (Mateo 23:37, NTV). Si Jesús los hubiera atraído siendo más sensible a las necesidades que ellos creían tener, no cabe duda que podía haber atraído más personas de manera más rápida. Pero Él les invitó a disfrutar de lo que ellos no se daban cuenta que necesitaban:

una intimidad inmerecida con Dios que les permitiría amar bien a otros a pesar del poco amor que recibieran a cambio. Solo unos pocos se interesaron.

- "No hay parecer en él, ni hermosura… para que le deseemos" (Isaías 53:2). Un título apropiadamente perturbador de una biografía de Jesús podría ser *Belleza desplegada, belleza oculta: La historia del Dios invisible.*

Ninguna mujer se siente naturalmente atraída a vivir la vida de una mujer invisible. Ninguna mujer quiere que su biografía se titule *Ninguna belleza visible: La historia de una mujer invisible.* Todas las mujeres anhelan ser vistas, que se les tenga en cuenta, no sentirse menospreciadas, sentirse queridas, valoradas, disfrutadas y respetadas. La invisibilidad es el profundo terror de una mujer: mostrar lo que nadie ve, ofrecer lo que nadie quiere. Vivir en esclavitud a ese temor requiere que ella no tome el riesgo de la feminidad relacional, que se relacione de cualquier modo que proteja su alma invisible de sentir su soledad. Entonces vive con un corazón tercamente cerrado y una negativa enojada a nutrir a cualquiera con una ternura que pudiera no apreciarse.

Pero esa no es la manera de Jesús. Él nunca cerró su corazón. Él nunca rehusó ofrecer un amor que daba vida, incluso cuando el hacerlo requería que estuviera dispuesto a morir. ¿Quiere una mujer que *ese* Cristo sea formado en ella? La mujer atraída al llamado de Dios de la feminidad relacional es la mujer que cree que ese perfecto amor puede liberarla del poder esclavizador del temor. Cuando una mujer oye el llamado de Dios a invitar a otros a disfrutar de una belleza que ellos quizá no vean como un llamado a asumir neciamente un riesgo, ella revela que es una mujer que aún no ha probado lo que significa ser "perfeccionada en amor." Esa mujer no sabe lo que significa ser amada.

El poder del temor

Permítame desarrollar esta idea del poder del temor un poco más. Ninguna mujer que viva en esclavitud al temor, lo reconozca o no, podrá recibir la crítica o el abandono como una oportunidad para discernir si ha revelado a Cristo en la manera en que se relacionó. Solo una mujer liberada del control del temor se hará incluso la pregunta. Si una mujer liberada por el amor cree humildemente que está siendo criticada o rechazada por relacionarse como Jesús, verá como un privilegio compartir el padecimiento de Él y orará para que aquel que le ha ofendido pueda ver la belleza de Dios. Pero si, cuando es criticada o rechazada, siente la convicción de confesar que le ha vencido el temor, que ha creado defensas a su alrededor que ocultan la belleza de Cristo, alegremente se arrepentirá del pecado de no haber estado a la altura de la gloria relacional de Dios e intentará ser aún más perfeccionada en su perfecto amor. Le pedirá a su crítico, aquel que se ha alejado de ella, que le perdone. De cualquier manera, ella descansará.

Pero observe la pregunta que surge en la mujer rechazada y aún esclavizada al temor: *¿Tengo algún valor? ¿Qué tengo yo que alguien pudiera querer?* Ella responde a estas aterradoras preguntas *haciendo*. Ella piensa: *Cambiaré el mundo. Perderé peso. Seré responsable de hacer todo bien, de estar ahí para todos. Encontraré mi valor. Me verán y respetarán, nunca me menospreciarán, quizá incluso me querrán.* Se convierte así en una mujer *abrumada*, escondiendo su falta de dignidad detrás de un exceso de compromiso, haciendo listas cada mañana de lo que debe hacer antes del anochecer. Ella no encuentra descanso ni gozo, solo presión.

Si la mujer abrumada se toma un largo descanso de las responsabilidades, se dará cuenta de que es realmente una mujer *abandonada*. Nadie está a su lado. Ella debe ocuparse de todos. Su mundo se derrumbará si le falla a alguien. Ella siente nuevas oleadas de presión avanzando por su alma. *Debo hacerlo todo. Casada o soltera, viuda o divorciada, en un grupo pequeño o sentándome sola en la iglesia, estoy sola. Nadie me ve. Nadie quiere estar conmigo, hacer algo por mí, entrar en mi corazón.*

Pero ¿por qué? La mujer abrumada y abandonada entra en una espiral descendente a su enterrado centro, y descubre que es una mujer *invisible*. Por supuesto, ella tiene que *hacer* todo, porque ella no *es* nada. Claro que está abandonada. No hay nada en ella que alguien quiera. Confrontada con esto, ella crea una vida sustitutoria para dar la imagen de que existe y es digna.

El temor ha hecho su trabajo. El diablo suelta una risita de satisfacción. La visión de la feminidad relacional está escondida tras las oscuras nubes. La mujer movida por el terror no ve otra opción que declarar:

- Me protegeré.
- Me retraeré del dolor.
- Me esconderé tras una imagen socializada, quizá incluso cristiana.
- Desapareceré en un mundo de fantasía si me veo obligada a abandonar cualquier esperanza de seguir existiendo en el mundo real.
- Me endureceré hasta que los callos que cubren mi corazón me protejan de la crítica, el rechazo o el abuso.
- Viviré para cualquier felicidad o alivio que pueda encontrar.

El temor destruye la feminidad. La mujer abrumada, que maneja su vida por sí sola como una mujer abandonada, vive como una esclava de su profundo terror a ser una mujer invisible, una mujer sin belleza que nadie desearía.

Las máscaras continúan. Las personas se arreglan. Las

hojas de higuera cubren la vergüenza. El terrible temor sigue bajo tierra. Y las mujeres sobreviven. Pero ninguna mujer controlada por el temor vive en realidad. La supervivencia adopta muchas formas, pero ninguna de ellas revela la belleza de Dios.

11

LO QUE PUEDE HACER EL TEMOR

Cuatro personas que esconden las mujeres

> Temer a la gente es una trampa peligrosa, pero confiar en el Señor significa seguridad.
>
> Proverbios 29:25, NTV

> Así ha dicho Jehová: Maldito el varón que confía en el hombre, y pone carne por su brazo, y su corazón se aparta de Jehová. Será como la retama en el desierto, y no verá cuando viene el bien, sino que morará en los sequedales en el desierto, en tierra despoblada y deshabitada.
>
> Jeremías 17:5-6[17]

> De vez en cuando nuestro Señor nos da un destello de lo que seríamos si no fuera por Él.
>
> Oswald Chambers[18]

Cuando el temor a lo que otra persona podría hacerle controla a una mujer, está entrando en una trampa. Cuando confía en su propia sabiduría y depende de sus propios recursos para evitar la trampa y vencer su temor,

17 En este pasaje, *hombre* significa ser humano, varón o mujer.

18 Oswald Chambers, *My Utmost for His Highest* (Unrichsville, OH: Barbour, 1963), 23 de diciembre.

vivirá "como un matorral en el desierto", y no dará fruto que produzca nada bueno en su vida o a través de su vida. En una tierra vacía de relaciones, en una comunidad sin conexión (la cual no es una comunidad), una mujer controlada por el temor estará sedienta del agua que satisface el alma que no puede encontrar.

"Habitará en los lugares sedientos del desierto", viviendo sola a pesar de los que le rodean. Sus recursos serán expuestos como insuficientes para crear incluso la ilusión del gozo cuando el desastre llegue. Para ella, los sueños hechos añicos significarán una vida hecha añicos.

La mujer controlada por el temor o bien morirá o simplemente sobrevivirá. Mientras el temor gobierne su vida, nunca sabrá lo que significa estar plenamente viva como una mujer femenina para la gloria de Dios. Sabrá en su corazón que le falta algo, que algo no está bien; y cuando fallen sus recursos, tendrá su mejor oportunidad de oír las buenas nuevas de Jesús: que como mujer perdonada puede vivir verdaderamente.

En este capítulo doy cuatro breves destellos de cómo las mujeres sobreviven sin abnegada dependencia de Cristo, sin un verdadero conocimiento del Padre y sin la humilde confianza en el Espíritu de Dios para liberarles de la esclavitud al temor de la invisibilidad:

> Destello 1: La mujer defensivamente trastornada.
> Destello 2: La mujer prematuramente satisfecha.
> Destello 3: La mujer enojadamente endurecida.
> Destello 4: La mujer visiblemente afligida.

Ningún destello de una mujer que vive en lugares secos es bonito. Quizá usted misma se vea en estos destellos. Mientras lee, tenga en mente que ninguna mujer, por muy dolorosa que sea su vida o muy poderoso que sea su temor, está fuera del alcance del perfecto amor. El camino hacia *arriba* para vivir en la visión de la feminidad relacional está precedido del camino *descendente* a la experiencia sentida del temor paralizante. Solamente desde el fondo del pozo podemos ver claramente la parte superior de la promesa, que todos están invitados a acudir a Cristo, ¡y vivir!

Destello 1: La mujer defensivamente trastornada.
En los minutos finales de una sesión de consejería, mi cliente, una mujer de mediana edad, de repente se puso en pie, inclinó su cabeza para mirar al techo de mi oficina y, con la sonrisa de gozo inocente de una niña pequeña, preguntó: "¿Es ese usted, Frank?" Después, con la misma rapidez se sentó y me miró. Aún con una sonrisa, aunque ahora convertida en un engreimiento de saber, anunció: "Frank me canta todas las noches. Es maravilloso. Me siento muy especial." (Después supe que se refería a Frank Sinatra.)

Cuando estaba en prácticas para ser psicólogo, un sabio y experimentado profesor me dijo: "Nunca entenderás la naturaleza humana y por qué se torció hasta que entiendas cómo la angustia de un deseo insatisfecho enciende un temor que puede hacer que la psicosis parezca algo razonable, la única esperanza que tiene una persona de ser feliz." Sus palabras regresaron a mi mente cuando estaba aconsejando a esta mujer.

Varias sesiones después, por razones que no entendí entonces y que no llego a entender del todo ahora, ella pasó a la lucidez durante más de cinco minutos. Quizá en algún lugar en su alma que lleva una imagen sintió que yo quería en verdad *conocerla* más de lo que quería *tratarla* profesionalmente. Quizá en la seguridad de una relación probada la cual había pensado que nunca podría tener, encontró el valor para dejarme conocer a la mujer aterrada escondida bajo sus delirios. Hablando claramente y con una emoción genuina, me contó lo que ocurrió en su noche de bodas, treinta años atrás.

"Cuando llegamos a la habitación de nuestro hotel, mi esposo sacó unas cosas de la maleta y luego encendió rápidamente el televisor. Encontró el partido que imagino que estaba buscando y se sentó a verlo. Yo me sentí como si ni tan siquiera estuviese en la habitación. Mi padre nunca me veía tampoco, incluso cuando yo lloraba. Necesitaba que mi esposo me viera, así que me acerqué a él, acaricié su cabello y susurré en su oído: 'Volveré en unos minutos.'

"Entré en el baño y enseguida salí con un camisón de satín que estaba guardando para esa noche especial. Él me miró y dijo que estaba muy guapa. Y luego se volvió a girar para seguir viendo el partido. Yo quería gritar, decir ¡'Estoy aquí! ¿No te resulto más atractiva que un partido?'

"Pero no dije nada. Me tomé tres pastillas para dormir, me metí en la cama y me quedé dormida. A la mañana siguiente él estaba furioso porque no me había esperado a que acabara el partido para tener sexo. Me dijo que me dio un 'revolcón' mientras estaba dormida. Odiaba esa palabra. Odiaba lo que me hizo. Le odiaba. Aún le odio. Y aún odio esa palabra."

Su noche de bodas quedó definida por una invitación sin una respuesta; peor aún, por una apertura en la que se entró violentamente sin permiso. Durante los siguientes treinta años, sedujo a una docena de hombres. Durante los últimos años, ha estado escuchando la música de Sinatra durante horas cada día mientras se desliza lentamente en una psicosis.

Ciertamente es posible que una falta de sustancias químicas cerebrales le predispusieran a retirarse a un mundo que ella misma creó. Pero pienso que mi viejo profesor tenía razón. La angustia de un deseo no satisfecho le sumergió profundamente en su terror: la devastación de invitar a alguien que nunca llegó. En el momento de su trauma, sus recursos "normales" fallaron. Ella adormeció su temor con una locura defensiva, encontrando solamente en la fantasía la ilusión de la belleza dentro de ella que pudiera atraer a otro.

Destello 2: La mujer prematuramente satisfecha.
Si bien es cierto que las mujeres con diagnóstico clínico son (afortunadamente) una pequeña minoría, las mujeres prematuramente satisfechas son una gran mayoría. Pienso en ellas como las "mujeres de Laodicea", una sociedad informal de mujeres unidas por la complacencia: encuentran su contentamiento en las bendiciones de la vida.

Entre ellas, encontrará mujeres felizmente casadas, madres de hijos sanos y educados, buenas maestras de la Biblia, mujeres sociables conocidas por su hospitalidad, mujeres atractivas que visten con buen gusto, profesionales exitosas y líderes de empresas, músicos y escritoras con mucho talento, y mujeres sensibles que se preocupan por los necesitados.

Si se sienten abrumadas por las responsabilidades, se sienten *noblemente* abrumadas. Cuando un extraño sentimiento de abandono o soledad amenaza con desmenuzar su compromiso, el tiempo con buenos amigos o una noche con su atento esposo restaura su complaciente satisfacción en la bendición, una satisfacción que confunden con el gozo. Sugiera a las mujeres de Laodicea que un profundo terror vigoriza gran parte de lo que hacen, que sus buenas obras sirven para suprimir un profundo temor, y la sugerencia probablemente será desechada sin dudarlo.

Tengo que ser claro. Está *bien* encontrar disfrute en las bendiciones. "También es algo bueno recibir riquezas de parte de Dios y la buena salud para disfrutarlas. Disfrutar del trabajo y aceptar lo que depara la vida son verdaderos regalos de Dios" (Eclesiastés 5:19, NTV). Pero es un error, y peligroso, depender de las bendiciones en este mundo para mantener el gozo. Pablo le dijo a Timoteo: "enséñales a los ricos de este mundo que no sean orgullosos ni que confíen en su dinero, el cual es tan inestable. Deberían depositar su confianza en Dios" (1 Timoteo 6:17, NTV). Y Pedro nos dice que si "queremos disfrutar de la vida", debemos relacionarnos bien, usando nuestra lengua para hablar vida a otros (véase 1 Pedro 3:10-12, NTV).

Aunque la mujer defensivamente trastornada disfruta de *la belleza de la fantasía*, la mujer prematuramente satisfecha apaga su profundo terror identificando y aceptando solamente esos deseos que las bendiciones en este mundo pueden satisfacer. El anhelo más profundo de conocer a Dios y de darle a conocer tanto en medio de las bendiciones como de las dificultades sigue sin sentirse, o se siente solo débilmente. Con la ayuda de Satanás y el ánimo de su carne, ella se las arregla para sentirse bien y viva mientras disfruta de *la belleza de las bendiciones*, sin ninguna preocupación seria de revelar a Dios mediante su forma de relacionarse.

Una amiga mía sonríe confiadamente y dice: "¡Acaso no es bueno Dios!" Una expresión, no una pregunta. "Bueno" es su palabra favorita. Ella está felizmente casada con un buen hombre, tiene dos hijos realmente buenos, disfruta de un buen ministerio como maestra de la Biblia en una buena iglesia, da la bienvenida a sus buenos amigos en su casa para pasar un buen tiempo, y cuenta muchos inesperados buenos momentos cada mañana con Jesús.

Le pregunté una vez: "¿Dirías que Dios es bueno si algo malo ocurriera?" Ella me miró perpleja, después condescendiente. "No creo que un Dios bueno permita que a sus hijos les ocurran cosas malas. Si lo hace, es siempre por un buen propósito. En sus manos, todo lo que parece malo pronto pasará a ser bueno."

Esta mujer tiene un caso extremo de un mal común: falso optimismo. Está prematuramente satisfecha, disfrutando de sus bendiciones como su mayor tesoro e ingenuamente (y erróneamente) confía en que Dios las seguirá mandando. El sufrimiento tiene poca cabida en su entendimiento de la vida cristiana. Cualquier temor que exista en su alma está profundamente enterrado bajo el falso optimismo que ella confunde con confiar en Dios. Se relaciona con otros con poco poder espiritual.

Destello 3: La mujer enojadamente endurecida. Cuando otros le fallan, un cierto tipo de mujer puede adormecer su dolor y temor bajo un indignante espíritu de sentirse con derecho. *Merezco algo mejor y tengo justificación para hacer cualquier cosa para arreglar el trato que recibo de aquellos, a lo cual tengo derecho.* Esta mujer llega a estar dura y enojadamente decidida a escapar del dolor controlando su vida y la de cualquier persona en su vida que sea importante para ella. Puede convertirse en una esposa demandante, una madre dominante o una amiga distanciada.

La mujer enojadamente endurecida parece no necesitar retirarse a un mundo de fantasía. Siente que es bastante capaz de controlar su mundo real. Rehúsa contentamente encontrar satisfacción en cualquier bendición que llegue a su encuentro. Aunque puede parecer una mujer cristiana encantadora, útil y sincera, está constantemente maniobrando para tener las cosas bajo su control. Sin darse cuenta, siente que tiene tanto derecho a un buen trato de otros como Dios tiene derecho a la adoración.

No encuentra belleza ni en la fantasía ni en las bendiciones, sino en el poder. Sobrevive con *la belleza del poder relacional.* Hasta el grado en que otros cedan a su autoridad, ella no siente temor. La mujer enojadamente endurecida se mofa de la idea de que es una mujer aterrada y que está viviendo para evitar lo que teme que destruiría su alma. Pero vive sola en una tierra deshabitada.

Una ex esposa ha lanzado una campaña para poner a todos en contra de su antiguo esposo, incluyendo a sus hijos. Los que defienden que ella recibió unos muy malos tratos de su esposo se convierten en sus mejores amigos. Se distancia de los pocos que cuestionan si su decisión de divorciarse estuvo bíblicamente justificada. Se mofa abiertamente de los que siguen apoyando a su ex esposo. Muchos en su iglesia valoran sus actividades ministeriales y la ven como una mujer cristiana de la que se ha abusado que está siguiendo adelante en Cristo. Ella rehúsa seguir con el consejero al que estaba visitando durante el procedimiento de divorcio cuando él le animó a explorar una raíz de amargura que era obvia para él. Ella es una mujer enojadamente endurecida que adormece la soledad con el poder relacional sobre otros que le aportan el placer y la seguridad del control.

Destello 4: La mujer visiblemente afligida.
La mujer consciente de sí misma está afligida. Cuando otros ven lo afligida que está, quizá la vean como inmadura, en necesidad de ayuda para llegar a ser una mujer prematuramente satisfecha. Pero están equivocados. Si su aflicción viene de una conciencia de sí misma realista, ella es más capaz de oír a Dios que las mujeres que exitosamente niegan sus profundos temores. Las mujeres que encajan en este cuarto destello tienen la esperanza más grande de pasar de una supervivencia aislada a un éxito relacional.

Esta mujer no acude a la fantasía para escapar de sus temores. Disfruta de sus bendiciones pero siente intensamente la angustia de querer lo que nada en este mundo puede proporcionar. Como sabe que no es la mujer que debía ser, su alma humillada nunca se endurece.

Por razones que quizá no estén claras para ella, se resiste a esconderse de la realidad soñando despierta. Rehúsa fingir que todo está bien. Y se da cuenta de que tiene muy poco control sobre lo que más importa. Como afronta honestamente tanto su vida como su corazón, está abierta a sentir sus más profundos anhelos como mujer y a hacer frente a sus peores fracasos como mujer.

La mujer afligida, humillada por la realidad, tiene ojos que pueden ver la visión que Dios tiene para ella. El temor a no llegar a ser nunca la persona que Dios quiso que fuera, por un tiempo, le ciega a una visión que, si la viera, se sentiría más frustrada que esperanzada. Pero su conciencia de un deseo insatisfecho y fracaso relacional la mantiene buscando más. Y ella ve la brecha que hay entre la visión de la feminidad relacional que presenta el Espíritu y la realidad de dónde está en su viaje por la vida.

En el quebranto tanto por su fracaso como por su impotencia para cambiar, surge una oración a Dios desde el centro de su alma: "Dios, acudo a ti. Haz conmigo lo que quieras. Recíbeme en tu perfecto amor que echa fuera todo temor."

La mujer afligida no ve belleza en la fantasía, las bendiciones, el poder o ni tan siquiera en sí misma. Mientras busca honesta y apasionadamente lo que falta en su vida, llega a ver que la belleza que anhela tener está en Jesús y en el Padre que Él revela. El temor a no tener una belleza que otro podría desear se desvanece en la irrelevancia. Su profundo terror pierde su poder en presencia del perfecto amor. Su alma está cautivada por la belleza de Jesús que revela el Espíritu.

Con el tiempo se da cuenta de que ya no se siente atraída a escapar de su temor o forzada a encontrar afirmación de su belleza. La preocupación de sí misma queda lentamente desplazada por la adoración de Dios.

En las manos del Espíritu de Dios, el terror que Él expone sorprendentemente se convierte en una avenida hacia la presencia de Dios. A medida que responde a la invitación de Cristo a acudir a Él, algo maravilloso ocurre. Las cadenas de su esclavitud al temor se caen, y es consciente de un deseo más fuerte que todos los demás, un deseo de revelar a otros la belleza de su abierto e invitacional Señor. La mujer afligida entonces se identifica con estas palabras de la Escritura:

> *Dios es amor, y todos los que viven en amor viven en Dios y Dios vive en ellos; y al vivir en Dios, nuestro amor crece hasta hacerse perfecto. Por lo tanto, no tendremos temor en el día del juicio, sino que podremos estar ante Dios con confianza, porque vivimos como vivió Jesús en este mundo. En esa clase de amor no hay temor, porque el amor perfecto expulsa todo temor.* (1 Juan 4:17-18, NTV)

La belleza de Jesús se vuelve visible en medio de una aflicción continuada, precisamente porque ella ya no está obsesionada con si es hermosa o no. Basta con saber que Jesús es hermoso y que ella vive en Él. La mujer visiblemente afligida viaja por su temor y desesperación hacia convertirse en una mujer plenamente viva en su feminidad para la gloria de Dios. El camino por el que ella viaja es estrecho. En la Parte IV veremos con más detalle la naturaleza de este viaje.

Pero ahora, tenemos que explorar el profundo terror en los hombres.

12

EL PROFUNDO TERROR DE UN HOMBRE

Ingravidez

> El mundo ha alcanzado un gran punto de inflexión en su historia, igual en importancia al cambio de la Edad Media al Renacimiento. Demandará de nosotros un avivamiento espiritual; tendremos que elevarnos a una nueva altura de visión, a un nuevo nivel de vida.
>
> Alexander Solzhenitsyn[19]

> Las dudas demuestran que estamos en contacto con la realidad, con las cosas que amenazan la fe y también con las cosas que la alimentan. Si no estamos en contacto con la realidad, entonces nuestra fe es apta para ser ciega, frágil e irrelevante.
>
> Frederick Buechner[20]

Pensemos en ello. Si un hombre es masculino solo hasta el grado en que la manera en que se relaciona revela la belleza encarnada del Dios que nos oye, nos recuerda, mira en nuestro interior y se acerca a nosotros, entonces la gran mayoría de los hombres (incluidos los muchos que

---

19 Jimmy Long, *Emerging Hope* (Downers Grove, IL: InterVarsity Press, 2004), p. 72.

20 Ibid., p. 177.

están bastante satisfechos con su masculinidad o que nunca lo piensa seriamente) sencillamente no son masculinos.

- ¿Cuántos hombres realmente sintonizan con las heridas profundas y preocupaciones de sus esposas, hijos, padres mayores y amigos? ¿Cuántos hombres *escuchan* a otros?
- ¿Cuántos hombres están tan agradecidamente abrumados al recordar el mover de Dios en sus vidas que no pueden pensar en otra cosas más significativa que avanzar de igual forma en la vida de alguien? ¿Cuántos hombres *se acuerdan* de Dios?
- ¿Cuántos hombres investigan con gentil curiosidad en el mundo interior de sus esposas o novias, dispuestos a descubrir luchas que no tienen ni idea de cómo resolver, dispuestos a hacer frente a las decepciones de una mujer que exponen el fracaso de un hombre? ¿Cuántos hombres *miran* profundamente en otros?
- ¿Cuántos hombres oyen y ven las luchas de una mujer y, en vez de tratar inmediatamente de resolverlas, están a su lado en su dolor, orando por la sabiduría para avanzar sabiamente en su vida? ¿Cuántos hombres *avanzan* hacia mujeres motivados por el amor puro de Cristo? ¿Cuántos hombres avanzan hacia otros *relacionalmente* con la confianza de que Dios puede hacer milagros a través de ellos si su meta es revelar, no a ellos mismos como dignos de aprecio, sino al Dios que puede transformar a las personas en "pequeños Cristos"?

Mida al hombre por esas normas y no dará la talla. ¿Por qué? ¿Y por qué tan pocos hombres ni tan siquiera piensan en lo que significaría revelar a Dios viviendo vidas relacionalmente masculinas?

Caer en el temor

Pocas mujeres viven con feminidad relacional como su visión persuasiva. A las mujeres se les hace más fácil quedarse cerradas en actitud protectora que abiertas en actitud de invitar, y con mucha frecuencia no ven nada malo en su manera de relacionarse. ¿Por qué? ¿Es porque los hombres en sus vidas no están avanzando hacia ellas? ¿Tienen padres que les han fallado a la hora de explorar con respeto y disfrutar de las almas femeninas de sus hijas? Mucho más de lo que los hombres se imaginan, es difícil para una mujer permanecer abierta cuando ningún hombre muestra interés en entrar en quién ella es como una mujer hermosa.

Pero el *fracaso* de la feminidad tiene más que ver con el *temor* de una mujer a la feminidad, un temor al que solo el perfecto amor (el cual solo un Hombre puede dar) le priva de su poder. Ninguna mujer descansa perfectamente en el perfecto amor, y ninguna mujer lo hará hasta que esté en el cielo. El profundo terror a la invisibilidad está, por tanto, operando en la vida de cada mujer en algún grado. El rechazo se siente como un golpe mortal. El temor convence a las mujeres para que se vistan con las hojas de higuera de la belleza externa, quizá para vestir máscaras de competencia y logro o para presentar a una persona de alegre compañerismo que esconde una persona solitaria. Muchas mujeres mantienen en secreto su vergüenza y su temor. ¿El resultado? Las mujeres no están a la altura del llamado de Dios a revelar su belleza invitacional por su manera de relacionarse.

¿Qué hay de los hombres? ¿Qué temor impide que un hombre se relacione con la masculinidad revelada por Dios?

Los hombres son *hacedores*. Por naturaleza no damos una atención paciente a las heridas de otro. Ningún hombre recuerda y celebra el mover de Dios en su vida con tanta gratitud de modo que su pasión consumidora y controladora sea imitar ese mover por la manera en que se relaciona con otros en cada relación, en cada momento. Es raro que un hombre mire con curiosidad no defensiva y sin evaluar el mundo escondido de otra persona. Es común que un hombre se pregunte por qué una persona que lucha simplemente no "progresa." El valor requerido de un hombre para estar cálidamente involucrado con alguien cuyos problemas él no puede arreglar es escaso. Pocos hombres avanzan con una humilde confianza en que Dios les ha dado el peso que necesitan para influenciar significativamente el alma de otro, una confianza que les libera para inquirir en la influencia que han tenido sobre otro.

Según esas normas, escoja al azar a cualquier hombre y, muy probablemente, descubrirá que no es masculino. ¿Por qué? ¿Las mujeres de su vida no han afirmado sus esfuerzos por avanzar? ¿Su esposa critica sus faltas más que afirmar sus virtudes? ¿Son las heridas del padre la causa?

¿O es otra cosa? Al menos hasta cierto punto, todo hombre se queda corto en el llamado a revelar la belleza encarnada de Dios al relacionarse como hombre masculino.

- Los hombres no *escuchan* bien.
- Los hombres no *recuerdan* que Dios es su mayor gozo.
- Los hombres no *miran* a otros con una curiosidad paciente.
- Los hombres no *avanzan* sabiamente en las vidas de aquellos a quien es dicen amar.

¿Por qué? Para decirlo de manera simple, estamos aterrados. El temor nos controla, mucho más de lo que pensamos. La alta presión sanguínea se ha llamado el asesino silencioso del corazón porque no sentimos síntoma alguno mientras se produce el peligro. Del mismo modo, los hombres se sienten libres, fuertes, exitosos y vivos incluso cuando permanecen esclavizados a un terror que no se siente. Ese terror es el asesino silencioso del alma.

Los hombres son reticentes a reconocer la existencia del temor dentro de ellos, y si se reconoce, su profundidad y poder se menosprecia. Quizá estén de acuerdo en que la vida sin examinar no merece la pena vivirse, pero al igual que los hombres cuyo temor al cáncer de próstata les tiene demasiado ocupados como para visitar al doctor, raras veces encuentran tiempo para mirar profundamente la energía motivadora que hay debajo de sus vidas relacionales. Seguir adelante con la vida parece más productivo que *adentrarse* en la vida, especialmente en la vida relacional.

En el siguiente capítulo, yo me adentro en *mi* vida, buscando tanto el terror que está enterrado en mi alma como la esperanza que hay enterrada aún más profundamente. Como los hombres se quedan por lo general a nivel superficial, quizá vea en usted mismo lo que yo veo en mí. Pero por el momento, siéntese tranquilamente unos instantes con el rey David. Ore las palabras que él escribió en su diario de oración personal.

> Oh Señor, has examinado mi corazón
> y sabes todo acerca de mí.
> Semejante conocimiento…
> ¡es tan elevado que no puedo entenderlo!
> Podría pedirle a la oscuridad que me ocultara,
> y a la luz que me rodea, que se convierta en noche;
> pero ni siquiera en la oscuridad puedo esconderme
> de ti.
> Examíname, oh Dios, y conoce mi corazón;
> pruébame y conoce los
> pensamientos que me inquietan.

> Señálame cualquier cosa en mí que te ofenda
> y guíame por el camino de la vida eterna. (Salmos 139:1, 6, 11-12, 23-24, NTV).

Ingravidez

Antes de explorar mi terror profundo, debo señalar que las mujeres y los hombres comparten el mismo temor básico de la existencia humana. Como fuimos hechos para respirar el aire vivificador de la comunidad, no podemos soportar pensar en el aislamiento. Tememos la *soledad*, la vida sin conexión, el logro sin compañía, la existencia sin la amistad, vagando para siempre en una solitaria desesperación.

La soledad es una probadita del infierno. Las mujeres experimentan el temor básico de la soledad como el terror de la invisibilidad: invisible y no deseada. El llamado a invitar a otros a avanzar hacia ellas despierta su temor. La pregunta quema calladamente en su interior: *¿Tengo una belleza que otra persona pudiera desear?*

Los hombres, creados y llamados a avanzar en relación con otros, sienten el temor a la soledad de formas distintas. En su soledad, los hombres temen la ingravidez. *¿Tengo lo necesario para entrar en una comunidad, en una conexión de alma a alma? ¿A arriesgar que mi entrada no tenga un impacto visible? ¿A entrar en otros que quizá no valoren mi entrada?*

Cuando escribo acerca de las mujeres, escribo como un forastero. No espero respuestas más duras de las mujeres que leen mis palabras que: "No exactamente, pero estuvo cerca." Cuando escribo acerca de los hombres, escribo como un infiltrado. Quiero aprovechar esa ventaja. Si cuento mi historia, quizá otros hombres reconocerán su propia historia.

Anhelo vivir en el "avivamiento espiritual" de la masculinidad, prestar atención al llamado de Solzhenitsyn a dejar que este mundo vea el avivamiento espiritual de relación como Dios lo diseñó. Pero comparado con la vida avivada de Jesús, mi vida es una vela tintineante. ¿Alguna vez arderé? Las dudas amenazan con extinguir la llama. Pero las palabras de Buechner inspiran el valor para aceptar mis dudas como un medio de hacer frente a mi desagradable realidad. No logro estar a la altura de la gloria relacional de Cristo cada día. Mi fracaso se convierte con mucha facilidad en una oscuridad que oculta la realidad de la esperanza.

Pero cuando examino mi duda y hago frente al temor a que mi fracaso en avanzar como un hombre me dejará desconectado, algo inesperado sucede. Descubro mi centro como un hombre cristiano. Descubro mi deseo de avanzar hacia otros como Dios avanza hacia mí, y entonces siento con más precisión el temor de los hombres y oigo con más claridad el llamado de Dios para los hombres. Y comienza la lucha de toda una vida: la batalla entre la carne y el espíritu, la batalla entre mi temor inspirado por el diablo y mi deseo de liberar en mi interior la vida que Dios me dio.

¿Cuál es el terror en los hombres que se interpone en el modo de relacionarse como hombres? El profundo terror es difícil para los hombres de identificar, difícil para los hombres de ver e incluso más difícil para los hombres aceptarlo como un verdadero problema. El infame ego masculino se interpone en el camino.

Permítame ahora asumir un riesgo. Quiero explorar honestamente el temor en el hombre que mejor conozco. Obtengo mi inspiración para una aventura de C. S. Lewis. Cuando los lectores de *Cartas del diablo a su sobrino*, la historia de cómo los demonios tientan a los humanos, supusieron que Lewis había aprendido los caminos del infierno "después de estudiar durante muchos años la teología moral y asceta", Lewis respondió: "Se olvidan de que hay una manera igualmente fiable, aunque menos respetable de aprender cómo funciona la tentación. 'Mi corazón', no necesito el de otros, 'me muestra la maldad de los impíos.'"[21]

No necesito otra vida que la mía propia para aprender acerca del profundo terror de los hombres. Si logro desenterrar con éxito el temor en otros hombres, tiene que ver principalmente con una dolorosa mirada en un espejo rodeado por la luz de sesenta y seis cartas de amor de Dios para mí.

---

21 C. S. Lewis, *Cartas del diablo a su sobrino* (New York: MacMillan, 1961), xiii.

13

RECONOCER EL TERROR EN UN HOMBRE

> Pues Dios no nos ha dado un espíritu de temor y timidez sino de poder, amor y autodisciplina.
>
> 2 Timoteo 1:7, NTV

Mientras escribo esto, tengo programado hablar mañana en un devocional de una universidad. La anticipación está mezclada con la indiferencia y el temor. ¿Por qué no me intereso en otros como quiero? ¿De qué tengo miedo?

Después de sesenta y ocho años de vida, sesenta como cristiano, cuarenta y seis como esposo, cuarenta y cuatro como padre, cuarenta como psicólogo, treinta y seis como escritor y orador, y los sesenta y ocho como varón, estoy decepcionado. Pensaba que a estas alturas sería más maduro de lo que soy. Sentía que era más maduro cuando tenía cuarenta.

Me he ganado una reputación de algún modo merecida de luchador honesto, un Tomás dubitativo que anhela ser un Pablo fiel pero que vive más como un errático Pedro, y que desciende con demasiada facilidad a la pesadumbre de un William Cowper. Algunas personas encuentran consuelo para su afligida alma en mis luchas. Otros piensan que tengo que practicar más en oración las disciplinas espirituales o tomar Prozac.

Me identifico con el énfasis postmoderno sobre la autenticidad en la comunidad, en la transparencia como una virtud perdida en la iglesia que debemos recuperar. Nadie se sana a escondidas. Pero quiero más que una calurosa aceptación cuando me muestro. Quiero oír la verdad que tiene el poder de transformarme, de liberarme del temor. He llegado a darme cuenta, sin embargo, de que la verdad meramente enseñada tiene poco poder. La verdad de Dios se convierte en algo creíble cuando es visiblemente plausible, cuando la verdad públicamente declarada se encarna personalmente en cómo *se identifica* con ella el que comunica la verdad. De lo contrario, la verdad es solo un puñado de palabras, una ortodoxia árida que hace que la gente sea más engreída que santa.

Creo, no obstante, que la verdad revelada por Dios se revela en palabras: las palabras de la Escritura. Está simplemente ahí, y es verdad independientemente de si lo creo o no y de si lo siento o no. Existe fuera de mí. Pero la verdad objetiva, lo que Dios revela, es también verdad relacional revelada por un Dios relacional. Y Él quiere que experimentemos su verdad de manea subjetiva, en una comunidad de adoradores que buscan la verdad y que juntos anhelan revelar a Dios por la manera en que nos relacionamos, entre nosotros y con el mundo.

Y ahí está el problema. Yo enseño más verdad de la que experimento, mucha más. La brecha entre lo que creo y lo que vivo levanta dudas, quizá en otros acerca de mí, y ciertamente en mí acerca de mí mismo y lo que creo. Sé que la brecha debería provocar una fe humilde y dependiente en mi corazón. A veces lo hace. Pero incluso entonces permanece la duda, como una nube que cubre el sol de la mañana.

El resultado es el desabrimiento. *Desabrimiento*: la incapacidad de interesarse profundamente en nada, apatía hacia las oportunidades tanto para el placer como el ministerioque antes que emocionaban, aburrimiento que drena el espíritu de aventura de mi vida. El desabrimiento me saluda casi todas las mañanas. Dostoyevsky definió el infierno como el sufrimiento de ser incapaz de amar. Quizá esté viviendo en las afueras del infierno cuando sufro la incapacidad de interesarme. ¿Estoy probando el infierno? ¿Estoy viviendo en su barrio? ¿Es el amor una decisión objetiva que se puede escoger voluntariamente sin pasión? ¿Puedo amar sin *sentir* amar? ¿Debería retirarme y hacerme mejorar?

Pablo le dijo a Timoteo que siguiera *viviendo* la verdad de lo que había aprendido y ahora "te persuadiste" (véase 2 Timoteo 3:14). A veces me siento tan agotado que no recuerdo lo que he aprendido y he enseñado durante tantos años. Estar persuadido puede verse como un sueño lejano.

¿Por qué me siento tan vacío, tan falto de pasión? ¿Tengo miedo? ¿Alguna ciénaga de terror se ha convertido en el campo de cultivo para los insectos devoradores de futilidad? ¿Algún extraño temor a que no tenga nada que ofrecer extingue mi deseo de ofrecer algo? Oigo historias de que un hombre puede cambiar el mundo. En mi despacho hay una placa con las famosas palabras de D. L. Moody: "El mundo aún no ha visto lo que Dios puede hacer en, a través, para y mediante un hombre cuyo corazón sea totalmente de Dios. Haré lo máximo posible por ser ese hombre." Esas palabras, en este momento, no me emocionan como solían hacerlo.

¿No debería Dios hacer más *en* mí antes de esperar más *de* mí? ¿No debería Él hacer que su presencia fuera más tangible, su historia más visible? Creo que estoy enojado con Dios. No debería estarlo, lo sé. En Jesús, Él me lo ha dado todo. Pero su todo no siempre nos parece que sea todo.

Mayberry

Un niño de cinco años todavía vive en este hombre de sesenta y ocho años. Luego viví en una ciudad parecida a

Mayberry a las afueras de Filadelfia, una ciudad donde, como Opie, podía regresar a casa caminando al salir de la guardería sin temor. Estaba solo a seis manzanas. Y Deputy Fife estaba siempre de guardia. La vida era bonita. Yo estaba a salvo. No estaba solo.

Pero un día de primavera, mientras paseaba tranquilamente de vuelta a casa tras salir de la escuela, una mariposa captó mi atención. Seguí su vuelo y terminé perdido en una calle que no me era familiar, una por la que nunca antes había caminado.

Tuve miedo. No estaba seguro de poder encontrar el camino de regreso a casa. Moverme me aterraba; así que me quedé quieto de pie, y lloré. En cuestión de minutos que me parecieron ser años, un automóvil de la policía se detuvo. El Sheriff Taylor iba de camino a encontrarse con Helen Crump para tomar el café de la tarde. Me vio, se detuvo, salió de su vehículo y me preguntó:

—Hola. ¿Qué te ocurre, pequeño?

—Me he perdido.

—¿Dónde vives?

—Con mamá y papá.

Justo cuando estaba a punto de preguntarme algo más, un Ford verde de 1950 llegó a toda prisa por la calle: el automóvil de mi padre. Después supe que mamá había llamado a papá. "Cariño, Larry ya debería estar en casa. No sé dónde está. Llamé a la escuela y salió de allí hace casi una hora. Tienes que encontrarle".

Cuando vi a mi padre, dejé de tener miedo. Un poco de vergüenza quizá, pero no miedo. Me iba a casa. Lección aprendida:

No soy apto para moverme por la vida. Me gustaría poder vivir sin ayuda, pero no puedo. ¿Habrá siempre alguien dispuesto a ayudarme cuando lo necesite? Espero que sí.

Avancemos tres años. Ahora estoy en el campamento de niños Sandy Hill en Maryland, un niño de ocho años lejos de su casa por primera vez. Una noche alrededor de una fogata, un consejero nos habló a los campistas y dijo: "Chicos, miren al fuego. Tienen que tomar una decisión. Aceptar a Jesús como su Salvador o quemarse en el fuego del infierno para siempre.

Por segunda vez, sabía que necesitaba ayuda. Un policía fue bueno. Papá era mejor. Jesús era el mejor, y necesario. Lección aprendida, una lección reforzada por una decena más de años de escuela dominical y grupo de jóvenes:

Puedo confiar en que Jesús me libra del infierno. Y parte de su trabajo en el paquete incluye nunca permitir que mi vida se convierta en un infierno. Creo las palabras del canto de la escuela dominical: Cada día con Jesús es más dulce que el día anterior. La vida es buena: Mayberry ahora, el cielo para siempre.

Avancemos una vez más, esta vez a través de los sesenta años desde mi conversión a Cristo hasta ahora mismo. Un profesor universitario de psicología me dijo que yo lo tenía todo para ser un buen psicólogo. Conseguí una licenciatura en psicología clínica, graduándome como el primero de mi clase. Tuve una esposa hermosa y dos hijos atléticos y brillantes que se convirtieron en el fundamento para una buena vida. Tenía una consulta privada que iba muy bien, reconocimiento como predicador, escritor y líder de seminario, y dinero suficiente para vivir más que cómodamente. Lección aprendida:

Tengo lo que se necesita. Puedo hacer que la vida funcione. Soy exitoso. ¡SOY UN HOMBRE! Estoy en casa en Mayberry como adulto, y de camino a una ciudad incluso mejor. ¡Gracias, Señor!

Pero todo jardín tiene sus malas hierbas. Mi Mayberry tiene un hospital, una cárcel, iglesias llenas de tensión, centros de rehabilitación de drogadictos y oficinas de consejería. La lección aprendida a través de bendiciones comenzó a tambalearse desde sus cimientos.

- Me avergonzó tartamudear cuando un pastor me pidió que despidiese el servicio en oración. Le había pedido a Dios que me permitiera hablar con fluidez. Tenía veintidós.
- Me quedé perplejo cuando mi esposa de veinte años dijo con lágrimas: "No quiero hacerme anciana a tu lado. Es demasiado doloroso". Pensé que la crisis que tuvimos tras ocho años de matrimonio ya sea había resuelto.
- Me quedé devastado por las desgarradoras dificultades en las vidas de mis hijos. *Dios, trabajé mucho para ser un buen papá. ¿Qué más querías que hiciera?*
- Me quedé destrozado cuando dos clientes se suicidaron. *¿Sé algo de aconsejar a personas con verdaderos problemas?*
- Me desanimé cuando una editorial me dijo en 1980 que las cifras recientes de ventas habían disminuido hasta hacerme un autor de clase B. *¿Estoy perdiendo lo que antes tenía?*
- Me quedé abrumado de dolor cuando mi único hermano murió en un accidente aéreo, cuando mi madre tuvo Alzheimer, cuando vi a mi padre hundirse en la soledad, y cuando tuve dos episodios de cáncer. *¿Me esperan más cirugías? ¿Quizá un cáncer terminal?*

¿Qué le ocurrió a Mayberry? Aprendí una nueva lección. Nada está garantizado sino la oportunidad de conocer a

Dios en los mejores y en los peores momentos, y en cualquier momento el poder para moverme en las vidas de las personas como Él se movió en la mía. Dios a eso lo llama *vida*. Sé que Él tiene razón.

Pero ¿le conozco? ¿Confío en Él? ¿Le *amo*? ¿Existe? Las preguntas de duda surgen, incluso después de todos estos años. Versículos conocidos que me aseguraban su amor y bondad me parecen más como tomaduras de pelo.

- "No te desampararé, ni te dejaré" (Hebreos 13:5).
- "Cuando pases por las aguas, yo estaré contigo... Cuando pases por el fuego, no te quemarás, ni la llama arderá en ti" (Isaías 43:2).
- "Venid a mí... y yo os haré descansar" (Mateo 11:28).
- "Con amor eterno te he amado" (Jeremías 31:3).
- "Todas las cosas les ayudan a bien" (Romanos 8:28).

Fe y duda

Me siento muy solo. Pero ¿a quién puedo acudir? En algún lugar de mi interior está una realidad que solo la duda puede tocar, una fe que se revela cuando la desesperación no deja otra opción. *Creo* en Dios. *Confío* en Jesús. *Sé* que el Espíritu Santo vive en mí. Y *me doy cuenta* de que por su bondad está dedicando su poder a hacerme un hombre, un hombre como Jesús que puede encontrar mi gozo revelando a Dios a otros por la manera en que yo me relaciono: *oyendo* el clamor de otros y no habitando en el mío; *recordando* que conocer a Dios, ya sea en la cama de un hospital o un campo de golf, es vida; *mirando* para ver los corazones rotos de otros, para ver la historia detrás de sus lloros; y *tocando* las vidas de otros con el peso de Dios mismo, el peso de la gloria que Dios dio al Jesús encarnado, quien ahora me lo da a mí.

Y es entonces, cuando la fe aparece y oigo el llamado de Dios, cuando siento terror, el terror de la ingravidez.

- ¿Puedo oír el profundo clamor del corazón de otro? ¿Acaso quiero?
- ¿Recuerdo cómo Dios me recuerda? ¿Surge la adoración de dentro de mí cuando la vida es difícil? ¿O cuando me quejo?
- ¿Seguiré mirando la vida de otro con gentileza pero con implacable curiosidad para ver qué hay ahí realmente? ¿O quiero ver solo esos problemas con los que puedo hacer algo, como un hombre competente, no como un hombre relacional?
- ¿Estoy orando por sabiduría para discernir cómo puedo moverme con el impacto del peso espiritual que cambia vidas en la vida de alguien que he visto? ¿O dejo que el temor de la ingravidez paralice el movimiento relacional y me reduzca a un hacedor no relacional, un arreglador, un insignificante administrador de la vida?

El desabrimiento está conmigo al escribir estas palabras. Todo parece una tarea, incluso lavarme los dientes y contar mi dosis diaria de vitaminas. Hablaré mañana en el devocional. Pero ahora mismo me parece más una obligación que una oportunidad.

La vida parece no tener sentido. Me siento ingrávido. Y sin embargo, cuanto más me hundo en el barro de la desesperación, más cerca me parece estar de mi centro. Estoy vivo. He sido perdonado. Me intereso. El desabrimiento no tiene la última palabra. Mi profundo terror no es mi centro

profundo. *Soy un hombre.*
Y oigo el llamado de Dios a disfrutar de la masculinidad relacional. Descubro mi deseo de vivir plenamente vivo para la gloria de Dios. Lección aprendida:

Reconocer el terror en un hombre abre la puerta para perseguir la vida como un hombre. El plan de Dios: no ser nada en presencia de Dios (aparte de su amado) para que Él pueda hacer cualquier cosa que Él quiera hacer en usted y a través de usted. Entonces se convertirá en la persona que Dios creó. Las palabras de D. L. Moody palpitan con nueva vida.

El terror reconocido abre la puerta a la masculinidad relacional. El terror escondido abre la puerta a la vida más cómoda pero desperdiciada de la falsa masculinidad.

14

LO QUE PUEDE HACER EL TEMOR

Un destello de tres hombres ingrávidos

> El Nuevo Testamento habla enfáticamente de la "novedad"... de la vida cristiana en Cristo, comparada y contrastada con todo lo que hubo antes.
>
> J. I. Packer[22]

> No sé nada de la maravillosa experiencia de la libertad del conflicto y la liberación total de toda tendencia malvada. Nunca gané ni un centímetro del camino al cielo sin luchar por ello.
> Nunca viví ni un día sin haber tenido tristeza por cada una de mis imperfecciones. A veces me acerco a Dios pero en ese momento lloro más por mis faltas y fracasos.
> Charles Spurgeon[23]

Cuando un hombre acude a Dios aterrado por no tener poder para lograr nada más que una importancia pasajera; cuando entra en contacto con el vacío de su alma que ningún logro, reconocimiento o placer puede llenar;

22 Alister McGrath, Ed., *The J. I. Packer Collection* (Downers Grove, IL.: InterVarsity Press, 1999), p. 238.

23 Derek Tidball, *The Message of Holiness* (Downers Grove, IL: InterVarsity Press, 2010), p. 22.

cuando se da cuenta de que no está a la altura cada día de cómo Dios le diseñó para relacionarse; y cuando admite que no tiene derecho a pedir nada de Dios y entiende que solo puede implorar misericordia, es entonces cuando su decisión final se aclara:

O BIEN entierra su temor, vacío, fracaso y quebranto bajo una airada decisión de continuar proveyendo para sí mismo cualquier satisfacción manejable y placentera que haya disponible, y se asienta en el egocentrismo como una manera cómoda y familiar de vivir;

O confiesa que es un hombre asustado, vacío, en fracaso y roto, y se rinde gustosamente a Dios como un pecador perdonado y ahora un seguidor comprometido de Jesucristo que está dispuesto, a cualquier coste, a convertirse en todo lo que Dios quiere que sea y a tocar a otros como Dios le dirija a moverse para revelar la radical centralidad en otros de Jesús por la forma de relacionarse, viviendo el camino nuevo del Espíritu.

Hasta que un hombre no se humille reconociendo el temor que le impulsa, admitiendo un vacío que no puede resolver, dándose cuenta de que su manera de relacionarse no influencia a nadie profundamente, y doblegándose en quebranto ante lo lejos que se ha quedado del deseo relacional de Dios para los hombres, pasará su vida haciendo mucho con poco provecho.

¿Cómo se relacionan los hombres que no son masculinos? ¿Cómo pierden la oportunidad de conectar en el puente? Echemos un vistazo a los tres tipos de hombres, hombres que esconden su temor *de* sí mismos y terminan viviendo *para* ellos mismos.

Destello 1: El hombre hueco
Destello 2: El hombre secularizado
Destello 3: El hombre espiritualmente adicto

Cada uno de ellos está viajando por el camino ancho que satisface durante un tiempo pero que les conduce a la miseria.

Destello 1: El hombre hueco

La espiritualidad hueca siempre ha sido popular. Es fácil. Como lo dijo un observador preocupado, la gloria de Dios, su peso, se asienta ligeramente sobre la iglesia estadounidense, y en la iglesia actual quizá con más ligereza que en tiempos anteriores.

La indiferencia a todo salvo la comodidad personal es una forma de espiritualidad hueca que ha estado con nosotros durante mucho tiempo, y sigue atrayendo a sectores del cristianismo hoy día. Durante siglos, los seguidores de Jesús han estado confiando en Dios para el cielo posterior y han estado confiando ingenuamente en Él para una buena vida ahora, la buena vida de la buena salud, buenas familias y buen ingreso, que cada sueño autogratificante se cumpliera. Los cristianos espirituales, se ha supuesto falsamente, están en línea para recibir todo lo que quieran en este mundo.

Más recientemente, al menos en círculos evangélicos, un nuevo entendimiento de la espiritualidad ha ganado seguidores. La formación espiritual, no las bendiciones terrenales, se reconoce ahora como la marca adecuada de un cristiano serio. Pero en algunos círculos, la rica herencia del término se ha debilitado. En el pensamiento actual, la formación espiritual ha venido a significar poco más que *sentirse cerca de Dios* y *un deseo de cambiar el mundo.* (Vivir una vida moral, decente y generosa también es una parte asumida del cuadro.)

Relacionarse bien con los demás en una comunidad cristiana como mujeres femeninas y hombres masculinos se aparta como un interés más especializado, un tema secundario que provoca una interesante discusión en grupos limitados, una manera de vivir que es tanto controvertida como nada esencial para la verdadera formación espiritual.

En la mística quietud de los retiros espirituales llenos de *lectio divina* (leer los pasajes con Cristo como la clave para su significado) y oración contemplativa, y en la emoción del activismo para cambiar el mundo mediante campañas políticas y trabajar por la justicia social, hay algo que a menudo suele faltar, algo importante. Un enfoque apasionado en la espiritualidad *personal*, sentir la presencia de Dios, y la espiritualidad *social*, cambiar el mundo mediante el evangelismo y la acción social, con demasiada frecuencia dejan poco espacio para un serio interés en la espiritualidad *relacional*.

Horas antes del Calvario, Jesús oró para que sus seguidores se relacionaran bien, revelando al mundo lo que es la comunidad divina (véase Juan 17:20-26). Días después del Calvario, Él nos dijo: "haced discípulos a todas las naciones, bautizándolos en el nombre del Padre, y del Hijo, y del Espíritu Santo" (Mateo 28:19). Nuestro poder para marcar la diferencia en nuestro mundo en la que Dios está interesado depende de cómo sus discípulos dispuestos a cambiar el mundo se lleven entre sí. El orden es importante: relacionarse bien para servir bien.

En su oración como sumo sacerdote antes de su crucifixión, Jesús, refiriéndose a nosotros, dijo: "Te pido que todos sean uno, *así como tú y yo somos uno*... Que gocen de una unidad tan *perfecta* que el mundo sepa que tú me enviaste y que los amas tanto como me amas a mí" (Juan 17:21, 23, NTV, énfasis añadido). Son solo los adoradores agradecidos que se encuentran con Dios los que, como reveladores de Dios capacitados por el Espíritu Santo, se relacionan como Jesús, como mujeres femeninas que invitan abiertamente y como hombres masculinos que actúan amorosamente.

Permítame poner juntas la espiritualidad personal, social y relacional en dos frases:

Cuando la experiencia de un hombre de Dios no cambia su manera de relacionarse con otros, su experiencia de Dios es hueca o es espuria. Cuando los esfuerzos de un hombre por servir a Dios en la obra misionera, o bien mediante el evangelismo o mediante la acción social, no son el desbordar de la masculinidad que revela a Cristo, su entusiasmo carecerá del poder necesario para llegar profundamente a los corazones de las personas.

Este es mi punto: un entendimiento hueco, no relacionalmente enfocado de la espiritualidad producirá hombres huecos no relacionalmente enfocados. Experimentar a Dios es un privilegio consumidor. Servir a Dios es innegociable. Pero conocer a Dios de una forma que nos forme para ser hombres relacionalmente masculinos es crítico.

Lyle ilustra mi preocupación. Lyle sirve a Dios. Discipula a hombres. Cocina para hombres sin hogar en un comedor comunitario del centro de la ciudad. Pasa un día al mes en retiro espiritual y una hora cada mañana en devocional personal.

Conozco a la esposa de Lyle. Se acercó a mí buscando consejería. "Siento que soy invisible para mi esposo —dijo—. Cuando estoy dolida, me abraza pero nunca me pregunta por qué estoy dolida. Cuando estoy frustrada, me toma de la mano y ora por mí, después se va con una sonrisa de satisfacción. Me siento como una niña cuyo papá ocupado le dedica tiempo para darle una palmadita en la cabeza. Lyle no me conoce mejor ahora que cuando nos casamos". Después comenzó a llorar: "¿No hay nada en mí que Lyle quiera conocer?

Su esposo vive para el poder personal, para causar un

impacto con lo que hace que le haga identificarse como un hombre piadoso. Lyle evangeliza a los perdidos y discipula a los creyentes, y no se relaciona profundamente con nadie. Emerge de su devocional matutino y retiros mensuales más vigorizado para exhibir su espiritualidad ante otros.

Los hombres espiritualmente huecos "actuarán como religiosos pero rechazarán el único poder capaz de hacerlos obedientes a Dios" (2 Timoteo 3:5, NTV). ¿Por qué? Viven separados de Cristo. ¿Cómo? Ocultan su temor a la ingravidez del alcance del perfecto amor, debajo del poder personal que obtiene reconocimiento pero carece de profundidad. Estos hombres parecen piadosos para muchos, pero ellos conocen poco del poder del Espíritu que está disponible para cambiarles antes de ir a cambiar el mundo, el poder para formarles espiritualmente en hombres relacionalmente masculinos que revelan a Dios porque conocen a Dios.

Lyle es un hombre espiritualmente hueco. Podría ser distinto.

Destello 2: El hombre secularizado

Los hombres secularizados son primos de los hombres huecos. Ambos tipos de hombres hacen muchas cosas para Dios con poco poder de Dios. La diferencia es esta: los hombres espirituales huecos hacen su obra obviamente cristiana en la comunidad cristiana. Los hombres secularizados sirven a Jesús en el mundo laboral como cristianos éticos, como hombres de integridad que trabajan mucho en sus empresas o profesiones, quienes apoyan generosamente y a veces se involucran activamente en ministerios cristianos. Ambas cosas definen erróneamente lo que significa ser un hombre que forma espiritualmente.

El cristianismo pone boca abajo nuestros valores naturales, especialmente nuestros valores motivacionales y de relación. Nada es secular en el mundo de Dios. Todo gira alrededor de los propósitos de su reino, así que todo es sagrado o profano, nunca meramente secular. Todo lo que hacemos, "háganlo todo para la gloria de Dios" (1 Corintios 10:31, NTV). Eso decepciona nuestro mundo egocéntrico por naturaleza. Tendemos a inclinarnos a vivir para nuestra gloria, para todo lo que nos aporte la experiencia deseada del peso personal.

Pero "Dios nos ha dado todo lo que necesitamos para llevar una vida de rectitud" (2 Pedro 1:3, NTV). Una vida de rectitud, por encima de todo, es vida relacional, vida en comunidad. Dios mismo es una comunidad de tres Personas. La vida de Dios en el alma de un hombre (tomando prestado el título del libro clásico de Henry Scougal) es vida *relacional*, y se muestra con mayor claridad no a través de la ética que seguimos, sino a través del tipo de amor que ofrecemos. Y ese tipo de amor, cuando se recibe de Dios y se libera en otros, cambia radicalmente la manera en que nos relacionamos.

A veces la emoción acerca de Dios que sienten los hombres durante una conferencia de hombres se traduce en una pasión por la ética cristiana mostrada en el mundo laboral y por ministerios cristianos lanzados con recursos del mundo laboral. Ambas cosas son buenas, pero no si las cosas se detienen ahí. Si las cosas no van más allá, la espiritualidad entonces se seculariza en un tipo de ética y estilo de vida ministerial que los hombres decentes no cristianos pueden adoptar tan fácilmente como los hombres cristianos.

Jesús no sufrió el Calvario para ayudarnos a vivir vidas meramente éticas, sino para transformar la manera en que nos relacionamos, de hombres que están curvados hacia sí mismos a hombres que se curvan hacia fuera para ser amantes de Dios y de otros radicalmente masculinos y que le revelan a Él.

Es bueno cuando un empresario cristiano es conocido por su justicia e integridad. Es mejor cuando busca y aprovecha oportunidades de *oír* la soledad de un compañero de trabajo, de *recordar* al Dios que quiere llevar a ese hombre junto a Dios, de *mirar* lo suficientemente de cerca como para ver los problemas, el sufrimiento y el pecado de ese hombre, y de *tocar* la vida de ese hombre con la verdad del evangelio entregada con el poder del evangelio con la sabiduría y el amor del evangelio.

Las muchas virtudes evidentes en la vida de un hombre secularizado fomentan la ilusión de que puede verse como un buen hombre mientras que se relaciona mal, la mayoría de las veces completamente inconsciente de que se está relacionando mal. Para este hombre, la masculinidad relacional que revela a un Dios relacional es raramente una categoría a considerar. Los problemas relacionales, por tanto, con esposas, novias, hijos o amigos, se entienden como evidencias del fracaso de otro.

Un hombre secularizado parecía noblemente perplejo cuando me dijo: "No lo entiendo. Mi esposa siempre está encima de mí con algo. A veces es tan crítica que tengo que explotar. La única manera de poder seguir amándola es distanciándome de ella. Le aseguro que no consigo ver qué le ocurre. Solo quiero llevarme bien con ella, ir a la iglesia juntos, servir juntos en el ministerio y disfrutar juntos de la vida. Realmente espero que pueda ayudarla."

Un hombre que no afronta su temor relacional nunca verá su pecado relacional. Un poco de pornografía de vez en cuando, muchas semanas largas de trabajo, o incluso adulterio o divorcio parecerá garantizado. Ese hombre no se dará cuenta de que la manera en que se relaciona está tozudamente diseñada para protegerle de su ingravidez relacional, su incapacidad de hacer algo que tenga un verdadero valor. Continuará dependiendo, para su sentimiento de bienestar personal tan importante, de su *poder personal*, su poder mostrado para hacer bien las cosas buenas.

Hasta que el hombre secularizado no caiga de rodillas, quebrantado por lo mal que trata a su esposa y a todos los demás, rogando misericordia para su pecado relacional y pida a su esposa que le perdone por el daño que le ha causado a su alma, él continuará haciendo cosas buenas que un hombre secular podría hacer y no saber bien por qué ni su esposa ni sus amigos espirituales disfrutan de estar con él como les pasa a tantos otros.

Ese hombre no es masculino. Pero podría serlo.

Destello 3: El hombre espiritualmente adicto

No culpo fácilmente los pecados ni del hombre hueco ni del hombre secularizado. Nunca me he sentido satisfecho con el poder personal que no influencia a otros profundamente y no afecta al caos y sufrimiento de la experiencia humana.

Pero un destello de un *hombre espiritualmente adicto* lleva una incómoda similitud con quien veo cuando me miro en el espejo.

Un buen amigo me dice que es adicto al entendimiento, el entendimiento bíblico. Desde el púlpito o en una conversación, demuestra sabiduría con el humilde y modesto pero confiado estilo de un hombre que espera que le admiren.

Otro amigo una vez me molestaba con una pregunta entrometida. Me preguntaba si yo pensaba que podía influenciar espiritualmente a otros si mi capacidad intelectual disminuyera. Le di tres respuestas. Una, creo que la presencia, estar con otra persona sin otro plan que conectar como almas, tiene poder para acercar a alguien al Señor. Dos, creo que la presencia más la sabiduría recibida en la mente y liberada mediante palabras tiene más poder. Jesús vino para estar con nosotros *y* para enseñarnos. Tres, me preocupa depender más de compartir sabiduría que de ofrecer la presencia para el impacto que quiero causar. Soy mejor dando mi mente que dándome yo mismo. Es menos arriesgado. Rechacen mi sabiduría, y puedo sentirme superior. Rechacen mi alma, y duele.

Hace muchos años cuando empecé a ser visible por primera vez en el mundo cristiano y reconocido como un buen pensador, sufrí una conmoción cerebral. Mientras yacía tumbado en la cama de un hospital en la sala de urgencias esperando los resultados de una radiografía de mi cerebro, gritaba durante media hora: "¡Nunca volveré a pensar!"

Me aterraba el que mi dios se estuviera muriendo.

He oído predicar a muchos pastores. Viene a mi mente uno que siempre comparte algo del texto bíblico que yo nunca antes he visto. Mi consciencia de *mí* me hace maravillarme con él. ¿Cuál de las dos respuestas a su predicación sería de más valor? ¿Sería: "Pastor, el Señor me habló de formas profundamente significativas durante su mensaje de hoy"? ¿O sería: "Pastor, me sorprende lo que puede ver en la Biblia que yo nunca hubiera visto sin su ayuda, tiene un destacado entendimiento de la Palabra de Dios"?

Para un hombre espiritualmente adicto, la sabiduría afirmada significa más que una vida influenciada. Me pregunto: ¿Acaso ustedes, mis lectores, serán removidos por el Espíritu de Dios para ser más relacionalmente femeninos o masculinos? Oro que así sea. ¿Les dirán a sus amigos que este es un libro que deben leer y quizá comprar una decena para regalar? Espero que sí. ¿Me animará más la segunda respuesta que la primera?

Los hombres espiritualmente adictos dejan que las primeras cosas ocupen un segundo lugar. Y las segundas cosas, como el reconocimiento por la sabiduría mostrada, felizmente asciendan a la categoría de lo primero.

Permítame destacar nuestros puntos principales:

- Los hombres huecos se conforman con poder sin profundidad, y raras veces llegan a darse cuenta de que les falta.

- Los hombres secularizados disfrutan del poder de hacer cosas buenas, prestando poca atención a relacionarse bien según la definición de Dios.
- Los hombres espiritualmente adictos muestran poder sobre la gente mediante cualquier recurso que tengan que les haga ganar respeto y admiración.

A menos que estos hombres muestren preocupación de que quizá tengan un serio problema y le pidan al Espíritu de Dios que examine sus corazones, puede que nunca reconozcan su manera de relacionarse impulsada por le temor, nutrida por la carne y autosuficiente, y nunca lo vean como algo malo. Sin la obra reveladora del Espíritu, ninguno de estos hombres descubrirá el deseo y el poder de revelar a Dios a otros viviendo como hombres relacionalmente masculinos. Podría ser muy distinto.

Y lo será, para el hombre que se batalla sinceramente. El esperanzador destello de ese hombre merece un capítulo aparte.

15

UN CUARTO HOMBRE

Varones que están empezando a ser masculinos

> Cuando un hombre acude a Cristo y parece que le está yendo bastante bien (en el sentido de que algunos de sus malos hábitos ahora se han corregido), a menudo siente que ahora sería natural si las cosas le fueran sobre ruedas. Cuando los problemas llegan, enfermedad, problemas económicos, nuevos tipos de tentaciones, se decepciona. Estas cosas, siente él, hubieran sido necesarias para incitarle y hacerle arrepentirse de sus malos caminos de antes; pero ¿por qué ahora? Porque Dios le está llevando a la fuerza a ir a un nivel más alto: poniéndole en situaciones donde tendrá que ser mucho más valiente, o más paciente, o más amoroso, de lo que nunca soñó en ser antes. Todo nos parece innecesario: pero eso es porque aún no hemos tenido la más ligera idea de aquello tan tremendo que quiere hacer de nosotros.
>
> C. S. Lewis[24]

24 C. S. Lewis, *Mere Christianity* (London: Collins Fontana, 1955), p. 170.

Escuchemos al apóstol Pablo, quien sin lugar a dudas era un hombre profundamente espiritual rendido a la obra del Espíritu Santo dentro de él, describir lo que pasaba en su corazón en su mundo interior.

"Porque lo que hago, no lo entiendo; pues no hago lo que quiero, sino lo que aborrezco, eso hago" (Romanos 7:15). Me pregunto qué era esa cosa.

"Porque el querer el bien está en mí, pero no el hacerlo" (v. 18). ¿Es este el mismo Pablo que en otros lugares se gloriaba en la verdad del nuevo pacto de un nuevo corazón que estaba capacitado para hacer lo correcto?

"Porque no hago el bien que quiero, sino el mal que no quiero, eso hago" (v. 19). ¿De verdad, Pablo? ¿Había cosas que tuviste la oportunidad de hacer y que no hiciste? ¿Y de verdad hiciste cosas malas que sinceramente no querías hacer?

Quizá sea consciente del debate generado por las palabras de Pablo en Romanos 7.

¿Estaba hablando de su vida antes de nacer de nuevo, quizá mientras estaba bajo la convicción de pecado? ¿O estaba describiendo su viaje como cristiano, no como novato sino como un creyente experimentado, probado y espiritualmente formado? "¡Miserable de mí! ¿quién me librará de este cuerpo de muerte?" (Romanos 7:24). ¿Son estas las palabras de un cristiano o de un no cristiano?

Ningún hombre hueco pronunciaría estas palabas. Ni tampoco un hombre secularizado. Me imagino a un hombre espiritualmente adicto odiando la adicción que ama y diciendo algo similar. Pero las palabras de Pablo son palabras que fluyen con el mayor dolor y desesperadamente de la boca de un hombre que batalla sinceramente.

Destello 4: El hombre que batalla sinceramente

Tanto la exégesis de los eruditos de confianza como la realidad de mi propia experiencia a lo largo de seis décadas como cristiano me persuaden de que los seguidores comprometidos de Jesús, si son honestos, repetirán las palabras de Pablo hasta que se encuentren con Jesús cara a cara.

Confesiones, de San Agustín, el relato de una vida de lucha, es un hito clásico. Las palabras de Spurgeon que abrían el capítulo 14: "Nunca viví ni un día sin haber tenido tristeza por cada una de mis imperfecciones" me dan esperanza. Grandes hombres cristianos como Agustín y Spurgeon, e incluso Pablo, luchaban y a veces fallaban. Hicieron cosas que no les correspondía hacer. ¡Como yo!

Pero entendieron que el arrepentimiento abre la puerta a vivir su nueva vida en Cristo más plena y coherentemente, el nuevo camino del Espíritu. Y celebran la verdad de que el arrepentimiento continuo, incluso el arrepentimiento diario del pecado relacional, mantiene la puerta abierta a la nueva manera en que Dios quiere que vivan los hombres cristianos.

Pablo, un hombre enseñado por Jesús mismo, un hombre a quien Dios le confió escribir gran parte del Nuevo Testamento, un hombre que de hecho vio un destello del mundo invisible antes de morir, no siempre podía encontrar el poder para hacer el bien que anhelaba hacer, sino que continuó, repetidamente, haciendo lo que solo podía describir como el mal. ¿Podemos esperar hacerlo mejor? Quizá deberíamos aprender a alabar a Dios más por su gracia que por nuestra santidad.

Nuestra manera de pensar en la victoria espiritual podría necesitar una revisión, especialmente la visión triunfalista que promete un tipo de victoria que ni Agustín, ni Spurgeon ni Pablo experimentaron jamás. Esta es una sugerencia. El hombre cristiano que batalla sinceramente (y ciertamente la mujer también) que vive en victoria:

- no vivirá sin pecado sino que en ocasiones se equivocará en lo que hace y a menudo se equivocará en cómo se relaciona
- odiará todo lo pecaminoso aunque se sienta atraído a sus placeres
- batallará poderosamente contra el pecado, siempre anhelando conocer el poder para vivir una vida santa.

La evidencia de la victoria consistirá en:

- quebranto por el pecado cometido, ya sea sexual (como el adulterio), de conducta (como ser deshonesto), o relacional (como responder a la ofensa con venganza)
- resistencia a la tentación cada vez más fuerte pero fluctuante, incluso cuando las tentaciones se debiliten o se hagan más fuertes
- liberación del poder para amar a otros incluso cuando esté derrotado y quebrantado, poder que viene de un corazón anhelante y esperanzado que celebra no el logro espiritual sino más bien la gracia de Dios que lo hace posible.

Escuchemos de nuevo a Pablo.

He descubierto el siguiente principio de vida: que cuando quiero hacer lo que es correcto, no puedo evitar hacer lo que está mal.

Amo la ley de Dios con todo mi corazón, pero hay otro

poder dentro de mí que está en guerra con mi mente. Ese poder me esclaviza al pecado que todavía está dentro de mí.

¡Soy un pobre desgraciado! ¿Quién me libertará de esta vida dominada por el pecado y la muerte? (Romanos 7:21-24, NTV)

Es la verdadera pregunta, aunque no la pregunta que hace ni el hombre hueco ni el secularizado, y no la pregunta que hacen con la suficiente pasión los hombres espiritualmente adictos. Pero es la pregunta que estalla en el corazón de un hombre que batalla sinceramente.

Y es una pregunta con una respuesta. Esa verdad me hace querer gritar: "¡Toda la gloria a Dios!" No obstante, debo tener en mente que la pregunta tendrá que hacerse una y otra vez. He sido un cristiano que batalla sinceramente durante seis décadas y nunca he dejado de plantearme esa pregunta.

Conozco a hombres cristianos que han estado involucrados en casi cada forma de pecado sexual, y algunos aún lo están. Clubs nocturnos, abuso sexual, homosexualidad, adulterio, aventuras emocionales, travestismo, pornografía, sexo egoísta con su cónyuge, prostitución, voyerismo, mirar a mujeres atractivas en el centro comercial; la lista es larga.

¿Realmente esos hombres son cristianos? Muchos sí. ¿Desean sinceramente seguir a Cristo? Muchos sí. ¿Están excusando su pecado como algo sobre lo que aceptan poca o ninguna responsabilidad? La mayoría no. ¿Creen que algunas fuerzas que no pueden controlar a veces hacen que sea imposible resistirse a pecar? No muchos. Pero en alguna medida, cada uno de estos individuos está batallando sinceramente.

Y tienen una ventaja que no han perdido en su viaje hacia la masculinidad relacional: *no pueden creer que no tienen pecado.* Los otros, los hombres huecos, secularizados y espiritualmente adictos, encuentran más fácil vivir con poca necesidad sentida de arrepentimiento.

Andad en el Espíritu

Pablo nos dijo "andad en el Espíritu" (véase Gálatas 5:16). Pero ¿qué significa eso? Aunque pueda significar más, andar en el Espíritu incluye ser sensibles y humillados por nuestro fallo diario en revelar a Dios mediante la forma en que nos relacionamos, llamar al pecado relacional maldad y aborrecerlo, y orar fervientemente por el poder para relacionarnos bien como mujeres femeninas y hombres masculinos que viven para el propósito central de glorificar a Dios deleitándose en Él y revelándole a otros.

Cuanto más andemos en el Espíritu, más prosperaremos y viviremos las verdades de Romanos 8:

- no estamos bajo condenación por el pecado
- somos controlados por el Espíritu que mora en nosotros
- somos libres para resistir al mundo, a la carne y al diablo
- ya no somos esclavos del temor sino que estamos vivos para Dios
- somos conscientes de que nuestro anterior Juez ahora es nuestro Abba
- aún gemimos por las tentaciones, por un mundo confundido y por el deseo insatisfecho, pero esperamos ardientemente el día eterno cuando cesen la lucha y el pecado

Vaciados de justicia propia y libres de la ilusión de "haber llegado", los hombres de Dios que batallan sinceramente sentirán su temor y harán frente a su pecado con una mayor apreciación por la gracia de Dios que les libera para amar mejor, para relacionarse como hombres masculinos que oyen el clamor de otros, que recuerdan el amor de Dios, que miran el sufrimiento y las almas pecadoras, y que avanzan con un peso espiritual que puede cambiar vidas, como Jesús.

PARTE III

IDENTIFICANDO NUESTRO PECADO RELACIONAL

La oportunidad para un quebranto que libera vida

> ¿Qué es lo que causa las disputas y las peleas entre ustedes? ¿Acaso no surgen de los malos deseos que combaten en su interior?... Si afirmamos que no tenemos pecado, lo único que hacemos es engañarnos a nosotros mismos.
>
> Santiago 4:1; 1 Juan 1:8, NTV

Como hombres y mujeres, estamos diseñados y llamados a construir una comunidad semejante a Dios soltando en otros lo que está más vivo en nosotros como nuevas criaturas en Cristo. Esa comunidad se desarrollará hasta el grado en que nuestro propósito predominante al relacionarnos con otros sea agradar y revelar a Dios, y así llevar su reino celestial de belleza relacional a la tierra.

Sin embargo, cuando nos controla el temor, nos relacionamos para protegernos del dolor y para avanzar nuestra experiencia de bienestar personal. La relación egocéntrica, pecado relacional, destruye la comunidad. Cuando vivimos para aliviar nuestros temores específicos de cada género, no revelamos la belleza de la naturaleza relacional de Dios. Entonces no honramos el propósito para el que fuimos creados como varón y mujer, para revelar cómo Dios se relaciona dentro de su comunidad divina relacionándose con expresiones masculinas o femeninas de amor trinitario y así llevar la belleza del cielo a la comunidad humana.

En esta sección del libro exploraremos dos preguntas: ¿Cómo se relacionan las mujeres poco femeninas? ¿Cómo se relacionan los hombres poco masculinos?

16

PECADO RELACIONAL

Nuestra lengua: La asesina implacable

La muerte y la vida están en poder de la lengua.
Proverbios 18:21

Todo hombre sea pronto para oír, tardo para hablar.
Santiago 1:19

Si alguno se cree religioso entre vosotros, y no refrena su lengua, sino que engaña su corazón, la religión del tal es vana.
Santiago 1:26

Mirad también las naves; aunque tan grandes, y llevadas de impetuosos vientos, son gobernadas con un muy pequeño timón por donde el que las gobierna quiere. Así también la lengua es un miembro pequeño, pero se jacta de grandes cosas.
Santiago 3:4-5

He aquí, ¡cuán grande bosque enciende un pequeño fuego! Y la lengua es un fuego, un mundo de maldad... pero ningún hombre puede domar la lengua, que es un mal que no puede ser refrenado, llena de veneno mortal

Santiago 3:5-6, 8

Reflexione conmigo mientras medito en lo que dice la Biblia sobre la lengua. Tenga en mente estos pensamientos mientras avanzamos y discutimos la oportunidad vivificante del quebranto sobre el pecado relacional y el fácilmente menospreciado y a menudo minimizado pecado de una lengua controlada por la carne.

- El pecado relacional no es casual: es mortal. Las almas son destruidas con palabras, no con balas. Ninguna espada de acero está más afilada o penetra más hondo que la espada de la lengua.
- Un barco se desvía de su curso con los fuertes vientos, pero un pequeño timón bajo el control del piloto puede mantener el barco rumbo al destino que escoja su piloto. Si el piloto es necio, el barco se moverá firmemente hacia el naufragio. Si el piloto es sabio, el barco llegará sano y salvo a puerto. Así también, la lengua, por muy fuertes que sean los vientos del rechazo, la irresponsabilidad, el temor o el fracaso, dirigirá al alma en una de dos direcciones. Bajo el control de la carne, el alma irá al naufragio contra las rocas de un compromiso a salvaguardar el yo. Con el Espíritu en control, la lengua guiará el alma al puerto seguro de revelar a Dios, sin importar lo ventoso que sea el viaje.
- Cuando las palabras reflejan la energía relacional de la Trinidad, no hay lugar a error: el poder sobrenatural y la sabiduría del Espíritu Santo están en juego. Cuando las palabras se usan para proteger y preservar el yo propio, es irrefutable:

el poder natural y la necedad carnal han tomado el control.

- Ningún pecado es menos reconocible en el momento de su comisión o, porque parezca justificado, más resistente al arrepentimiento que el pecado relacional. Y ninguna violación de la feminidad y la masculinidad revelada por Dios es más peligrosa tanto para el violador como para el violado que las palabras llenas de veneno mortal.
- Una mujer es *menos* femenina, no (como quizá sugiera la cultura) cuando no tiene bien arreglado el cabello o su figura ya no es esbelta, ni cuando es invisible y otros no la quieren, sino cuando su alma está cerrada y sus palabras cierran la puerta.
- Un hombre es *menos* masculino, no (como quizá sugiera la cultura) cuando no gana mucho dinero o su cuerpo es débil, ni cuando recibe poco reconocimiento porque tiene una influencia pequeña, sino cuando su alma está congelada y sus palabras hacen más para protegerle de sentir el dolor de su asumida insignificancia que para verter esperanza en otros que se sienten vacíos y solos.

Todos pecamos con nuestras palabras cada día. Cuando el intento de nuestras palabras no llega a revelar a otros la gloria relacional del Dios nuestro que invita y toca, estamos pecando, y más aún cuando nos justificamos usando palabras bien para protegernos del daño relacional o para avanzar nuestro sentimiento de bienestar a algún costo para otro. Tenemos una nueva razón cada día para dar gracias a Jesús por morir la muerte que nosotros merecemos.

Cuanto mejor entendamos lo que significa ser relacionalmente femenina o masculino, más dolorosamente reconoceremos nuestro pecado relacional. Y eso es bueno. El quebranto por no dar la talla conduce al arrepentimiento que acepta una visión convincente de llegar a estar plenamente vivos como mujeres y hombres para la gloria de Dios. Cuanto más profundo sea el arrepentimiento, más abundante será la liberación de una pasión por revelar a Dios mediante la manera de relacionarnos y mediante las palabras que utilizamos.

Permítame ahora ir en pos del propósito de la Parte III: enfocarme en cómo es el pecado relacional discordante en cuanto a género en la vida diaria y en reconocer cómo violamos nuestro llamado a ser femenina o masculino mediante las palabras que usamos.

El pecado relacional en las mujeres

Cuando las palabras de una mujer fluyen de su alma femenina, cuando se dicen con el deseo de revelar la bondad invitacional de Dios, sus oyentes se sienten extrañamente atraídos. Ninguna mujer necesita sentir presión para escoger cuidadosamente las palabras correctas que den la talla de alguna medida. Las palabras que invitan vienen de un deseo liberado de dar la bienvenida y nutrir un movimiento piadoso en otro.

Las palabras femeninas de una mujer atraen a otra mujer a un descanso no competitivo que vence la necesidad de la segunda mujer de mostrarse o protegerse. Y las palabras femeninas de una mujer incitan al hombre, no a usarla para su propio placer, sino a acercarse a ella como una mujer de valor y dignidad. Él la *ve* y quiere *conocerla.*

Pero las palabras poco femeninas, palabras que están vigorizadas por una demanda de ser vistas y conocidas, crean o bien una distancia relacional o una falta intimidad. Cuando una mujer se relaciona con otra mujer en la energía del control o la defensa, sus dos almas nunca conectan. La competencia, los celos, los desaires y las amenazas crean distancia. Alguna mujer bondadosa podría responder a la petición de una amiga necesitada y darle una afirmación que cree la ilusión de la cercanía, pero la verdad es que ella solo profundiza una frágil dependencia.

Los hombres responden a las palabras poco femeninas con una rigidez irritable ("¿Podrías dejar de controlarme?"), una terca retirada ("¡No quiero hablar de ello!"), desafío defensivo ("Podrías intentar aceptarme de vez en cuando"), o una egoísta explotación ("Vayamos a la cama").

Se reduce a esto: las palabras de una mujer atraerán a otros hacia ella o los distanciará de ella. *O bien* hablará con el poder femenino de una apertura que invita lo mejor de otro y lo acepta cuando llega, *o* con poder poco femenino diseñado para protegerse de otro mediante un control que aleja a la gente de ella.

Y ese patrón se exhibirá ya sea que una mujer esté hablando como esposa, novia, compañera, hermana, hija, madre, amiga, jefa, empleada, empresaria, profesional, pastora, miembro de un grupo pequeño, directora de ministerios de mujeres, consejera o directora espiritual. Si se le ocurre cualquier otra plataforma desde la que una mujer pueda hablar, añádala a la lista.

Permítame seleccionar la maternidad para ilustrarlo. Dos mujeres, Judy y Dianne, están ambas cerca de cumplir sesenta años y están entendiblemente muy preocupadas por unos hijos que están cerca de cumplir treinta años. Cada hijo está batallando, uno en su matrimonio y con dudas respecto a su fe, el otro con las drogas y una airada desilusión con el cristianismo.

La historia de Judy

Judy, una cristiana comprometida cuyo hijo está afectado por una tensión matrimonial y dudas espirituales, se preocupa de que su buen esposo, aunque no en este caso, no esté tomando cartas como debiera actuando más directamente en la vida de su hijo. Su preocupación quizá esté justificada. La urgencia de Judy de "ayudar" está impulsada por su hijo que batalla y su esposo pasivo. Siente la necesidad de decirle algunas palabras a su hijo que su esposo debería estar diciendo.

Frecuentes mensajes de teléfono y correos regulares expresan su curiosidad de madre acerca de cómo le va a su hijo, recordándole su ofrecimiento reiterado a ayudar en cualquier área que ella pueda. Sus llamadas y notas raramente reciben contestación alguna. Sin embargo, finalmente su hijo aceptó una conversación tras una merienda no sin algo de reticencia. Según el reporte de Judy, fue algo así:

"Entonces, ¿cómo van las cosas con Marie?"

"Prácticamente igual".

"¿Le preguntas cómo se siente? A las mujeres les gusta que sus esposos les pregunten, ya sabes".

"A algunas".

"Bueno, ¿qué dice ella? ¿Se abre contigo?"

"Mamá, ya lo solucionaremos, ¿de acuerdo?"

"Cariño, solo trato de ayudar. Y realmente creo que cuanto más cerca estés del Señor, mejor será tu matrimonio. ¿Vas a la iglesia? Quizá podrías hablar con el pastor. Le conozco. Es un buen hombre".

"Mamá, déjame tranquilo."

"Está bien. Lo entiendo. Respeto tu deseo de tratar esto a tu manera. Solo estoy diciendo que hay veces en que todos necesitamos un poco de ayuda. Yo estoy orando para que pienses en lo que el Señor puede hacer para ayudarte a crecer y amar bien a tu esposa. La oración marca la diferencia, ya lo sabes."

"Ya te has explicado. Mira, o hablamos de otra cosa o me tendré que ir."

Dos días después, tras contarme esa conversación, Judy me preguntó: "¿Qué más puedo hacer? Realmente quiero ayudar. ¿Cómo puedo hacer que mi esposo hable con él?

Creo que realmente necesita la atención de su padre. Amo mucho a mi hijo."

Esta mujer genuinamente cristiana no tenía ni idea de que se estaba relacionando con su hijo y su esposo, y conmigo, en un pecado relacional de discordancia de género. Su hijo la evitaba. Su esposo la soportaba. Y nada en mí me acercaba a la belleza femenina que había en ella. Sus palabras quizá suenen meramente un poco avasalladoras para nosotros, algo que realmente no es malo, pero el pecado relacional es así. A menudo se presenta como algo un poco más que inapropiado. Sin embargo, a los oídos de su hijo, las palabras de Judy tenían un mensaje doloroso: *No sabes relacionarte bien. No tienes peso. Déjame guiarte como lo hacía cuando eras un niño.*

Con la mejor de las intenciones, Judy estaba hablando palabras que estaban envenenando a su hijo.

La historia de Dianne

Dianne, la mamá de un hijo rebelde, que consumía drogas y odiaba ir a la iglesia, manejó las cosas de otra forma. En una carta a su hijo, escribió:

> Anhelo verte vivir de una forma que te aporte gozo. Estoy muy agradecida de que seas mi hijo. Te amo tal como eres y te amaré hasta el día en que me muera. Mi corazón se rompe de tristeza por lo difícil que se ha vuelto tu vida y lo mucho que la iglesia te ha fallado. Oro para que veas a Jesús extenderte el amor y la gracia que su iglesia no ha sabido darte. Tengo paz al escribir estas palabras, y estaré siempre agradecida por haber tenido el privilegio de haber sido tu madre.

En esta carta, oigo palabras de invitación, no de demanda. En vez de "ayudar" a su hijo, Dianne le abrió su corazón.

Después de leer su carta, le pregunté: "Dices que tienes paz. Y a la vez has estado orando durante casi una década para que Dios alcance a tu hijo y, al menos visiblemente, las cosas han empeorado. ¿Por qué sigues orando? ¿Y qué te hace tener paz para seguir orando sin tener respuestas?"

Sin rasgo alguno ni de conmiseración ni de orgullo, Dianne respondió: "No quisiera encontrarme con mi Señor sabiendo que rehusé hablar con Él acerca de una carga profunda de mi alma. Creo que le agrada cuando le abro mi corazón y confío en que hará lo que solo Él sabe que es mejor. No quiero mucho más, pero tampoco nada menos."

Dianne ni demandó un cambio en otro por causa de ella ni dependió del cambio de otro, un cambio que deseaba legítima y profundamente, para seguir siéndole fiel a Dios. Ella murió, y el último reporte de su hijo es que sigue estando lejos de Dios. Pero su madre ahora tiene una paz perfecta. Mientras Dianne vivió, mostró la belleza de la feminidad relacional con sus palabras, nunca de forma perfecta y no siempre, pero de manera abundante y frecuente, incluso en medio de un profundo sufrimiento.

Es posible revelar a Dios en cualquier circunstancia, pero una mujer debe conocer la batalla que está peleando. El enemigo no es nunca un esposo pasivo o abusivo, o un hijo rebelde, o un padre o amigo crítico. No es la falta de salud, o no tener dinero, o ataques de pánico o la depresión. El enemigo de una mujer es su urgencia movida por el terror de controlar su mundo, de relacionarse con ninguna prioridad más alta que la de proteger su corazón del dolor. Ese enemigo solo puede ser derrotado mediante un deseo dado por el Espíritu de revelar la naturaleza invitacional de Dios mediante palabras que atraigan a otros a ella con confianza, en caso de que respondan, que les ayudarán a convertirse en las personas que podrían llegar a ser.

Es difícil para un mujer, incluso para una mujer cristiana comprometida, darse cuenta de que sus esfuerzos por cambiar a otros están manchados por una terca preocupación por su propio bienestar, una preocupación que compromete el amor. La naturaleza invitacional de Jesús no es revelada en las palabras de una mujer cuya paz depende de la respuesta de otro.

El pecado relacional en los hombres

Cuando las palabras de un hombre hablan vida, otros reconocerán una oportunidad de conectar que les atrae o les asusta. Los hombres que se ven atraídos aprovecharán la oportunidad para que dos hombres se conozcan como son, con pocas pretensiones o afectación, y con una visión para un ánimo mutuo que fortalecerá a ambos hombres para convertirse en lo que más quieren ser. Los hombres que se asustan se retirarán, a menudo con una mofa o ira despreciativa.

Las mujeres que sean atraídas, con precaución, aprovecharán la oportunidad para abrirse como amiga o amante con la grata esperanza de ser vistas y queridas e, incluso más, con la anticipación de recibir y alentar un buen movimiento. Las mujeres poco femeninas aún controladas por el temor se retirarán con cautela a una distancia segura de autoprotección.

La oportunidad para que hombres y mujeres se encuentren en el Puente de la conexión debería estar rutinariamente disponible en la comunidad cristiana. No lo está. Casi siempre, los hombres dicen palabras poco masculinas. Permanecen en su lado del puente, sin querer arriesgarse a fallar por intentar conectar relacionalmente al oír, recordar, mirar o moverse. Mejor quedarse en su esfera de confianza donde la ineptitud es menos probable que se vea.

El pecado relacional en los hombres, evidenciado en las palabras diseñadas para mostrar suficiencia, ganar respeto o crear sentimientos de importancia, nunca derrama vida en otro. El pecado relacional succiona la vida de los demás. Las esposas no se sienten apegadas, los hijos no se sienten atendidos y los amigos no se sienten conectados. Ya sea que un hombre esté hablando como esposo, novio, hermano, hijo, padre, amigo, jefe, empleado, colega, empresario, profesional, pastor, miembro de grupo pequeño, director del ministerio de hombres, consejero o director espiritual, sus palabras o bien provocarán vida en otros o mitigarán las almas de otros.

Dos hombres diferentes, cada uno con la oportunidad de conectar como esposo, me vienen a la mente. Un hombre ilustra el pecado relacional, y el otro la santidad relacional.

La historia de Nathan

La esposa de Nathan entró en una profunda depresión, de manera repentina y sin causa aparente. Él, un pastor, decidió estar a su lado, hablar con ella mientras batallaba con la pérdida del deseo de hacer nada.

Sus palabras para ella le sonaban bien tanto a él como a los pocos hombres de la iglesia en los que confiaba. "Cariño, te repondrás de esto. Dios no te ha abandonado. Y yo tampoco. Siempre estaré aquí —dijo él—. Cuando te apetezca, me gustaría salir contigo un fin de semana a algún otro lugar, solo para relajarnos y recargar. No importa lo que cueste. Encontraré la manera de pagarlo." Su esposa respondió con una débil sonrisa que le animó.

La medicina antidepresiva lentamente hizo desaparecer su desesperación e iluminó su negro estado hacia un gris oscuro. Nathan le preguntó al psiquiatra qué podía hacer para ayudarla a recuperarse más. Sintiendo la posibilidad de la impaciencia, el doctor le previno de que la depresión clínica a veces podría durar bastante tiempo. Nathan respondió asintiendo enfáticamente pero pensando para sí: *El doctor no es cristiano. Yo creo en el poder de la oración.*

Nathan siguió haciendo todo lo que pudo, y se sentía bien por sus esfuerzos. Pero no tuvieron recompensa. Entonces algo le sorprendió. Cuando más permanecía la depresión de su esposa sin cambio alguno, más se sentía incapaz de resistirse a las fantasías sexuales. Por primera vez se vio buscando en Internet las páginas pornográficas que le excitaban.

Nos reunimos para hablar.

"No sé lo que está ocurriendo," dijo Nathan. "En realidad no pienso que estos nuevos deseos sexuales estén provocados totalmente por la falta de interés sexual de mi esposa. Nuestra vida sexual nunca ha sido muy buena. Por lo general, ella siempre ha cooperado pero nunca lo ha deseado. Supongo que debe de haber alguna conexión entre su depresión y mis tentaciones sexuales. Pero no sé qué podría ser. Creo que realmente he estado a su lado, pero quizá no estoy haciendo lo suficiente. Ella no está mejorando."

---"¿Qué pasa por tu mente mientras sigues intentando ayudarla sin resultados?" le pregunté.

---"¿Crees que estoy enojado? Sé que estoy decepcionado y bastante frustrado."

---"¿Dónde has fracasado anteriormente?" continué. "Tu iglesia está creciendo, a tus hijos les va bastante bien, te ha ido bien en el seminario."

---"Pero no estoy fallando. Cada día hago lo que puedo para hacer que su vida sea un poco más fácil. He estado cocinando, lavando la ropa, quedándome en casa todo lo que puedo. No sé qué más podría hacer."

Sin darse cuenta, el acercamiento de Nathan hacia su esposa tenía una meta principal: demostrar su aptitud impactando a su esposa. El que su esposa no mejorase provocó sentimientos que durante mucho tiempo había negado de vacío que primero sintió con su padre, quien empujó a su hijo a tener éxito, a dejar una huella, a ser un hombre. Impulsado por un terror a la ingravidez recientemente surgido, sintió enojo hacia su esposa y vergüenza hacia sí mismo, nada de lo cual él reconoció, y una poderosa urgencia de sentirse vivo como hombre. Los placeres de la pornografía proporcionaron los sentimientos de masculinidad sin arriesgarse al fracaso masculino. Las imágenes sexuales en la pantalla de su computadora se podían disfrutar pasivamente sin ningún movimiento masculino. La pornografía funcionaba. Se alcanzó una meta ilegítima. Nathan se sentía bien consigo mismo sin necesidad de arrepentirse.

La historia de Wayne

Entiendo a Nathan, pero no conecté con él. Sea cual sea el grado en que esté quebrantado por una conciencia de mi propio pecado relacional, a ese grado no puedo conectar a nivel más profundo con un hombre que tiene poca conciencia de su fracaso relacional. Con Wayne, las cosas fueron distintas. Conectamos como dos hombres que peleaban una batalla similar entre el pecado relacional y el movimiento masculino. Ambos nos dimos cuenta de que nuestra lengua, incluso cuando produce palabras que suenan bien, podría ser un instrumento de muerte.

Wayne, un cristiano comprometido, amaba a su esposa pero a menudo se sentía resentido con ella. Entendía que una madre controladora y un padre no involucrado le dejaron con un gran anhelo de una mujer que le conociera y un hombre que le quisiera. Pero cuando la vida le tiró al suelo y él anhelaba ser conocido en su temor, su esposa o bien se apartaba en un confuso silencio, o le ofrecía comentarios amables de ánimo.

---"A veces me enojo mucho, más bien enfadado que decepcionado," me dijo. "Parece que ella piensa que si tan solo me anima y es vivaz, yo me sentiré mejor."

---"¿Qué es lo que tu enojo te hace querer hacer?" le pregunté.

---"Tan solo alejarme de ella, hacer algo, comer algo, cualquier cosa para no afrontar lo solo que me siento. Pero sé que cuando hago eso estoy queriendo sentirme vivo sin Dios, y me doy cuenta de que solo puedo *experimentar* a Dios, saber que estoy realmente vivo en Él, *expresando* a Dios en cómo me relaciono, actuando como Dios con mi mujer. Es una batalla, pero cuando avanzo, cuando pienso más en lo que ocurre en ella y cómo puedo representar a Cristo para que ella me responda o no como yo quiero, de algún modo me siento más sólido, y sé que estoy vivo."

---"¿Más centrado? ¿Más gozoso?"

---"No siempre, pero sí. Estoy empezando a descubrir algo en mí que quiere que mi esposa se sienta segura conmigo, y apreciada, vista y querida." Con una ligera sonrisa, Wayne añadió: "Quizá realmente soy cristiano. No puedo imaginarme a mí mismo con ese deseo si no fuera por Cristo."

Este hombre está en la batalla, la verdadera: no la batalla para persuadir a su esposa para que llene su vacío, sino la batalla para descubrir y liberar su anhelo masculino de revelar el movimiento de Cristo hacia su pueblo. Wayne lucha acercándose a su esposa para *oír* su clamor, para *recordar* la gracia inmerecida de Dios y para *asomarse* en su alma hasta que ella sea visible para él. Después *actúa* con palabras que reflejan su deseo de tocar su alma con el amor del evangelio. Está aprendiendo lo necesario para que su lengua se convierta en un instrumento de vida. La curva del aprendizaje es lenta, para él y para mí. Pero creemos que el camino en el que estamos conduce a la vida.

La batalla para llegar a ser relacionalmente femenino o masculino empieza cuando se reconoce el pecado relacional y con eso se declara la guerra, una guerra civil: en un lado está la carne obsesionada con sus propias demandas, y en el otro lado está el espíritu humano renovado que desea disfrutar de Dios revelando su naturaleza relacional a otros.

Solamente cuando se declara la guerra es cuando verdaderamente se empieza a sentir el pecado relacional. La derrota parece cierta. La urgencia de cuidar de uno mismo es demasiado fuerte de resistir. La victoria, relacionarse como mujeres femeninas u hombres masculinos, está lejos de nuestro alcance.

Y es entonces cuando el cristiano que sinceramente batalla clama: "Soy un pobre desgraciado, ¡no soy quien me gustaría ser! Ya no me queda más cuerda, no tengo bondad y estoy roto por el pecado. ¿Quién puede formarme a la imagen relacional de Cristo? No deseo nada más que estar plenamente vivo, hablar palabras de vida a otros, no palabras de muerte, para darles a conocer la maravilla de la gloria relacional de Dios mediante la manera milagrosa en que me relaciono. Desde las profundidades de mi quebrantado corazón, clamo: 'Ten misericordia de mí, que soy un pecador relacional.'"

La guerra se declara cuando el pecado relacional es expuesto. La derrota inevitable provoca una dependencia desesperada. Cristo en mí es mi única esperanza para la gloria relacional. Es aquí donde comienza *la búsqueda de nuestro centro*, la búsqueda para descubrir la vida de Dios en el alma de una mujer o un hombre, la vida que puede vigorizar y dirigir nuestra manera de relacionarnos y las palabras que decimos.

17

HAY UN CENTRO

Nuestro error es la indiferencia a su existencia

> En su pasión por enderezar un universo desarticulado, Dios abrió su propio corazón en amor. El centro de Dios, el amor entre el Padre y el Hijo, se ofrece de nuevo como nuestro centro; el corazón de Dios se abre para incluir aún al peor y al más desesperanzado entre nosotros.
>
> Debido a este amor divino que busca y se vacía, nos convertimos en amigos de Dios, participantes de la comunión de la Trinidad. Esa es la esencia del cristianismo. Todo lo demás es un comentario.
>
> Este es el primer camino de santidad: encontrar el centro que es amor divino.
>
> Robert Barron[25]

Estoy escribiendo este libro para responder a una pregunta: *¿Qué tenía Dios en mente cuando nos hizo varón y mujer?* Él hace todo para su propia gloria, para mostrarse para beneficio de otros. Así pues, ¿por qué esto?

Cada uno, como hombre o mujer, está llamado por el

---

25 Robert Barron, *The Strangest Way* (Maryknoll, NY: Orbis Press, 2002), pp. 31, 32 y 34, respectivamente.

evangelio a encontrarse perdiéndose en la historia de amor de Dios. Se me ocurre, por lo tanto, que la pregunta que estoy haciendo es al menos suficientemente importante como para tomársela en serio.

Si me ha acompañado hasta aquí, sabrá al menos dos cosas (¡y espero que más!). Una: yo creo firmemente que cada uno de nosotros debería estar haciendo esta pregunta y buscando respuestas. Creo que es así de importante. Dos: yo creo que la Biblia responde a esta pregunta que todos deberíamos estar haciendo.

El propósito consumidor y apasionado de Dios es revelarse a sí mismo, entregarse a nosotros como la comunidad de personas que fuimos creados para disfrutar al máximo y también para parecernos y revelar. La forma más tradicional de decir esto es decir que Dios hace todo lo que hace para su propia gloria.

Dios nos hizo varón y mujer para su gloria. Como mujeres y hombres, glorificamos a Dios relacionándonos con otros en este mundo de una manera que revele algo que sea a la vez impactante e imponente de la manera en que Dios se relaciona, algo mucho más allá de lo que podríamos ser o incluso imaginar por nosotros mismos.

Lo que estamos diseñados para revelar acerca de Dios es algo que, como portadores deimagen con género, fuimos diseñados para disfrutar y revelar de manera única. Debido a que Jesús reveló plenamente al Padre por su manera de relacionarse como ser humano, el Espíritu nos está formando ahora para ser "pequeños Cristos", mujeres femeninas que revelan la hermosa invitación de Dios al baile divino, y hombres masculinos que revelan el hermoso movimiento de Dios que hace posible nuestra invitación al baile.

Estoy orando para que lo que usted lea en estas páginas le está acercando a llegarestar más plenamente vivo como mujer u hombre por su manera de relacionarse. Espero que esté considerando seriamente estas ideas.

Pero también me imagino otras cuatro reacciones a lo que estoy diciendo. Puedo imaginarlas claramente porque cada una de ellas se me ha cruzado por la mente.

Primero, *esto es imposible.* "No puedo vivir así. Es demasiado peligroso, demasiado difícil. ¿Abrirme como mujer sin garantía de que me tratarán bien? La violación se produce de varias formas, ya sabe." "Lo que usted sugiere me ofende. ¿Olvidarme de vivir para ser exitoso y reconocido como un hombre que es realmente bueno en algo? ¿Y en lugar de ello acercarme a las personas sin otro propósito mayor que bendecirles independientemente de lo que me cueste? Ni hablar. ¡Es una estupidez!"

Segundo, *esto no es práctico.* "Es demasiado vago. Entiendo lo que dice y me gusta la idea de relacionarme bien, pero no tengo del todo claro lo que significaría relacionarse de forma femenina o masculina." "Estoy más cómodo con un plan que me diga qué hacer, cómo manejar mi vida para que las cosas tengan una buena oportunidad de funcionar como debieran hacerlo. Prefiero fórmulas y técnicas que pueda seguir, no ideas vagas y misteriosas que no sé cómo aplicar."

Tercero, *esto es irrelevante.* "Para ser claro, y quizá piense que no es cristiano, pero tengo cosas más importantes con las que tratar que si soy una mujer femenina espiritualmente en formación. Uno de mis hijos tiene un trastorno del aprendizaje bastante serio. Y llegar a fin de mes no está siendo fácil." "Me preocupa más el aborto, las drogas, la economía y los terroristas que ser masculino." "Sé a lo que se refiere. Sé que es importante dejar que otros sepan cómo es Dios mediante el trato que les damos, pero cuando uno se encuentra en una casa en llamas tiene que apagar el fuego antes de mantener una conversación significativa con su vecino."

Cuarto, *esto es innecesario*. "Ya soy un cristiano comprometido. Quiero vivir para la gloria de Dios. He estado en viajes misioneros, he dirigido grupos pequeños de estudio bíblico, vivo una vida moral y responsable, amo a Jesús, y hago mi mejor esfuerzo por amar a mis amigos y mi familia. No quiero ser maleducado, pero todas estas ideas acerca de la feminidad relacional y la masculinidad relacional parecen más bien temas secundarios." "Me está confundiendo con cosas que suenan piadosas pero no son esenciales. Seguiré esforzándome al máximo para vivir una buena vida cristiana, creyendo lo que es verdad y haciendo lo correcto. Estoy más interesado en cambiar el mundo que en cambiarme a mí."

Si ve que está respondiendo a lo que está leyendo en alguna de estas cuatro formas, piense en esto: los cristianos que apuntan demasiado bajo nunca descubren el centro de su alma donde vive Dios. Nunca conocen el abrumador deseo de ser formados espiritualmente para revelar a Cristo a otros independientemente del costo que tengan que pagar. Y nunca experimentan el poder de estar plenamente vivos como mujeres y hombres para la gloria de Dios.

Hasta que el amor divino se convierta en nuestro centro, hasta que el amor sea nuestro principio organizador para vivir y nuestra energía motriz para relacionarnos, viviremos para protegernos de otros o para preservarnos a través de otros.

Tomás de Aquinodijo una vez que el amor desea el bien del otro, y no nuestro propio bien a través de otro, salvo a través de Jesucristo.

Piense en lo que significaría traer literalmente el reino de Dios a la tierra como lo hizo Jesús, revelar la divinidad en la humanidad, ser (como algunos lo llaman) "deificados."

Cuando Godfrey Diekmann, un historiador de la iglesia

muy respetado, tenía noventa y dos años, el profesor Robert Barron le hizo una pregunta.

"Godfrey, si volviera a ser joven y pudiera montar las barricadas, ¿por qué causa lucharía en la iglesia hoy?"

Aunque Diekmann era muy mayor, su mente estaba muy afilada y su corazón aún ardía. Según Barron cuenta la historia: "Apuntando con su bastón a mi rodilla, dijo sin dudarlo un momento: 'deificación.'"[26]

Los padres de la iglesia lo llamaron *teiosis*. La palabra en latín que traduce la palabra griega *teiosis* es **deificatio**, o "llegar a ser divino y revelar la naturaleza divina en las relaciones humanas." Escucho a Jesús hablando con su Padre: "Les he dado la gloria que tú me diste" (Juan 17:22, NTV). ¿A qué gloria se refiere? ¿La gloria de la divinidad que la segunda Persona de la Trinidad tenía desde la eternidad? ¿O era la gloria *relacional* dada a Jesús en su encarnación, el poder del Jesús totalmente humano, el Cristo ahora y por siempre plenamente divino, para relevar la manera de relacionarse del Padre mediante la manera en que Él se relacionaba *como ser humano*?

Es esa gloria lo que Jesús nos da, la gloria que crea la oportunidad que glorifica a Dios de revelar la divinidad en la humanidad para que "seamos uno" como el Padre y el Hijo son uno (véase Juan 17:22). Este es el evangelio, el evangelio de la deificación, que lleguemos a ser "pequeños Cristos", hombres y mujeres que revelan la vida de la Trinidad por la manera en que se relacionan unos con otros.

Fuimos creados para algo más: vivir plenamente vivos en una feminidad relacional y en una masculinidad relacional para la gloria de Dios.

- *¿Es imposible?* Sí, si la vida divina no llena nuestra alma más profunda, si Jesús realmente no nos hubiera dado la gloria que su Padre le dio a Él.

26 Ibid., p. 29.

- *¿No es práctico?* En un sentido, claro que no. No hay pasos que seguir, ni fórmula que deje precisamente claro lo que debemos hacer en cualquier encuentro relacional. Pero podemos aprender a vivir en el ritmo de la energía divina que motivó todo lo que Jesús dijo e hizo.
- *¿Es irrelevante?* De nuevo, sí, si nuestra meta es encontrar todo para lo que fuimos creados para disfrutar solamente en lo que este mundo puede dar. Sin embargo, si nuestro deseo más hondo es ser santos, entonces nada es más relevante para nuestro gozo que llegar a estar plenamente vivos como mujeres femeninas y hombres masculinos viviendo una manera nueva desde nuestro nuevo centro.
- *¿Es innecesario?* Si nuestra formación espiritual es importante para nosotros, nuestra oportunidad de vivir desde nuestro centro es indispensable; es un regalo a valorar.

Hay un centro, y no soy yo. Es Cristo en mí. "Ser santo, arder con el fuego de la propia vida de Dios, es el punto."[27] El guitarrista de rock Eric Clapton una vez destacó que cuando mejor toca su instrumento es cuando su instrumento le toca a él. Y nosotros cuando mejor tocamos nuestra vida es cuando nuestro centro divino nos toca a nosotros.

Como cristianos, se nos ha dado un nuevo centro, la pasión del Espíritu de Dios de centrarse en el otro, ya no la energía egocéntrica de nuestra carne. Como lo dijo Barron, "nuestra primera responsabilidad es darle la bienvenida."[28] Pero si pensamos que vivir de una forma nueva desde un centro nuevo es imposible, no práctico, irrelevante o innecesario, ignoraremos el regalo.

27 Ibid.

28 Ibid., p. 32.

Cada mujer que, por encima de cualquier otro deseo, anhela darle la bienvenida a la invitación a bailar de Cristo con la Trinidad y ofrecer esa misma invitación a otros mediante su forma de relacionarse, buscará su centro con el ímpetu de un pastor que busca una oveja perdida. Se dará cuenta de que hay un centro divino alojado en su alma que puede capacitarle para estar viva en la feminidad relacional para la gloria de Dios.

Y cada hombre que, más que reconocimiento y respeto, desea ser radicalmente transformado por el movimiento de Cristo en su alma y revelar ese mismo movimiento a otros por su manera de relacionarse, buscará su centro como el padre del hijo pródigo seguía buscando a su hijo. Sabrá que hay un centro divino fijado en su alma que puede liberar el movimiento de Dios en otros al vivir con masculinidad relacional para la gloria de Dios.

¿Cómo podemos estar indiferentes al centro divino en cada uno de nosotros? ¿Cómo podemos anhelar menos que vivir como hombres y mujeres en todo lo que somos para el agrado de Aquel que nos hizo todo lo que somos? ¿Cómo podemos valorar cualquier otra cosa más que la gloria relacional de nuestro Dios que nos invita amablemente y nos toca sacrificialmente, una gloria que es nuestro centro, nuestra oportunidad de vivir realmente de manera significativa ahora y plenamente para siempre?

Hay un centro. El centro del universo, el amor que fluye eternamente hacia delante y hacia atrás entre el Padre y el Hijo, el amor que es el puente para su conexión inseparable, es ahora nuestro centro. Nuestro centro es nuestro nuevo corazón, donde vive el Espíritu del Padre y el Hijo.

Pero está escondido debajo de nuestros vanos esfuerzos por nublar nuestros profundos terrores, invisibilidad en una mujer, ingravidez en un hombre, debajo de nuestra necia manera de relacionarnos, egocéntrica, autoprotectora y autoexpositora que nunca nos une para poder tener una conexión en el puente como la de la Trinidad.

Es momento de buscar nuestro centro en Cristo. La búsqueda es difícil. Será dolorosa, quizá agonizantemente lenta. Tendremos que renunciar a nuestra hueca comodidad. El camino es oscuro, la senda está llena de baches y el camino es estrecho, pero la vida nos espera en el Puente de la conexión.

18

BUSQUE SU CENTRO

Y ya no vivo yo, mas vive Cristo en mí.
Gálatas 2:20

Lo que Jesús da a entender es que ha abierto para sus seguidores una nueva profundidad de existencia, un nuevo centro, que no se puede tocar aun cuando todo lo que por costumbre llamamos el "yo" haya sido destruido.
Robert Barron[29]

Ninguna tormenta puede sacudir mi más íntima calma mientras me aferre a esa roca.
Quaker Hymn

La paradoja central del camino espiritual es que al esforzarnos por sobrepasar el yo, de hecho lo construimos; nuestras santas soluciones invariablemente se calcifican convirtiéndose en grotescos golpes de ego. Ser auténtico es más difícil de lo que nos han querido hacer creer. El verdadero regalo, la verdadera gracia, es rendirse,

29 Robert Barron, *The Strangest Way* (Mary Knoll, NY: Orbis Books, 2002), p. 45.

y rendirse casi siempre se siente como algo parecido a una derrota y un fracaso.

Tim Farrington[30]

El recuerdo es gráfico, aún cálidamente presente en mi mente aunque envuelto en la niebla de los buenos tiempos de antaño. Las mañanas frías de invierno cerca de Filadelfia, en una tranquila villa llamada Plymouth Meeting donde hasta este día los cuáqueros aún adoran en una casa de reunión histórica que hay en el centro de la ciudad, como un niño de ocho años yo me despertaba con un despertador puesto media hora antes de que mamá pusiera el desayuno en la mesa. Rápidamente me cepillaba los dientes, me vestía para la escuela (salvo los calcetines y los zapatos), tomaba mi almohada y un par de comics de Superman, y luego me estiraba en el piso verde del salón con mi cabeza en la almohada, mis comics en la mano y mis pies descalzos cuidadosamente colocados a ocho o diez centímetros enfrente de la rejilla de la calefacción. Nunca se me ocurrió que alguien tenía que pagar la calefacción.

Durante veinte minutos, comenzaba mi día leyendo historias del héroe de la capa roja desmantelando los perversos planes de tipos malos, y con su poder y bondad hacía que todo estuviera bien en el mundo (al menos en Metrópolis) mientras los dedos de mis pies se movían felizmente en el aire caliente que no me costaba ni un centavo.

Bill, mi hermano mayor, aún estaba en la cama. Él siempre llegaba a la mesa unos minutos antes para desayunar después de que papá había dado gracias a Dios por la comida, siempre con sus dientes sin lavar, nunca vestido del todo y por lo general no de muy buen humor. El mal humor de Bill me asombraba y me hacía sentir pena por él y también

30 Tim Farrington, *A Hell of Mercy* (New York: Harper One, 2009), pp. 115-16.

superior a él. La vida era buena, justo como yo quería que fuese.

Cada pocos minutos dejaba mi comic, miraba a mi izquierda, y veía a mi madre con el delantal puesto batiendo huevos, friendo tocino, poniendo jugo de naranja y rellenando sumisamente la taza de café casi vacía de mi papá. Y mi padre, que estaba infaliblemente en su lugar en la mesa del desayuno antes de que yo llegara al salón con la almohada y Superman, leía la Biblia, una Biblia negra, grande, King James, edición con referencias.

En ese tiempo yo no conocía la palabra hebrea, pero si la hubiera sabido, me la hubiera estado susurrando cada mañana: *Shalom*, todo es como debería ser. Había entregado recientemente mi vida a Jesús. Ahora Él me estaba dando la vida que yo quería. Dios era bueno. El cristianismo era un buen trato. La vida cristiana era un buen camino a seguir. No tenía razones para pensar que esta *Shalom* no fuera a continuar.

Han pasado sesenta años. Ahora me despierto cada mañana y tengo una vida extraordinariamente bendecida, una familia amorosa, buenos amigos y una actividad significativa, y un recorrido ocasional de golf jugado adecuadamente. Algunos días, por supuesto, no son tan buenos. La vida es así. El 12 de agosto de 2011, Rachael me llevó al hospital donde el Dr. Neff me extirpó un cáncer del hígado. Es un doctor experimentado. La cirugía fue bien. Ahora me despierto cada mañana libre de cáncer, con una hipertensión médicamente controlada y solo unos kilos de más. La vida es buena. Ahora conozco la palabra *Shalom*, pero… no puedo llegar a pronunciarla. ¿Por qué?

No conozco una palabra hebrea que signifique "no *Shalom*", pero si la conociera, me vendría casi todas las mañanas, acompañada de un gemido interior no solicitado, un anhelo que parece implacablemente inconsolable, incluso los días buenos en los que voy al campo de golf en vez del hospital. Es como si no pudiera escapar a la realidad que nunca vi de niño: *nada* es como debería ser, no exactamente. Demasiadas cosas son exactamente como *no deberían* ser. Y nada de lo bueno de hoy está garantizado que será bueno mañana. Una nube amenazante cubre el horizonte de cada día soleado.

Pensaba que a estas alturas, cerca de los setenta años y vivo en Cristo durante más de sesenta de esos años, estaría saltando de la cama cada mañana no para disfrutar de una corriente de aire caliente en mis pies sino más bien cantando: "Este es el día que hizo Jehová; nos gozaremos y alegraremos en él" (ver Salmos 118:24). Algunos días lo hago. La mayoría de ellos no. En mis peores días, quiero taparme la cabeza con la manta y no levantarme.

¿Por qué? ¿Estoy deprimido? ¿Soy un hombre de los del vaso medio lleno, el proverbial pesimista, un hombre cristiano que de algún modo se las arregla para ser más miserable que agradecido en medio de una vida muy bendecida? ¿Soy diagnosticable, con necesidad de mi propio tipo de ayuda profesional? Algunos de mis amigos piensan que sí. Mi médico recientemente insistió en que me tomase Zoloft, un antidepresivo. El botecito está sin abrir en el armario del baño. ¿Estoy viviendo en negación?

No tengo problemas con que los cristianos tomen medicación para mejorar su estado de ánimo. Un buen amigo mío se toma una dosis de Prozac diariamente. Le juzgo no más de lo que juzgo a otro buen amigo que todos los días se pone insulina para la diabetes. El Prozac libera a mi amigo químicamente deprimido mediante químicos que le ayudan a luchar mejor la batalla embravecida en el alma de cada cristiano, la batalla entre la obsesión por uno mismo vigorizada por la carne y la obsesión de Dios que libera el Espíritu, y para vivir más plenamente en la fortaleza de su centro lleno de esperanza, donde vive Cristo, donde se puede probar *Shalom*.

Yo no tomo mi Zoloft porque no creo que tenga una depresión clínica. Pero lucho con el anti-*shalom*, con el gemido bíblico (véase Romanos 8) que cada cristiano consciente de sí mismo sentirá hasta el día en que Jesús regrese y arregle todas las cosas, en nosotros y en el mundo. Considero mi angustia, la cual a veces se expresa en desabrimiento, no como un síntoma de una patología, sino como evidencia de una madurez creciente, de hacer frente a la realidad dentro de mí y en el mundo de que algo anda mal en todo.

También veo mi angustia como una entrada para la búsqueda de mi centro divino, el mismo centro que estaba en Jesús cuando vivía en este mundo desarticulado. La oportunidad para abrir la puerta no siempre me emociona. Hay días, y cada vez son más a medida que me hago mayor, en los que me ducho, me visto y sueño con tomar una almohada y comics de Superman y dejar que el aire caliente sople sobre mis pies desnudos. Anhelo *Shalom*. Lo quiero ahora.

Pero esos días de los ocho años no eran *Shalom*. La paz que yo disfrutaba entonces era el producto de una inmadurez ingenua, perfectamente apropiada para que un jovencito la tuviera, pero equivocada para que un adulto nunca avance.

A medida que gimo interiormente y espero con impaciencia, tengo la oportunidad de vivir como un hombre, de *oír* el gemir de otra persona que vive sin *Shalom;* de *recordar* al Dios que está siempre avanzando para crear una probadita de *Shalom* y siempre invitándonos al banquete que pronto llegará; de *mirar* en la vida de otro para identificar lo que se está interponiendo en el camino a experimentar el gozo de la feminidad o la masculinidad liberada; y de *moverme* en la vida de otro con la vida de Dios que desprende amor.

Para aprovechar mi oportunidad de relacionarme como

un hombre que revela a Dios, debo primero *encontrar mi centro*. Debo atravesar la angustia, sentir el dolor de una taza medio vacía, y dejar que mis gemidos me den el impulso para buscar el anticipo de la vida divina que ya está en mí, la vida de Cristo mismo que puede capacitarme para relacionarme como Él, para vivir en una masculinidad relacional tanto en los días buenos como en los malos, en el campo de golf o en la cama de un hospital.

Si no vivo desde mi centro, entonces incluso aunque predique un sermón, abrace a mi esposa, escriba un libro, aconseje a un amigo, dirija una conferencia, disfrute de mis nietos o cante en la iglesia, no haré nada como hombre. No me estaré relacionando como un hombre plenamente vivo para la gloria de Dios.

Cuando un hombre abre sus ojos y ve un mundo pre-*shalom* en el que no se está relacionando con una verdadera masculinidad, se verá en una encrucijada: o bien sigue muerto en la obsesión por sí mismo, o busca su centro vivo en Dios, un centro que cuando lo descubre le transforma lentamente en el hombre de movimiento que Dios siempre quiso que fuera.

Cuando una mujer busca en su corazón y ve un mundo relacionalmente peligroso contra el que se está protegiendo cerrando su alma, responderá de una de dos formas posibles: o bien seguirá cerrada en el ataúd de la obsesión por sí misma, o buscará su centro vivo en Dios, un centro que cuando lo descubre le transformará gradualmente en una mujer invitacional que revela a Dios.

El centro de un hombre está fluyendo con la belleza del movimiento divino. El centro de una mujer está radiante de la belleza de la invitación divina. En su interior más hondo, cada hombre cristiano es masculino. En su interior más hondo, cada mujer cristiana es femenina. Si queremos vivir plenamente vivos en una masculinidad relacional o feminidad relacional, debemos vivir desde nuestro centro.

No obstante, para poder vivir desde nuestro centro, primero debemos encontrarlo. Pero ¿cómo?

19
PREPARARSE PARA VIVIR PLENAMENTE VIVO

Encuentre la visión y calcule el costo

Me dediqué a buscar el entendimiento y a investigar con sabiduría todo lo que se hacía debajo del cielo. Pronto descubrí que Dios le había dado una existencia trágica al género humano.

Eclesiastés 1:13, NTV

Porque la creación fue sujetada a vanidad, no por su propia voluntad, sino por causa del que la sujetó en esperanza; y no sólo ella, sino que también nosotros mismos, que tenemos las primicias del Espíritu, nosotros también gemimos dentro de nosotros mismos, esperando la adopción, la redención de nuestro cuerpo.

Romanos 8:20, 23

Cuando es un noviembre húmedo y lluvioso en mi alma; siempre que me vea involuntariamente deteniéndome ante las tiendas de ataúdes, y yendo a la retaguardia de cada funeral que me encuentro; y especialmente siempre que mis hipos [tristeza que acecha en el trasfondo

> de nuestra vida] quieran dominarme de modo que necesite un fuerte principio moral para impedir que deliberadamente salte a la calle y metódicamente vaya quitándole el sombrero a la gente, entonces sé que es un buen momento para ir al mar lo antes que pueda. Este es mi sustituto de la pistola y la pelota.
>
> Ishmael (Herman Melville)[31]

Quién vive hoy plenamente para la gloria de Dios? ¿Es incluso posible? ¿Cómo sería vivir así? ¿Está este elevado objetivo incluso a la vista? Si no, ¿por qué no?

¿No nos damos cuenta de que una mujer plenamente viva en su feminidad conocerá un gozo que no llega de ninguna otra forma? ¿Tenemos claro que una mujer viva en su feminidad relacional no se ocupará de sus derechos como mujer sino de sus privilegios inmerecidos, que no se obsesionará con una demanda necesitada de ser valorada y querida sino que afirmará agradecidamente su oportunidad de revelar a Aquel que más valora y quiere?

Y ¿acaso no hemos entendido que un hombre plenamente vivo en su masculinidad no se quedará paralizado por el temor en sus relaciones sino que más bien será liberado en amor? ¿No hemos creído con emoción que un hombre masculino no se apartará de los peligros de la intimidad relacional? No será controlado ni siquiera por el fuerte temor a ser expuesto como hombre con poco peso relacional, de ser visto como un hombre que no sabe cómo acercarse a nadie. Un hombre varonil alegremente responderá al llamado a conectar significativamente con Dios y con los demás: su esposa, sus hijos, sus padres y sus amigos. ¿No sabemos que

31 Herman Melville, *Moby Dick* (New York: Barnes and Noble Classics, 2003), p. 27.

un hombre obsesionado con Dios se acercará a otros aún cuando él sepa poco de cómo conectar con los demás, que avanzará (a menudo con una confianza que no siente) en la fe de que se está moviendo con peso divino, con el poder de la buena influencia?

Mientras escribo este libro, la oración me consume de que todos entendamos lo que significaría vivir como mujeres y hombres plenamente vivos. Y me doy cuenta de que no abrazaremos y perseguiremos esta visión hasta que no estemos de acuerdo en que merece la pena lograrlo cualquiera que sea el coste.

Nunca habíamos vivido en una cultura menos capturada por la profunda belleza de la feminidad, menos fragante con el aroma de la feminidad que revela a Dios.

Y nunca habíamos visto una cultura menos relajada en presencia de la hombría, menos anclada en la solidez de la masculinidad que revela a Dios.

Pero hay una cultura peculiarmente llamada y poderosamente equipada para dar a conocer la belleza de un Dios sufriente invitacional a través de mujeres y para mostrar la belleza de un Dios que se mueve sacrificialmente a través de hombres: *la iglesia, la comunidad de Dios en la tierra, está diseñada para revelar la comunidad de Dios en el cielo.*

Pero no está sucediendo, no tan poderosamente como el evangelio lo hace posible. Con demasiada frecuencia, la iglesia es conocida por su compromiso con la justicia social más que por su compromiso con la intimidad social. El debate acalorado sobre los papeles de las mujeres y la autoridad de los hombres continúa mientras que las tensiones relacionales siguen ocultas y sin abordar. Nos conformamos con la capacidad de congeniar cuando Dios nos llama a la conexión. Las relaciones funcionales mantienen a la iglesia moviéndose con programas, predicaciones y proyectos que carecen de poder espiritual. Las relaciones como las de la

Trinidad requieren un quebranto humano y poder divino. Aún no se ha captado la visión y aún no se ha calculado el costo.

Cualquier otra cosa que ella pueda ser

Imagínese a una mujer que represente a todas las mujeres cristianas de hoy, de pie en un extremo del Puente de la conexión. Escuche con atención y le oirá preguntar: "¿Vendrá alguien? ¿Cruzará alguien el puente para estar conmigo? ¿Me verá alguien y querrá lo que ve? ¿Verá algún hombre la belleza que desea, una belleza preciosa que cuidar, no una belleza barata que querrá usar para su propio placer? ¿Hay dentro de mí una belleza que se ve? ¿O soy invisible, una mujer en quien no hay nada que ver ni desear? ¿Viviré por siempre invisible y sin ser querida?"

Tiene miedo. El temor le controla. Se siente necesitada y débil, vulnerable al daño intolerable. Pero esconde su temor. Da la impresión ante otros de estar bien, o quizá exigente, o quizá incluso de buen ánimo. Esta mujer está obsesionada consigo misma. No conoce otra cosa mejor que ser vista y querida, que otros vean su belleza.

Debido a su propia falta y no la de otros, se está hundiendo lentamente en las arenas movedizas del ensimismamiento. Vive esclava del terror a la invisibilidad, la muerte relacional, una trágica existencia en soledad. Necesita compasión, no centrada en su sufrimiento sino en su egoísmo. Necesita la compasión de la gracia. Se encuentra atrapada tras los muros que ella misma ha levantado.

Esta mujer no ve otra alternativa que protegerse de seguir sufriendo y demostrarse a sí misma que es deseable. Por lo tanto, desfila con cualquier estilo de relación que esconda su temor y revele sus virtudes y talentos que obtienen la aprobación. Sus deseos más fuertes son aquellos que crecen en el terreno del ensimismamiento, deseos que inevitablemente se convierten en demandas de satisfacción las cuales considera que tiene derecho a disfrutar.

Esta mujer vive con sus brazos cruzados y con su alma cerrada, poco atrayente e intransitable. Pero se mantiene ocupada, buscando esa satisfacción que nunca llega. "Este penoso trabajo dio Dios a los hijos de los hombres, para que se ocupen en él" (Eclesiastés 1:13), una trágica existencia sobre la que desesperadamente intenta estar por encima.

Quizá sea una mamá que hace la escuela en casa y está dedicada a sus hijos y felizmente involucrada con su esposo, o una competente mujer de carrera que disfruta del reto de tener éxito en el mundo de un hombre. Quizá dirija un ministerio de mujeres en su iglesia, organice a los ujieres que dan la bienvenida los domingos en la mañana, o sirva como pastora principal. Esta mujer podría ser o bien una mujer soltera agresivamente contenta o frenéticamente desesperada; quizá es médico, una rica mujer de mundo o una esposa cristiana responsable que permanece intencionalmente desconocida ante su esposo. O quizá esté disfrutando de un buen matrimonio que está igualmente disponible para una mujer sin Cristo.

Quizá ya no puede aguantar un matrimonio difícil y presenta una demanda de divorcio de su abusivo marido. Después puede que sienta la burla de su iglesia por no ser sumisa mientras saca fuerzas del aplauso de sus empáticas amigas. Y se pregunta si Dios está disgustado con su negativa a someterse o si está aplaudiendo a ritmo con el aplauso de sus amigas.

Cualquier otra cosa que pudiera ser, no es una mujer femenina. Solamente una visión de lo que significaría estar plenamente viva en la feminidad relacional para la gloria de Dios revelará la presencia y el poder de su pecado relacional. Esta visión suscitará un deseo santo de morir a su manera no femenina de relacionarse y dejar que el Espíritu de Dios le resucite a una vida relacional de feminidad que revela a Dios.

Solo entonces fructíferamente, sin el orgullo del desprecio por sí misma, clamará: "Qué mujer tan miserable soy. Me he quedado muy lejos del propósito para el cual he sido creada. Soy mujer pero no femenina. ¿Quién me sacará de esta ciénaga de ensimismamiento, de esta trágica existencia controlada por el temor, gobernada por el yo y destinada a no tener sentido?"

Solo el poder del Dios relacional que actúa en nuestras vidas y nos invita a actuar en la de Él puede proporcionar la voluntad para calcular el costo y encontrar el valor para descender a las regiones oscuras de la vida espiritualmente formada, donde esta mujer no tiene a nadie más que a Cristo, y entonces descubre que Él es suficiente.

Cualquier otra cosa que él pueda ser

Imagínese a un hombre de pie al otro lado del puente, un hombre que representa a los hombres cristianos de hoy. Nunca hablando lo suficientemente alto como para que otro le oiga, y lo suficientemente bajo como para oírse a sí mismo, el hombre pregunta: "¿Alguien me respeta? ¿Alguien se da cuenta de lo que tengo que ofrecer y valora lo que puedo aportar? ¿Hay alguna mujer que se dé cuenta de que tengo un fondo que merece aprecio y no crítica? ¿Doy la impresión de ser débil, impulsado por las necesidades del ego, de necesitar ayuda? ¿Nadie descansa en mi presencia, impaciente por acercarse a mí para recibir lo que puedo dar? ¿O soy un varón sin fondo, un hombre que carece de peso relacional, un hombre que es capaz de causar solo un impacto superficial en la gente? ¿Viviré para siempre sin merecer respeto?"

No importa lo fuerte que parezca, este hombre tiene miedo. El temor dirige su actuación y conduce sus energías hacia suplir sus propias necesidades. Vive para esconder su ineptitud y para mostrar cualquier cosa que le dé reconocimiento. Vive solo, detrás de unas paredes de autoprotección y automejora, esclavo de su propia demanda desesperada de ser alguien que tiene miedo de no ser.

Pero pone su juego boca arriba, como un jugador nervioso antes de patear. Se aparta de cualquier nivel de participación que arriesgue la exposición de su incompetencia relacional, y se ocupa con otras cosas. "Este penoso trabajo dio Dios a los hijos de los hombres, para que se ocupen en él" (Eclesiastés 1:13), una trágica existencia que cubre con todo aquello que cree la ilusión de significado y la sensación de poder.

Podría ser un joven empresario ascendiendo rápidamente por la escalera corporativa. Puedo verle jugar a la pelota con su hijo y llevar a su hijita a comer con él. Puede ser un cristiano respetado, activo en su iglesia, un maestro popular de la escuela dominical, un anciano principal, o un pastor principal. Quizá es militar, fuerte y al mando, con estrellas en su uniforme, de hombros cuadrados y con la cabeza bien alta. O podría ser un líder en la bolsa de acciones o estar en el gobierno.

Este hombre podría ser un esposo dedicado, un cristiano que cree que su llamado es proteger a su esposa, no dedicarle importancia; perseguir solo al Señor, y nunca hacer esa búsqueda junto con su esposa. Qué triste la condición de un hombre que se siente a salvo escondido y públicamente vivo, un hombre que permanece escondido y alivia su aburrimiento y llena su vacío con actividades sexuales secretas o una dedicación extrema a su éxito laboral, o quizá a disciplinas espirituales mayores diseñadas para engrosar su buena apariencia.

Cualquier otra cosa que pudiera ser, no es un hombre masculino.

Solo una visión de lo que podría llegar a ser, un hombre plenamente vivo en la masculinidad relacional, le convencerá de lo muerto que está y le emocionará con un santo deseo de morir a relacionarse de una forma no masculina, por muy doloroso que pudiera ser, y a dejar que Dios le levante a una nueva manera del Espíritu, a la vida relacional de la masculinidad que revela a Dios.

Solo entonces clamará en un quebrantamiento lleno de esperanza: "Qué fracaso soy como hombre que porta la imagen. La cruz de Cristo significa poco para mí más allá de un seguro contra incendios. No he sido transformado por el evangelio. Soy un varón que no es masculino. No revelo el carácter de Dios con mi manera de relacionarme. ¿Quién puede rescatarme del temor que controla cómo actúo, de mi trágica existencia como un hombre vacío que se llena a sí mismo usando a otros, que vive una vida que no marca ninguna diferencia eterna?"

Solo el poder de un Dios importante que actúa con impacto y un Dios compasivo que invita a la relación puede suplir lo que este hombre necesita para descender a las regiones aterradoras de la vida que forma espiritualmente y donde es desnudado de todo menos de Cristo; y entonces se da cuenta de que está plenamente vestido.

Crea lo que el evangelio hace que sea posible. Imagínese lo que podría ser. La belleza divina vive en el centro de cada mujer que conoce a Jesús, la belleza del Dios que nos invita a su comunidad. La belleza divina vive en el centro de cada hombre en quien vive el Espíritu de Jesús, la belleza del Dios que actúa en nuestro vecindario con el poder para hacer de nosotros una comunidad.

Pero esa belleza divina vive solo en nuestro centro. En todas las demás regiones de mi ser, reina la fealdad caída. Aparte del Espíritu de Dios, estoy implacablemente decidido a alcanzar dos objetivos que valora mi carne: vivir bien según los valores que acepto naturalmente para que mi vida vaya bien según las preferencias que me honran, y depender de cualquier medio que esté a mi disposición y bajo mi control que prometa mitigar tanto mi incomodidad que ha producido las circunstancias difíciles como el sufrimiento emocional que está ocasionado por los deseos no satisfechos.

Estos dos objetivos nunca cambian. Nunca se debilitan. Nunca pierden su atractivo. Sin la nueva vida de Cristo, viviría mi vida persiguiendo esos dos propósitos, y esta vida demostraría ser una muerte viva que termina en una muerte muerta, plenamente consciente pero eternamente muerta.

¡Qué hombre tan miserable soy! ¡Qué mujer u hombre tan miserable es usted! ¿Quién nos librará de la muerte para vivir, para vivir como mujeres y hombres que revelen a Dios?

El personaje de Ishmael de Herman Melville creía que cuando lo único que pudiera sentir fuera la desesperación inconsolable en presencia de la muerte y la enojada frustración en su viaje por la vida, sería el momento de ir al mar, a encontrar el río de la vida. Quizá no se dio cuenta de que de su corazón podía fluir agua viva. Ishmael no lo sabía, pero "ir al mar" realmente significa ir a Jesús y seguirle dondequiera que Él dirija.

Jesús habló, no de ir al mar de Ishmael, sino de caminar por un camino estrecho que conduce al agua de vida, un camino que nos libera para vivir con el único anhelo de conocer a Dios y darle a conocer mediante la manera en que nos relacionamos como hombres y mujeres.

Él dijo que era un camino estrecho al que solo se podría entrar mediante una puerta estrecha. Y nos advirtió de que no muchos lo encontrarían. El camino a la vida es menos transitado por una razón. La persecución de la relación de género puede parecer inútil, algo que requiere aparentemente un esfuerzo sin sentido que no parece cambiar nada, o muy poco de manera muy lenta. Nunca vivimos plenamente vivos en este mundo. La oposición es fuerte, fuerte desde fuera y fuerte desde dentro.

El mundo nos aprieta para que entremos en su manera de pensar en cuanto a los géneros y nos deja o bien defensivamente comprometidos ante ideas no amenazantes u orgullosamente abiertos a ideas de automejora. El diablo nos engaña para que creamos que la manera de relacionarnos que nos hace sentir bien en cada momento *es* la correcta. Y nuestra carne se cree esa mentira y nos empuja a vivir en consecuencia.

¿Quién puede liberarnos del poder persuasivo de esta trinidad profana del mundo, el diablo y la carne? Sabemos la respuesta cristiana: ¡Jesucristo! Pero *¿cómo* nos rescata Él? "Ore para descubrirlo." "No deje de ir a la iglesia." "Confíe en Dios." Respuestas simplistas como estas no funcionan. Sabemos que Dios está por nosotros y que es más fuerte que nuestro enemigo. Pero las fuerzas alineadas contra nosotros pueden parecer más fuertes que Dios.

¿Cuál es, entonces, el camino estrecho por el que debemos caminar si queremos descubrir el poder para vivir como hombres y mujeres relacionalmente vivos? ¿Y cómo caminamos por él?

PARTE IV

LLEGANDO A ESTAR PLENAMENTE VIVOS

El lento proceso de transformación

> Nuestra tarea no es nada menos que esta: lograr dentro de la vida humana el amor que es un tenue reflejo de la vida de Dios.
>
> Gilbert C. Meilaender[32]

Desde la concepción, cada niño es un portador con género único y particular de la imagen de Dios. Desde el Edén, sin embargo, todo el que nace en este mundo (salvo Aquel concebido en el vientre de una virgen) llega con una dominante inclinación a descubrir tanto nuestra peculiaridad como nuestra identidad de género mediante nuestro propio ingenio. Entramos en la vida muertos a Dios y vivos a nosotros mismos.

Pero entonces, desde el momento del renacimiento en Cristo, cada hombre y mujer vuelve a vivir: a vivir *para* Dios, *por* Dios y *con* Dios. El Espíritu de Dios, el Espíritu de la santidad relacional, vive en el centro de cada mujer cristiana, vigorizándola para relacionarse de una forma que revele al Dios invitacional que se abre a sí mismo para recibir impacientemente a todo aquel que oiga su llamado y entre en su comunidad. Ese mismo Espíritu establece su hogar en el centro de cada hombre cristiano, capacitándole para

32 Stanley J. Grenz, *The Social God and the Relational Self* (Louisville, KY: Westminster John Knox Press, 2001), p. 32.

relacionarse de una manera que revele al Dios que actúa y que apasionadamente anhela derramar su amor vivificante en cada corazón abierto.

Pero hay un problema. Las fuerzas poderosas que se oponen a Dios y que están en nosotros desde la concepción (lo que J. I. Packer llama un virus antiDios) argumentan convincentemente que en este mundo relacionalmente peligroso es sabio mirar por nosotros mismos y escoger un camino seguro, caminar por un camino cómodamente ancho. Pero solo hay un camino que lleva a la comunidad que fuimos diseñados para disfrutar, y en su disfrute, encontrarnos a nosotros mismos. Es un camino estrecho que no muchos encuentran.

Y ahora, la pregunta final: ¿Cómo una Trinidad perfectamente santa y una relación profundamente feliz liberan vida femenina en las mujeres que siguen a Jesús y vida masculina en los hombres que siguen a Jesús para que se puedan encontrar en el Puente de la conexión?

20

COMIENZA EL VIAJE

De mujer a femenina, de varón a masculino

Gritar a pleno pulmón puede en verdad ser una respuesta más madura y realista a la realidad que las elaboradas destrezas sociales de muchos adultos. Con la última tan temerosamente enfocada en sonreír y salirse con la suya en la vida, quizá los bebés son a los que Dios les ha confiado la importante tarea de hacer el lloro por todo el mundo.

[Con demasiada frecuencia los consejeros cristianos] de forma sutil pero clara hacen llegar el mensaje de que cada creyente debería mostrar un cierto nivel de bienestar emocional (o al menos mostrar un firme progreso hacia esa dirección), y si alguien no se rinde a su ministerio, entonces se sospecha de la fe de esa persona.

Si nuestro evangelio no es uno que, como el de Job, se mantiene firme ante la prueba prolongada de no tener absolutamente una evidencia circunstancial de éxito terrenal, entonces es un evangelio de paja. Es un evangelio fundado en las apariencias, no en la cruz de Cristo.

Mike Mason[33]

En estos últimos capítulos, lucho con un mensaje que preferiría no presentar y que usted preferiría no escuchar, un mensaje que es difícil de creer por la manera en que naturalmente pensamos. Cuando pienso bien, sin embargo, es el mensaje que más quiero presentar porque se enseña claramente en la Biblia y expone el único camino a la vida que cada mujer y cada hombre más quiere vivir. Recuerde: el comienzo del evangelio son malas noticias, el centro del evangelio son buenas noticias, y el final de la historia del evangelio es desvariadamente buena, ¡para siempre!

La vida tal y como es

¿Realmente "Dios le había dado una existencia trágica al género humano" (Eclesiastés 1:13, NTV)? El escritor de Eclesiastés parece pensar que sí. Pero ¿qué es lo trágico en la vida de alguien que está bendecido con una buena familia y amigos, buena salud y un sueldo, y buenos talentos con abundantes oportunidades de mostrarlos? Quizá Salomón, el supuesto autor de este libro casi deprimente, estaba pensando solo en personas que se mueren de hambre en un país sacudido por la hambruna, o en ciudadanos oprimidos por un cruel dictador, o personas sin trabajo rodeadas de amigos con buenos trabajos, o pacientes bajo medicación destinados a aliviar su dolor mientras esperan la muerte.

Pero él no lo estaba, aunque ciertamente tenía en mente amigos desafortunados. Por alguna razón, este hombre

33 Mike Mason, *The Gospel According to Job* (Wheaton, IL: Crossway, 1994), pp. 186, 173 y 146, respectivamente.

sabio, poderoso, rico, que tenía ilimitadas oportunidades de placer de todo tipo se sintió movido a "buscar con sabiduría" (1:13) de qué se trataba la vida de cada persona, y en especial la suya. Pero no pudo "entender la obra que ha hecho Dios desde el principio hasta el fin" (3:11).

La palabra hebrea traducida "entender" significa pensar mucho, analizar, resolver, encontrar sentido y comprender mediante el estudio. ¿Por qué el hijo adolescente de un buen amigo murió de repente en un accidente de tráfico? ¿Por qué la hija de otros buenos amigos míos murió después de una larga enfermedad que los doctores creían que se podía curar? ¿Por qué dos buenos pastores que conozco están pasando por unos momentos tan difíciles con su iglesia? La búsqueda de Salomón para entender la vida terminó en el callejón sin salida de un mal que había "visto debajo del cielo", un mal "muy común entre los hombres" (6:1).

Recuerdo decir en una clase de la escuela dominical hace años que toda persona honesta, todo aquel que retira las cortinas y ve la vida como realmente es en la experiencia humana, tendrá que escoger una de las únicas tres opciones: suicidarse, enloquecer o confiar en Dios. Y quienes escogen la opción tres deben confiar en Dios radical y repetidamente, incluso en los peores momentos. Un hombre en la clase, un rico empresario con una bella esposa y dos hijos exitosos, sanos y responsables, me miró fijamente con un desconcertado desdén. ¿Le había dado Dios una trágica existencia? ¿Qué tenía de trágico su vida? Todo era bueno. Supongo que pensaba que yo sufría alguna depresión severa o un enojado nihilismo, o quizá tan solo que ese domingo yo estaba de muy mal humor. Pero cuando terminemos la Parte IV, podremos ver, al menos eso espero, que lo que Salomón dijo es cierto: Dios nos ha dado una existencia trágica, a pesar del surtido de bendiciones o problemas que podamos tener.

Pero también nos daremos cuenta de que ver, sentir y recibir lo verdaderamente trágico de la vida en este mundo nos da una oportunidad, nuestra mejor y única oportunidad, de vivir con el poder para amar como mujeres femeninas y hombres masculinos. Y es el ejercicio de ese poder, el poder de amar a otros con el propósito de revelar al Dios que amamos que nos amó primero, lo que trae con ello el gozo profundo, sólido y sujeto de vivir plenamente para la gloria de nuestro Dios.

Ver el camino por delante

Vuelva a leer las tres citas que aparecen al comienzo de este capítulo. Estas palabras de Mike Mason me impulsan a seguir por el camino por que a veces recorro reticentemente hacia un destino que impacientemente anticipo. Y estas palabras (junto a las de Salomón) provocan duras preguntas.

¿Gritar a pleno pulmón representa el movimiento hacia la madurez? ¿Por qué?

Sufrir por las pérdidas, por las bendiciones que ya no puedo disfrutar, o que aún no son mías para poder disfrutarlas plenamente, ¿es de algún modo bueno? ¿Cómo?

¿El llanto de un bebé envía un mensaje para los adultos que se ríen que necesitan oír? ¿Cuál es?

Si vivir verdaderamente en nuestra feminidad o en nuestra masculinidad requiere que afrontemos la realidad que nos hace miserables, ¿no sería más inteligente mantener nuestras cortinas cerradas y vivir una agradable negación, contentarnos siendo mujeres superficialmente femeninas u hombres superficialmente masculinos?

Al hacer estas preguntas, creo que debemos escuchar a Santiago. Era un hermano menor de Jesús, lo cual significa que literalmente creció con Dios. Me pregunto si de adolescente y cerca de cumplir sus veinte años Jesús ya mostraba síntomas de que era un hombre de dolores y familiarizado con el quebranto (véase Isaías 53:3). No lo sé, pero sé que después de estar con Jesús durante varias décadas, Santiago dijo cosas inquietantes.

Estas son dos de las frases de Santiago que a primera vista pueden parecer una melancólica exageración, quizá el producto de una mente mórbida: "Afligíos, y lamentad, y llorad. Vuestra risa se convierta en lloro, y vuestro gozo en tristeza" (Santiago 4:9).

Pablo no se ve más animado que Santiago, cuando después de ver la calidad de su propia vida como cristiano, escribió: "¡Miserable de mí!" (Romanos 7:24). Pero después dejó la tristeza de Romanos 7 detrás y avanzó a la libertad y el gozo del amor de Dios en Romanos 8. *¡Y aún entonces siguió gimiendo!*

¿Debido a qué? El fracaso aún le afectaba. Pablo nunca afirmó haber dejado de pecar. Y sabía que la vida en este mundo le exigía esperar el pleno disfrute de lo que Jesús ya había logrado. Pablo caminó por un camino estrecho con el vacío y el quebranto como sus dos compañeros más cercanos, justo hasta que fue decapitado, y después bailó como nunca antes lo había hecho.

Escucho a Santiago y a Pablo y les oigo diciéndome que *adoraré bien* solo cuando *gima profundamente*, y que si queremos convertirnos en mujeres femeninas y hombres masculinos, convertirnos en lo que más queremos ser, tendremos que llorar las lágrimas que más tememos. La adoración con gemidos y la transformación manchada de lágrimas: ¿Son realmente necesarias? ¿Es eso el plan de Dios?

El estrecho camino a la vida femenina o masculina. ¿tiene que ser *así* de estrecho? ¿No es la vida cristiana un poco menos drástica y más fácil que *eso*, y no tan trágica? Bonhoeffer declaró que cuando Cristo llama a alguien a seguirle, le invita a acudir y morir. ¿No entendió lo que quiso decir Jesús cuando nos invitó a acudir a Él y *descansar*? ¿Acaso la vida en la Alemania nazi de Bonhoeffer nubló la visión de una vida cristiana atractiva? ¿O una trágica existencia reveló una verdad más elevada?

Quiero que Santiago y Pablo contradigan a Bonhoeffer y me digan cosas agradables, que me expliquen que Jesús quiere darme una cama para descansar en vez de un yugo que llevar. Quiero creer que ya soy bastante masculino y que ser incluso más masculino requiere solo un esfuerzo agradable, quizá tiempo en un grupo de hombres y la práctica de unas cuantas disciplinas espirituales.

Después Santiago continúa: ¡vienen buenas nuevas! A las personas que se hunden en la miseria de sentirse vacías y no dar la talla, Santiago les dice: “Humillaos delante del Señor, *y él os exaltará*” (Santiago 4:10, énfasis añadido). Creo que Oseas, el profeta a quien Dios guió a un matrimonio miserable, entendió esto mucho antes que Santiago lo dijera cuando escribió: “En su angustia [el pueblo de Dios] me [Dios] buscarán” (Oseas 5:15).

Junto a veteranos más recientes como John Bunyan, quien vio un destello del camino estrecho mientras pasaba doce años en prisión por amar a Jesús, y C. S. Lewis, quien se preocupaba de que cuanto más conociera a Dios menos le pudiera querer, y junto a algunos más contemporáneos como Mike Mason, oigo a Oseas, a Pablo y Santiago decirnos que el gozo profundo emerge solo del dolor profundo, que la verdadera feminidad y masculinidad se desarrollan en la trágica existencia de la vanidad y los fracasos asumidos, de un dolor relacional significativo.

Me siento más obligado que atraído a avanzar hacia una difícil conclusión: *vivir plenamente vivo en feminidad o masculinidad es posible solo hasta el punto en que muramos, plenamente muertos, a todo lo que se interponga en el camino.*

Dada la afición de Dios a cambiar nuestras ideas preferidas sobre cómo vivir mejor boca abajo (Él lo llama arrepentimiento) y a abrir nuestros ojos para ver claramente lo que nos levanta solo después de que Él abre nuestros ojos para ver dolorosamente lo que nos arrastra (Él lo llama quebrantamiento), no me sorprende que el camino que Él me dice que lleva a la vida que quiero no es el que encuentro inmediatamente atractivo.

Creo que su plan es bueno, pero ninguno estará felizmente convencido de que es bueno hasta que estemos más avanzados en el camino estrecho por el que Él nos manda caminar. Pero puedo decirle esto: los gustos deliciosos de la bondad de Dios están disponibles mientras viajamos, parecido a los puestos de refrescos que marcan el camino establecido para los corredores de maratón.

Ningún puesto de refrescos, por supuesto, representa la línea de meta. Falta aún más sudor, y fatiga, y calambres casi insoportables que llegarán antes de terminar la carrera. C. S. Lewis lo dijo así: "Nuestro Padre nos refresca en el trayecto con algunas posadas agradables, pero no nos animará a confundirlas con nuestro hogar."[34]

Pero aún así lo hacemos. "Ah, he tenido un encuentro con Dios," decimos. "Siento su presencia. La vida ya no es trágica. Disfruto sus bendiciones. El quebrantamiento quedó atrás. Mi vacío se llenó. Raramente volveré a necesitar el arrepentimiento. He llegado. Estoy en casa. ¿Mi vida es una trágica existencia? No es así como yo lo veo. Estoy bendecido. Estoy sanado. Soy bastante maduro. Son mis inmaduros amigos y mi inmadura esposa los que me causan todos los problemas."

Cuando cometemos ese error, nos asentamos en una comodidad que nubla el alma mientras caminamos sin prisa por un camino agradablemente ancho de ricas bendiciones, fracasos invisibles y problemas reducidos. Y no nos damos cuenta de lo lejos que seguimos estando de la gloria

34 C. S. Lewis, *The Problem of Pain* (New York: MacMillan, 1962), p. 115.

relacional de Dios al vivir como mujeres poco femeninas y hombres poco masculinos. *Eso* es una tragedia.

Ofrezco la parte 4 de este libro para animar a los viajeros del camino estrecho a permanecer en él, por muy estrecho que se ponga, por muy dolorosamente que lo que erróneamente llamamos "vida" se nos arrebate. Para los que aún saltan felizmente por la vida en el camino ancho de la madurez imaginada digo: solo un camino conduce a la vida para la que usted fue creado y llamado a vivir, la vida de conectar gozosamente con Dios y ofrecer alegremente la conexión a otros, y ese camino es estrecho, ¡pero profundamente bueno!

Únase a mí mientras mapeo el camino estrecho que, a través de la infeliz ocupación y la trágica existencia de la vida, nos transformará en mujeres femeninas y hombres masculinos que revelan a Dios. Gracias a Jesús, la vida real ahora es nuestra para que la vivamos. No es una vida fácil, pero es una vida buena. Para un cristiano, es la mejor vida disponible hasta que lleguemos al cielo, la única vida que merece la pena vivir en este mundo. No se conforme con menos. La gloria del Dios a quien servimos se revela a través de mujeres y hombres que están vivos con la gloria relacional de Jesús. Nada importa más.

21

QUE COMIENCE LA CARRERA LENTA

Y corramos con perseverancia la carrera que Dios nos ha puesto por delante.
Hebreos 12:1, NTV

Tres estribos de salida

Concepción
Necedad que parece sabia: comienza el problema. "He aquí, en maldad he sido formado, y en pecado me concibió mi madre" (Salmos 51:5).

Conversión
Una nueva forma de vivir: la solución recibida. "Bienaventurados aquellos cuyas iniquidades son perdonadas, y cuyos pecados son cubiertos. Bienaventurado el varón a quien el Señor no inculpa de pecado" (Romanos 4:7-8).

Confesión
Un camino estrecho para viajar: la batalla involucrada. "Porque el deseo de la carne es contra el Espíritu, y el del Espíritu es contra la carne; y éstos se oponen entre sí, para que no hagáis lo que quisiereis" (Gálatas 5:17).

La seria verdad

Cuatro o cinco veces al año comparezco ante treinta hombres y mujeres para comenzar otros siete días de la Escuela de Dirección Espiritual. El mismo pensamiento me inquieta cada vez: si Dios realmente quiere hacer de nosotros una comunidad de mujeres femeninas y hombres masculinos, es un trabajo perfecto para Él, trabajo que será aún más difícil si planea que nosotros conectemos profundamente entre nosotros.

Sé que Él es apto para el trabajo, pero también sé que nosotros debemos estar dispuestos a que Él haga lo que se necesita hacer. Y lo que se necesita hacer no es nada menos que una cirugía del alma, sin anestesia. Es un camino difícil de transitar. Este camino nos lleva desde la *concepción*, a través de la *conversión* y hasta la *confesión*, hasta que alcancemos la *conclusión* eterna de vivir plenamente vivos en el baile de la Trinidad eterna.

Desde el Edén, la concepción ha creado en nosotros el efecto opuesto de lo que Dios deseaba en nosotros. Cada mujer vino a este mundo como una niña *destinada a abrirse* y *decidida a cerrarse*, queriendo buenas relaciones pero queriendo más protegerse de las malas relaciones. Y cada hombre entró en escena como un niño *destinado a actuar* y *decidido a detenerse*, impaciente por marcar la diferencia en las vidas de otros pero más impaciente aún por no fracasar nunca. Ni entenderemos ni apreciaremos lo que Dios debe hacer a menos que nos demos cuenta de que cada uno comenzamos nuestro viaje, nuestra lenta carrera hacia ser plenamente vivos, con un fuerte deseo de dirigirnos en una dirección desastrosamente errónea que estábamos convencidos de que era buena, o al menos segura.

Esto es lo que me inquieta: si nuestra manera de pensar nunca cambia, y si nunca deseamos dirigirnos en la dirección correcta, no tenemos ninguna oportunidad de vivir realmente. Por sí misma, ninguna mujer se abrirá sabiamente para revelar la belleza de un Dios que invita, no cuando huele el peligro. Ninguna mujer llegará a ser femenina. Y por sí solo, ningún hombre sostendrá un movimiento que revele la belleza de un Dios que actúa en amor hacia personas que no le quieren, no si anticipa poco impacto. Ningún hombre llegará a ser masculino.

Es una seria verdad que debemos considerar: *ninguno nos daremos cuenta de nuestro destino señalado por Dios como varón o mujer a menos que un arrepentimiento profundo cambie nuestra mente y un doloroso quebrantamiento libere nuevos deseos.*

El viejo pensamiento, las mentiras que creemos acerca de lo que significa estar vivos como hombres y mujeres, está fijo en nuestra mente con una energía iracunda, amenazante y terca. Y los viejos deseos, deseos cuya satisfacción creemos neciamente que nos ayudará a sentirnos vivos, permanecen persuasivamente fuertes en nuestro engañoso corazón.

Pero peor aún, nuestro pensamiento erróneo y necios deseos proporcionan al mundo, la cultura en que vivimos, oportunidades elegidas para moldear cómo nos relacionamos entre nosotros de una forma que refleja la sabiduría del infierno. Porque en todos nuestros años de adultos, un mundo decepcionante y peligroso nos ha ayudado a encontrar maneras eficaces de protegernos de todo lo que pudiera hacernos daño y a sacar de otros todo lo que nos haga sentir bien con nosotros mismos. La comodidad personal se establece como nuestra prioridad número uno.

Amar a otros más que a nosotros mismos se puede aceptar como una elevada virtud, pero en la vida real no tiene mucho sentido para nosotros. Desde la concepción, el primer estribo, estamos más comprometidos con nuestro bienestar individual que con el de otros, y la gloria de Dios ni siquiera aparece en nuestro radar. Las chicas encuentran una manera de cerrarse y esconderse. Los chicos descubren cómo actuar con el mínimo riesgo y la máxima ganancia.

Pero todos los que se sientan conmigo cuando empieza nuestra Escuela de Dirección Espiritual son cristianos. Todos hemos pasado por la puerta estrecha de confiar en que Jesús nos salve de la paga de nuestros pecados y nos dé el poder para vivir de una forma nueva, para dirigirnos en una dirección distinta.

De algún modo, el Espíritu actuó y recuperamos el juicio y nos dimos cuenta de lo solos que estábamos en nuestro egocentrismo, lo muertos que estábamos para las cosas de Dios y para nuestro diseño como seres humanos. Vestidos en la suciedad del pecado relacional, estuvimos con la cabeza muy agachada en presencia de un Dios relacionalmente santo, impotentemente solos y desesperadamente culpables.

Y entonces vimos a Jesús. Nos convertimos. Por primera vez, entendimos que Él murió para perdonarnos de nuestro egocentrismo que estropea relaciones, de ese espíritu innato orgulloso de tener derecho que justificaba nuestra demanda de ser tratados bien. Y creímos que Jesús resucitó de la tumba para derramar su vida relacional en nosotros, su Espíritu Santo que nos da el poder para desear una relación con Dios como nuestro bien más alto indiscutido, y para transmitir el amor de Dios a otros por muy alto que nos resultara el costo.

El viaje distorsionado

En la conversión, cuando pasamos por la puerta estrecha, se abrió un nuevo camino ante nosotros. Pero con mucha frecuencia, la idea de convertirnos en femeninos o masculinos para Dios no se nos ocurrió. El entendimiento de la feminidad relacional y la masculinidad relacional que glorifica a Dios revelando cómo Él se relaciona nunca entró en mi mente hasta casi cincuenta años después de mi conversión.

En la vida de cada hombre y mujer que participa en la

escuela, un mal comienzo (el primer estribo) había dado paso a un nuevo comienzo, uno bueno (el segundo estribo). La concepción nos dirigió hacia nosotros mismos. La conversión nos apuntó en una dirección mucho mejor: primero hacia Dios, luego hacia otros.

Pero poco después de la conversión, quedó claro que la puerta estrecha nos guió al camino estrecho, un camino duro lleno de decepciones, desánimos, dificultades y fracaso, una existencia que solo podíamos definir como trágica. Algunos cristianos, sin embargo, estaban suficientemente "bendecidos" como para ser capaces de sostener un estilo de vida de negación, para creer que el camino estrecho era estrecho solamente en el sentido de la membresía privilegiada, de un club exclusivo de la élite que sería particularmente agraciada con cosas buenas como hijos, dinero y buena salud, y con emociones sanadas que les permitirían sentirse bastante bien con ellos mismos y sus hijos.

Pero ese tipo de negación solo se puede sostener rebajando nuestras metas. El llamado al discipulado radical se tiene que reducir a una oportunidad para un cristianismo agradable si queremos seguir creyendo que el camino estrecho ofrece un viaje cómodo. Seguir a Jesús significa entonces cuidar de otros pero asegurarse primero de que usted está bien. Ocuparse de que la vida funcione bien para usted. Proveer para otros, pero confiar en que Dios provee bendiciones suficientes para que usted esté contento. Ser bueno con otros y felicitarse a usted mismo por todo lo que hace sin explorar cómo otros son influenciados por usted. Amar a todos pero acurrucarse solo con los que disfrutan de su compañía. Humillarse pero seguir buscando el respeto y la admiración de otros.

Después de la conversión, tras haber iniciado nuestro viaje como cristianos, la mayoría desarrollamos algún entendimiento distorsionado de la vida cristiana que nos permite creer que si vivimos bien, Dios se encargará de que la vida nos vaya bien. Nada sacude esa ilusión con tanta eficacia como darnos cuenta de lo que significa estar plenamente vivos como hombres y mujeres para la gloria de Dios. Preferimos seguir pensando que el plan de Dios es que estemos plenamente vivos en el disfrute de las circunstancias agradables, las relaciones gratificantes y los sentimientos felices.

A la mitad de los siete días de Escuela, exploramos la Biblia para ver lo que significa ser una mujer femenina que revela a Dios o un hombre masculino que revela a Dios. Miramos con detenimiento cómo una mujer formándose espiritualmente se abre a otros para revelar la belleza de un espíritu amable indestructible y un espíritu tranquilo que no demanda, una manera de relacionarse que rehúsa dejar que el temor le controle. Discutimos cómo un hombre formándose espiritualmente se acerca a otros, derramando en otros un amor vivificador que está dispuesto a soportar la indiferencia y la crítica para atraer a otros al Dios que siempre se está moviendo hacia ellos.

Cuanto más clara es nuestra visión de la feminidad y la masculinidad relacional, más claramente vemos lo que debemos dejar para vivir plenamente vivos para la gloria de Dios como mujeres y hombres. Y después nos damos cuenta, y recibimos, lo estrecho que debe ser el camino que nos lleva a la vida. La vida en el camino estrecho nos aprieta tanto que pensamos que necesitamos vivir plenamente vivos para Dios. Debemos abandonar un estilo autoprotector de relacionarnos. La seguridad de éxito no puede seguir siendo nuestra meta. Y perseguir y valorar la demanda egoísta es algo que debemos abandonar mediante el arrepentimiento.

Una visión de nueva vida como mujeres femeninas y hombres masculinos trae consigo un llamado a un nuevo tipo de batalla. Ya no luchamos para tener un buen matrimonio.

Ahora luchamos contra todo lo que hay en nuestro interior que se opone a que vivamos como esposas o esposos, como mujeres y hombres que están llamados a revelar la belleza de Dios a nuestros cónyuges.

Ya no luchamos para tener buenos hijos. Ahora luchamos para ser mamás femeninas y papás masculinos. Ya no luchamos para disfrutar de una buena vida de bendiciones. Oramos por las bendiciones y nos preparamos para ellas mientras podemos. Pero algo importa más. Entramos en la lucha contra el mundo, la carne y el diablo para disfrutar de la mejor vida de conocer a Dios personalmente y revelarle relacionalmente.

Cuando luchamos para convertirnos en quien estamos destinados ser como mujeres y hombres, descubrimos el poder de Dios para continuar luchando en cualquier circunstancia de la vida y en cualquier condición del alma, para disfrutar de las pequeñas victorias y perseverar hasta que finalmente vivimos plenamente vivos en presencia del Dios que intentamos revelar en todas nuestras relaciones.

Para caminar por el camino estrecho a la vida es necesario un tercer estribo. La *concepción* nos lanzó con el pie equivocado en la dirección equivocada, hacia lo que promete vida y entrega muerte. La *conversión* nos dio un nuevo comienzo en una nueva relación con Jesús que proporcionó un nuevo poder para dirigirnos en una nueva dirección que entrega la vida que promete.

Pero la *confesión* debe seguir a la conversión, como un modo de vida. La confesión, tal como estoy usando el término, significa no conformarse nunca con la comodidad de una vida sin examinar. Significa mirar con brutal honestidad la realidad de la vida en un mundo caído como hombre o mujer caídos pero convertidos y aún sin glorificar, para ver y meditar en todo lo que está ocurriendo *alrededor* de nosotros en nuestra cultura y en el mundo, todo lo que está ocurriendo *entre* nosotros en nuestros esfuerzos nunca plenamente exitosos por construir buenas relaciones en una comunidad de amor, y todo lo que está ocurriendo *dentro* de nosotros donde se está librando la única batalla de la que somos plenamente responsables.

La *confesión* nos sitúa en el camino para descubrir nuestro centro en el que habita el Espíritu, nuestra profunda feminidad o masculinidad que está presionando para ser liberada. Dirijo la Escuela de Dirección Espiritual, que es realmente el ejercicio de la confesión, con muchas convicciones en la mente, pero ninguna más inmediatamente importante que esta: Dios se encuentra con nosotros en el lugar en que estamos para capacitarnos para acercarnos a donde anhelamos estar. No se encuentra con nosotros donde pretendemos estar, o donde desearíamos estar, o donde estuvimos antes en mejores tiempos. Él se encuentra con nosotros donde confesamos estar.

22

DE LA CONCEPCIÓN A LA CONVERSIÓN

Necedad moldeada

> Y vio Jehová que la maldad de los hombres era mucha en la tierra, y que todo designio de los pensamientos del corazón de ellos era de continuo solamente el mal.
> Y se arrepintió Jehová de haber hecho hombre en la tierra, y le dolió en su corazón.
>
> Génesis 6:5-6

> Y se corrompió la tierra delante de Dios, y estaba la tierra llena de violencia.
> Y miró Dios la tierra, y he aquí que estaba corrompida; porque toda carne había corrompido su camino sobre la tierra.
>
> Génesis 6:11-12

> La necedad está ligada en el corazón del muchacho; Mas la vara de la corrección la alejará de él.
>
> Proverbios 22:15

> Porque también la creación misma será libertada de la esclavitud de corrupción, a la libertad

> gloriosa de los hijos de Dios.
> Y sabemos que a los que aman a Dios, todas las cosas les ayudan a bien, esto es, a los que conforme a su propósito son llamados.
>
> Romanos 8:21, 28

El camino para vivir la vida como se debe vivir es estrecho. Jesús así lo dijo. ¿Pero es una cuesta bacheada, escabrosa, difícil, un arduo viaje ascendente por una montaña empinada? ¿O es un camino liso y nivelado que es estrecho pero, si se camina con Jesús, es un viaje de gozo? Quizá sea un camino estrecho descendente que nos lleva a valles oscuros donde debemos depender en fe de un Cristo que no vemos ni sentimos.

O podría ser las tres cosas, una cuesta ascendente durante un rato, después un camino descendente a una oscuridad que asusta y luego, como dijo el profeta, lo "torcido" se enderece y lo "áspero" se allane (Isaías 40:4). Si tuviera que confiar en mi experiencia, diría que el camino a la vida es un ciclo de por vida: arriba, abajo, llano por un tiempo, luego arriba, abajo y finalmente llano otra vez.

¿Qué es exactamente el camino que lleva a las mujeres a la feminidad y a los hombres a la masculinidad? Pensemos en esto.

Revelaciones

Usted es una mujer que está sintiendo convicción de que no es la mujer relacionalmente femenina que ahora entiende que Dios quiere que sea. Mientras ha estado leyendo este libro, el Espíritu le ha ayudado a ver con mayor claridad lo lejos que se ha quedado de revelar la gloria relacional de Dios por la manera en que se relaciona con otros, especialmente en sus relaciones más cercanas. ¿Y ahora qué? ¿Qué ocurre después? Una mujer me dijo esto:

> Sé que no me siento segura. He sufrido mucho. Guardo la distancia con todo aquel que me hace sentir amenazada, y lo hago viéndome con tono de juicio. No siempre oigo el tono en mi voz pero me han dicho que está ahí. Sé que tiendo a ser crítica, pero realmente pienso que solo soy crítica con lo que se debe criticar. Siempre me he visto más como honesta que como crítica, una realista que no lleva lentes de color de rosa. Pero ahora me estoy dando cuenta de que me fijo en las faltas de otros que yo pienso que no tengo. Así que me siento superior, y útil. Pienso que me relaciono así para sentirme bien conmigo misma, capaz de decir: "Bueno, no soy como tal y tal." Ahora puedo ver lo equivocado que es eso, lo poco femenina y cerrada que soy. Y a la vez, no quiero abrirme. Me da miedo que a nadie le vaya a gustar lo que hay dentro, incluyéndome a mí. Pero no sé qué hacer. *¿Cómo se produce el cambio?*

Mi respuesta inicial a esta mujer fue esta: "Usted se siente mal de ver que falla. Quiere cambiar. Y probablemente haya orado a Dios para que le muestre cómo cambiar. Está tratando sinceramente de controlar el monstruo que hay en usted. *Pero no funciona*."

Usted es un hombre que está comenzando a ver que, por definición bíblica, no es un hombre masculino, al menos no del todo. No tiene verdaderos amigos, se retira enojadamente de las relaciones que no sabe cómo manejar, y a veces se siente como un volcán de presión esperando explotar. Se está dando cuenta de que se acerca a la gente más por usted mismo que por ellos. Y ahora se pregunta qué hacer con todo lo que está viendo en usted. Un amigo me dijo lo siguiente:

> Tengo una buena apariencia, pero no me siento bien. Cuando me detengo lo suficiente como para pensar, tengo miedo. Me siento pequeño, insignificante, obsesionado conmigo mismo, y cómo me comporto y con cómo va mi vida. Puedo sentir un enojo arrogante de bajo nivel siempre hirviendo en mí que a veces explota por pequeñas cosas con una rabia enorme. Nunca había pensado tan en profundidad en mí mismo hasta ahora. Y me sentiría incómodo contándoles a otros lo que ocurre en mí. No me gusta lo que veo. No estoy seguro de haberme acercado realmente a nadie. Su imagen de un puente me hace darme cuenta de que nunca lo he cruzado para conectar profundamente con las personas que afirmo amar. A veces pienso en hacer cualquier cosa, cualquier cosa, solo para sentirme fuerte, bueno e importante, aunque solo sea por un momento. No soy el hombre que quiero ser. Pero soy cristiano. *Y no tengo ni idea de cómo se supone que realmente debería cambiar.*

Escucho a mi amigo y respondo: "Esto es lo que oigo. Usted está viendo, quizá por primera vez, lo mal que se está relacionando. Sabe que está equivocado, pero no tiene una idea clara de qué es lo que está tan mal en usted que se expresa en lo mal que se relaciona. Le ha pedido a Dios que le ayude a cambiar. Ha leído algunos libros buenos acerca de lo que significa ser un hombre. Incluso está en un grupo de hombres con personas que son bastante honestos. *Pero sigue sin identificar qué es lo que está mal en usted y que es lo que aún tiene un verdadero poder para hacer que siga relacionándose de manera mediocre.*"

Como esta mujer y este hombre, si es usted cristiano ha pasado por la puerta estrecha. Yo me hice cristiano cuando tenía ocho años. Estamos dentro de la puerta. Hemos experimentado un nuevo nacimiento genuino, una conversión a Cristo, adopción en la familia de Dios, la morada eterna del Espíritu Santo, una invitación a acercarnos a nuestro Padre divino tal y como somos para encontrar la ayuda en el tiempo de necesidad, y el poder de la resurrección que nos libera para acercarnos a otros como Jesús se acercó. No falta nada. Entonces ¿cuál es el problema? ¿Qué debemos hacer ahora? ¿Cuál es el siguiente paso?

La raíz del pecado de David

Es momento de seguir a Jesús por el camino estrecho. No hay otro camino que nos haga ser mujeres femeninas y hombres masculinos. Pero ¿cuál es? ¿Cuál es el camino estrecho y cómo viajamos por él? La historia del rey David tiene algo que decir acerca de estas preguntas.

Como cada uno de nosotros, él falló. Como pocos de nosotros, él supo por qué. Y cuando falló, supo lo que tenía que hacer. Quizá la peor violación de David de su diseño de género se produjo cuando, después de enviar a sus soldados a la guerra, él mismo "se quedó en Jerusalén" (2 Samuel 11:1, NTV). Como jefe supremo, estaba llamado a ir a la batalla, a estar siempre en la misión de Dios. Pero se tomó un descanso. Se detuvo.

Quizá algunos piensen que David se merecía un descanso, que estaba sabiamente cuidándose. A fin de cuentas, ya había matado a un oso y un gigante y había guiado a sus hombres valientes y soldados a la batalla muchas veces. Pero hay dos clases de cuidado de uno mismo. La versión buena deja de avanzar a fin de avanzar de nuevo con las fuerzas renovadas.

La versión de David resultó ser más bien un retiro, no para renovar el cuidado de sí mismo sino para agotar la autoindulgencia.

Al día de detener su movimiento, cometió adulterio. Mientras se relajaba en la azotea de su palacio, vio a una mujer cuya belleza física provocó una actuación lasciva. Un retiro como el de David a un cuidado propio mal aconsejado, ese tipo de retiro que le hace sentir a uno con derecho a aliviar el estrés de avanzar en vez del tipo que anhela un alma restaurada para seguir avanzando, acentúa la vulnerabilidad de un hombre al placer ilegítimo.

Betsabé quedó embarazada de David. Cuando se enteró, David siguió ocupándose de cuidar de sí mismo, primero a través del engaño y luego a través del asesinato, ambos diseñados para preservar su reputación, no la de Dios. Nada le da a la carne más poder que ocultar su fracaso. David, un hombre conforme al corazón de Dios (en términos del Antiguo Testamento, había entrado por la puerta estrecha), mandó matar al esposo de Betsabé, Urías. Después invitó a la viuda a convertirse en su esposa. Parecía que se había salido con la suya. Una nueva esposa, un nuevo hijo: las cosas iban bien.

"Mas esto que David había hecho, fue desagradable ante los ojos de Jehová" (2 Samuel 11:27). Natán, el escogido de Dios para darle a David dirección espiritual, manejó al pecador escondido para que confesara abiertamente. Humillado por su fracaso más que airadamente avergonzado por haber sido descubierto, David simplemente dijo: "he pecado."

Pero añadió una frase reveladora: "Pequé *contra Jehová*" (12:13, énfasis añadido). Si yo fuera el padre de Betsabé o el hermano de Urías, quizá habría reaccionado a la elección de palabras de David. "¡Has pecado contra mi hija! ¡Has pecado contra mi hermano!"

Y claro que David había hecho ambas cosas; pero

David entendió que el fallo moral, el pecado relacional, estuvo impulsado por una energía maliciosa almacenada en lo profundo de su corazón, una manera de pensar que justificaba apartarse de Dios cuando el alivio era más inmediato y estaba disponible más fácilmente en otro lugar, alivio agradable que David podía manejar según su horario.

David se dio cuenta de que había sido concebido en pecado, que nació siendo pecador, y que su pasión por pecar se reveló en su decisión de pecar.

Los cristianos hoy, incluido yo mismo, tendemos a ver el fruto de nuestro pecado sin reconocer su raíz. Una teología del manejo del pecado nos anima a ver poca necesidad de profundizar en nuestro corazón, de descubrir la energía de pecado que estaba en nosotros en la concepción y permanece en nosotros después de la conversión. El efecto de tal "teología del camino ancho" es un hueco arrepentimiento que no puede liberar la feminidad o masculinidad que reside en lo profundo del alma de cada portador de imagen.

El arrepentimiento hueco es algo parecido a esto: hacemos algo mal y luego nos sentimos culpables. Sentirnos culpables también nos hace sentirnos mal, infelices, irascibles y fríos. Entonces habitamos en el fracaso como una manera de hacer penitencia. La penitencia, por supuesto, es orgullo. Es nuestra manera de decirle a Dios que Él realmente debiera perdonarnos para que nos sintamos mejor con nosotros mismos. Desgastamos a Dios con promesas lacrimógenas de ser mejores, promesas que repetimos después de cada error. Cuando conseguimos a través de un serio esfuerzo no cometer nuestro gran pecado por un tiempo, nos sentimos más orgullosos que agradecidos, aún absortos en nosotros mismos. Cuando volvemos a fallar, ya sea en formas familiares o nuevas, los malos sentimientos comienzan el mismo ciclo de hueco arrepentimiento de nuevo.

David tomó un camino distinto. Meditó en el monstruo interior, en el virus anti-Dios que hizo que la conducta pecaminosa fuera atractiva y aparentemente justificada, incluso necesaria. “Pues soy pecador de nacimiento, así es, desde el momento en que me concibió mi madre” (Salmos 51:5, NTV). En el siguiente versículo, las palabras traducidas como *íntimo* o *secreto* en nuestras Biblias literalmente significa las regiones escondidas del alma donde se guardan los secretos, donde mantenemos fuera de la vista todo lo que no queremos que se vea. David oró para que Dios le enseñara sabiduría “aún allí” (v. 6, NTV).

Caminar por el camino estrecho requiere un profundo arrepentimiento. Y el arrepentimiento es profundo cuando aprendemos *honradez desde el vientre*: desde la concepción se han estado produciendo cosas malas en nuestro interior que nos afectarán mientras vivamos en este mundo.

SABIDURÍA DESDE EL VIENTRE

Lección 1

Desde la concepción a la conversión, los chicos y las chicas no tienen un deseo mayor que arreglar su propio bienestar a través de recursos que puedan controlar. Su mayor deseo es su mayor problema.

Las niñas pequeñas, como mencioné antes, comienzan la vida *destinadas a abrirse* y *decididas a cerrarse.* Los niños emergen del vientre *destinados a actuar* y *decididos a detenerse.* Pregunta: ¿Qué estaba ocurriendo durante los nueve meses desde la concepción hasta el nacimiento que nos lanzó para tener un comienzo tan malo? Las niñas están diseñadas para abrirse para revelar a Jesús pero invariablemente se cierran para protegerse. Los niños están diseñados para actuar y revelar a Jesús pero inevitablemente se detienen para evitar el fracaso. ¿Por qué?

Desde el momento de la concepción, mientras los brazos, las piernas, los ojos y los pulmones se están formando, también se está formando la *capacidad para relacionarse*, una capacidad para conectar con Dios y con los demás como varón o mujer. Pero, como entendió David, al mismo tiempo está creciendo una *pasión por el yo*, una energía con la principal meta de sentirse bien, un deseo que apunta a nuestra capacidad de relacionarnos *no buscando* relacionarnos con Dios en sus términos y *buscando* nuestra propia gestión, buscando una experiencia producida por nosotros mismos de satisfacción y seguridad personal.

En términos simples, usted y yo comenzamos nuestra existencia suponiendo que "todo se trata de mí."

Durante la vida antes de nacer, el hijo es dependiente de forma segura y cómoda. El vientre de la madre cuida de cada necesidad. Después se produce el nacimiento. Cuando el hijo llega al espacio abierto y desconectado de este mundo, la dependencia complaciente de sí mismo instantáneamente se convierte en una dependencia aterrada. *¿Hay alguien ahí? ¡Por favor, que alguien esté conmigo! ¡Que esté ahí, esté aquí, a mi lado!*

Los buenos padres responden: "Estoy aquí. Estoy contigo. Estoy a tu lado. Sé lo que necesitas y supliré lo que necesitas. Nunca te dejaré ni te abandonaré. Estás a salvo. Eres querido. Eres amado." Los buenos padres le dan a su recién nacido su primera degustación de Jesús.

Pero el escenario está preparado para la decepción. Ningún padre es capaz de responder al terror de un hijo con una sensibilidad fiable o sabiduría sagaz, no perfectamente. El fallo parental, que es inevitable, pone en acción la necedad de un hijo, que es innata. La capacidad como la de Dios de relacionarse se experimenta pronto como una necesidad dependiente de Dios de relación en un hijo que neciamente no busca a Dios. "No hay quien entienda, no hay quien busque a Dios" (Romanos 3.11).

Alejarse de Dios, la definición de la necedad, revela una pasión por el yo, una determinación a encontrar satisfacción en cualquier cosa que el yo pueda manejar. Y esa necia pasión ha estado "atada" en las partes internas de un niño desde la concepción (véase Proverbios 22:15).

El desesperado llanto de un bebé se convierte en la demanda de derecho de un niño de dos años que continúa gobernando en cada varón y mujer hasta la conversión. "Por favor, quédate conmigo. ¡Te necesito!" se transforma en "Ayúdame. ¡Insisto!" Las aterradas niñas (y mujeres) diseñadas para *invitar* a otros a disfrutar de la belleza de un Dios que invita, ahora *exigen* que otros suplan sus necesidades: "¡Disfruten de *mí*! ¡Deléitense en *mí*! ¡Vayan en pos de *mí*! Si no lo hacen, cerraré mi corazón a ustedes y abriré cualquier cosa que encuentre en mí que haga que otros me quieran."

Los aterrados niños (y hombres), moldeados por Dios para encontrar su sentido influenciando a otros con el mover de amor que revela a Dios, demandan algo para ellos mismos: "¡Que otros *me respeten*! ¡Que otros *me* observen! Afirmen que lo que ofrezco marca una diferencia positiva en su vida. Si no, dejaré de acercarme a ustedes y me acercaré a otros con cualquier cosa que tenga que me haga conseguir lo que necesito."

La sabiduría desde el vientre nos pone en contacto con un problema que comenzó en la concepción, se desarrolló en la infancia, y sigue con nosotros hoy, oponiéndose a cada impulso del Espíritu de Dios. Esta sabiduría nos lleva a un profundo arrepentimiento.

Lección 2

Sin un deseo más fuerte dentro de nosotros que el de sentirnos vivos sin acudir a Dios, las experiencias de nuestra vida tienen el poder de moldear nuestra pasión por el yo, de enseñarnos cómo podemos relacionarnos de formas que eviten lo que tememos y nos den lo que queremos. Un estilo relacional egoísta se desarrolla en todos nosotros.

En su momento de más astucia, Satanás obra a través de las experiencias de la vida, tanto relacionales como circunstanciales, para sugerirnos formas de arreglar lo que sentimos que necesitamos, formas que parecerán morales, quizá incluso "cristianas." Nuestra necedad abraza la sabiduría del mundo y nuestra carne está socializada, vestida de buena apariencia, y si no buena, al menos necesaria. Tenemos derecho a vivir como elijamos, a relacionarnos como bien nos parezca, o al menos tercamente así pensamos.

Las niñas neciamente cierran sus corazones y muestran su voluntad. El sentimiento de poder les hace sentirse bien, especialmente cuando es una niña cuyo padre abusó de ella o la abandonó. El poder sobre la comida lleva a la anorexia. El poder sobre otros abre la puerta a la sensualidad y la promiscuidad, a una competencia mostrada e impulsada, a un retiro justificado de las relaciones dolorosas, a ganar la aprobación mediante una amabilidad compulsiva.

Los niños pequeños neciamente descartan relacionarse bien y avanzar hacia el éxito. El sentimiento de importancia que aporta los logros les hace sentirse bien, especialmente para un niño cuya madre era controladora o cuyo papá era crítico. El avance hacia el éxito conduce a sueños de destreza atlética, de liderazgo reconocido en las empresas, o la iglesia, o la política, de placer fácil mediante pornografía, el adulterio o las posesiones.

La sabiduría desde le vientre expone la necedad que dirige tanto del modo en que vivimos e incluso las decisiones aparentemente buenas que tomamos. El arrepentimiento profundo va después del profundo quebrantamiento por nuestro fracaso relacional.

Lección 3
El arrepentimiento profundo requiere una convicción profunda que emerge en un quebrantamiento profundo. Hasta que nos demos cuenta de que sin Dios no podemos hacer nada sino pecar, nunca entenderemos la inutilidad del esfuerzo propio, el deleite de depender de Dios y el poder de la carne impulsada por el orgullo. Y seguiremos siendo mujeres poco femeninas y hombres poco masculinos.

A través de Jeremías, Dios regañó severamente a los líderes religiosos de Israel por dar "curas superficiales para la herida mortal de mi pueblo" (Jeremías 6:14, NTV). Cuando mi doctor me dijo que tenía cáncer, le di las gracias. Necesitaba darme cuenta de que tenía una "herida mortal" física que la dieta y el ejercicio no curarían.

Un buen amigo me dijo una vez que ya no quería compartir sus verdaderas luchas conmigo. Perplejo, le pregunté por qué. Su respuesta me dejó aún más perplejo: "Larry, cuando te cuento mis problemas, siento como si me convirtiera en tu proyecto, tu oportunidad de exhibir tus dones para sentirte bien contigo mismo."

Una nueva profundidad de arrepentimiento es lo que siguió a eso, aunque no inmediatamente. Me enfurecí durante un momento, pero luego seguí al Espíritu según me guiaba a examinar mi corazón. Desde un niño de primaria que ganó el concurso de lenguaje hasta un estudiante graduado que consiguió tener éxito, me di cuenta de que estaba compensando las destrezas sociales no desarrolladas y cubriendo mi temor al fracaso relacional por medio de buenas actuaciones en el mundo académico; me convertí en el Dr. Crabb y perdí a Larry. Mi batalla por "vivir en Larry" continúa.

Una pasión por el yo se había almacenado en mis partes internas antes de salir incluso del vientre de mi madre. Esa pasión de repente fue modelada en una forma de relacionarme que trabajaba para mi demanda impulsada por el miedo de "ser alguien." La reprensión de mi amigo me ayudó a darme cuenta de que, sin Dios, no podía hacer otra cosa salvo pecar. Y me quedó un poco más claro que no tenía el poder de manejar mi pecado. Solo podía confesarlo.

Con Dios, estoy lentamente aprendiendo que la gracia de Dios significa que puedo acudir a Él con un alma vacía que no puedo llenar y una manera rota de relacionarme que no puedo cambiar. Cuando lo hago, se produce una extraña llenura y siento un *deseo* de relacionarme como un hombre, ya sea que otros me llamen Dr. Crabb, o Larry, o esposo, o papá, o cualquier otra cosa. Y el quebrantamiento por el fracaso relacional deja paso a una conciencia de un nuevo *poder* dentro de mí. Participo en la naturaleza divina, la misma naturaleza que se liberó en Jesús cuando vivió y murió en este mundo, la naturaleza que está revelada en mí y liberada de mí solo en quebrantamiento.

Los hombres y mujeres obsesionados con el yo demandan de otros lo que solo Dios puede dar, lo que Dios anhela dar. Entonces nos damos cuenta, a medida que el Espíritu de Dios obra en nosotros, de que nuestra manera de relacionarnos nos deja vacíos y es horriblemente fea. Si entonces confesamos ser ineptos e inútiles en presencia de un Dios santo y misericordioso, comenzamos a caminar en el camino estrecho que nos liberará para vivir como mujeres femeninas y como hombres masculinos.

El problema que nos impide convertirnos en lo que anhelamos ser es profundo. La solución de Dios es más profunda. Es esa solución de lo que hablaremos ahora.

23

NUEVA VIDA

La creencia cristiana central es que la muerte de Cristo de algún modo nos ha puesto en correcta relación con Dios y nos ha dado un nuevo comienzo.

El hombre caído no es simplemente una criatura imperfecta que necesita mejorar: es un rebelde que debe bajar sus brazos... [Esto] es lo que los cristianos llaman arrepentimiento. Ahora bien, el arrepentimiento no es nada divertido... Significa borrar de la memoria todo el autoengaño y la terquedad en los que nos hemos estado entrenando.

Lo principal que aprendemos de un intento serio de practicar las virtudes cristianas es que fracasamos.

La única ayuda que yo [Cristo] le daré es ayudarle a llegar a ser perfecto. Quizá usted quiera algo menos: pero yo no le daré nada menos.

[Cristo] vino a este mundo y se hizo hombre para dar a otros hombres [y mujeres] el tipo de vida que Él tiene, lo que yo llamo "infección buena."

C. S. Lewis[35]

---

35 C. S. Lewis, *Mere Christianity* (New York: MacMillan, 1943), pp. 57, 55, 125, 171, y 153, respectivamente.

La concepción nos lanza a todos a un comienzo muy malo. Los niños pequeños y las niñas pequeñas comienzan la vida amándose solo a sí mismos. Incluso entonces, y desde cuando eran solo un pensamiento en la mente de Dios, Dios les amaba. Y si uno de ellos muriese antes de rechazar voluntariamente a Jesús, Dios le da la bienvenida a ese niño para que viva para siempre en el cielo con Él. Pero comienzan la vida con un serio problema. *Nosotros* también, todos nosotros.

Hasta la conversión, ninguna mujer se dirige hacia convertirse en una persona bíblicamente femenina y ningún hombre está avanzando hacia la masculinidad bíblica. A una mujer femenina le encanta descansar en el amor de Dios y vivir para revelar a otros el amor invitacional de Jesús. A un hombre masculino le encanta depender del amor de Dios y vivir para el único propósito de revelar a otros el movimiento del amor de Dios. Pero nadie que esté muerto a Dios ama como Dios. Y hasta la conversión, nadie está vivo para Dios.

Amor es vida

Es una verdad severa y aterradora, pero una verdad llena de esperanza: sin el Espíritu Santo derramando poder sobrenatural en un corazón perdonado, quebrantado y arrepentido, ningún hombre o mujer ama a nadie de una forma que revele el carácter relacional de Dios. Pero con el poder del Espíritu Santo, hay una vida nueva que vivir y una manera nueva de vivirla.

Pablo está de acuerdo. Escribiendo a los cristianos, a pecadores convertidos, les recuerda lo que era cierto antes de su conversión.

> Y él os dio vida a vosotros, cuando *estabais* muertos [no ahora] en vuestros delitos y pecados, en los cuales anduvisteis *en otro tiempo* [ya no más],

> siguiendo la corriente de este mundo, conforme al príncipe de la potestad del aire, el espíritu que ahora opera en los hijos de desobediencia, entre los cuales también todos nosotros vivimos en otro tiempo en los deseos de nuestra carne, haciendo la voluntad de la carne y de los pensamientos, y éramos por naturaleza hijos de ira [en otra traducción, *objetos del enojo de Dios*], lo mismo que los demás (Efesios 2:1-3, énfasis añadido).

Sin Cristo, ninguno ama como fue diseñado para amar. Nos relacionamos para suplir nuestras necesidades, no para revelar el amor de Dios. Claro está, éramos objetos del enojo de Dios. ¿Qué más puede hacer un Dios de amor santo sino aborrecer todo lo que estropee el gozo y arruine las relaciones de las personas a las que ama, cualquier cosa que impida que su pueblo le valore como su bien supremo y le revele a otros como su propósito más alto?

No es difícil de entender que Dostoyevski describiera el infierno como el sufrimiento de ser incapaz de amar. Ese sufrimiento termina en Cristo. "Pero Dios es tan rico en misericordia y nos amó tanto que, a pesar de que estábamos muertos por causa de nuestros pecados, *nos dio vida*" (v. 4 NTV, énfasis añadido). Es la vida de Dios lo que nos hace capaces de amar.

Solo la conversión a Cristo proporciona la vida que nos capacita para amar como Cristo. Juan, el apóstol que varias veces se refirió a sí mismo como aquel "a quien Jesús amaba", nos dijo que podemos saber "que hemos pasado de muerte a vida, en que amamos a los hermanos. El que no ama a su hermano, permanece en muerte" (1 Juan 3:14). Los cristianos aman a otros cristianos, y juntos aman al mundo revelando el amor de Dios por los pecadores. Al menos ese es el plan. Los convertidos ya no necesitan experimentar el sufrimiento de no ser capaces amar, sino que ahora pueden conocer la libertad y el deleite de ser capaces de amar.

En su Evangelio, el mismo apóstol narró estas palabras que había oído de Jesús: "Un mandamiento nuevo os doy: Que os améis unos a otros; como yo os he amado, que también os améis unos a otros. En esto conocerán todos que sois mis discípulos, si tuviereis amor los unos con los otros" (Juan 13:34-35).

Juntemos estas verdades y obtendremos buenas noticias: una mujer cristiana ahora puede abrirse para invitar un acercamiento honesto de todas las personas, de personas que la aman o la odian. Puede convertirse en una mujer femenina. Un hombre cristiano ahora puede moverse hacia otros con el amor de Jesús, hacia personas que le respetan o le menosprecian. Puede convertirse en un hombre masculino.

La conversión produce nueva vida en el convertido, pero también trae con ella una nueva batalla. Antes de la conversión, la batalla de un hombre o de una mujer para vivir bien como una persona responsable, cuidadosa y buena, se luchaba entre el egocentrismo sin socializar y el egocentrismo socializado. Desde la concepción hasta la conversión, ya sea que la conversión ocurra a los ocho años o a los ochenta, nuestras obras más virtuosas eran, a ojos de Dios, "como trapo de inmundicia" (Isaías 64:6). Hasta que comenzamos a vivir en Cristo, lo mejor que podíamos hacer era poner ropa bonita sobre un cadáver que se pudre y cubrir la pestilencia de la descomposición con perfume.

Pero ya no más, no después de la conversión. El cadáver está vivo. La mañana del domingo de resurrección ha llegado. Un nuevo corazón dentro de una nueva creación está latiendo al ritmo de la nueva vida. La vida relacional de la Trinidad ahora está viva en nosotros, empujándonos y permitiendo que cada hombre y mujer cristianos se relacionen con un poder masculino o femenino que revela al Dios invisible a un mundo ciego. La gloria que el Padre le entregó a Jesús, la oportunidad de revelar amor divino a través de la relación humana, ahora se nos ha concedido a nosotros. Es un milagro de proporciones inimaginables.

Pero el fruto del milagro madura lentamente. Y el milagro, aunque es maravilloso, comienza una nueva batalla. El convertido lucha una nueva batalla cuya victoria total no se ganará hasta llegar al cielo. Una mujer convertida quiere revelar la vida invitacional de Dios mediante su estilo de relacionarse, pero aún siente una impetuosa urgencia de protegerse, de cerrarse a otros cuando siente peligro, a veces controlando a otros, otras veces retirándose de otros tras una gruesa capa de timidez, competencia, venganza o frialdad.

Un hombre convertido siente del mismo modo un conflicto. Lucha contra una poderosa tendencia a resistir el llamado a acercarse a otros con un costoso amor y a dejar de avanzar hacia nadie (especialmente su esposa) que podría no responder con el reconocimiento cálidamente afirmador que él tanto quiere. Esa misma tendencia le anima a moverse hacia el éxito que puede manejar, hacia relaciones que requieran poco valor personal, hacia placeres que pueda disfrutar sin arriesgar el movimiento relacional.

La batalla entre la carne egocéntrica y el espíritu centrado en Dios está activa. ¿Cómo nos dirige el Espíritu de Dios para luchar la batalla? ¿Intentándolo con más fuerza? ¿Mediante programas, recetas y fórmulas a seguir? ¿Explorando nuestro mundo interior? ¿Identificando las fuerzas escondidas profundamente en nosotros mismos que se alinean unas contra otras? ¿Practicando las disciplinas espirituales? ¿Participando en actividades prescritas que incitan una experiencia de la presencia de Dios y liberan su poder en nuestra alma?

Por supuesto. Intentar con más fuerza, desarrollar visión

y practicar las disciplinas es todo ello valioso. Pero Jesús nos dijo que encontraremos la vida que perseguimos solo si caminamos por este mundo por el camino estrecho. ¿Qué quiso decir? ¿Es posible que, con la mejor de las intenciones, muchos estemos viajando por un camino ancho y solo pensando que estamos en el estrecho del que Jesús nos habló? El camino estrecho ¿requiere de nosotros algo más que esfuerzo, visión y disciplina?

La necedad es muy difícil de matar. El valor de la sabiduría crece lentamente. Las fuerzas de la necedad son fuertes: *egocentrismo*, una actitud que asume con mucha facilidad que "todo se trata de mí"; la *independencia orgullosa*, una insistencia en tener control sobre todo lo que más signifique para mí; y un *espíritu demandante*, un sentimiento airado de derecho a un justo trato por parte de otros y a sentirme bien conmigo mismo y con mi vida. Estos soldados enemigos se presentan como aliados de nuestro bienestar mientras pelean contra el corazón convertido.

La batalla por permitir que reine la sabiduría, de relacionarnos como mujeres abiertas y hombres que se mueven, requiere algo más de nosotros que esfuerzo, visión y disciplina.

La mujer que cada hombre quiere evitar está descrita en Proverbios 21:9 como *rencillosa*. La palabra hebrea se podría traducir como *árbitro*, la persona que tiene un silbato en la pista de baloncesto. Las mujeres que hacen sonar el silbato, mujeres que creen que su tarea es señalar dónde se equivocan otros, especialmente sus esposos, para que el partido se juegue según sus normas, solo conseguirán que se les caiga el silbato en el camino estrecho.

El hombre que frustra a cada mujer es demasiado cobarde para moverse hacia otros como el Dios que oye, escucha, recuerda y actúa. Los hombres relacionalmente paralizados, hombres débiles que mantienen egoístamente su distancia del compromiso que arriesga exponerse a la fortaleza que ellos no tienen, sentirán el poder del Espíritu de Dios, un poder que libera valor, solamente en el camino estrecho.

Quizá, al igual que yo, usted realmente quiera caminar por el camino estrecho hacia la vida relacional para la que fue diseñado y redimido. Pero, también como yo, probablemente descubrirá que el viaje inicialmente nos lleva la mayoría de las veces a un camino aún ancho que se estrecha solo después de que dos ramas del camino no nos formen como los hombres y mujeres que fuimos diseñados.

Llamaremos a estas dos ramas Fase 1 y Fase 2.

Fase 1: Apuntar a la "vida bendecida" — hacerlo bien para que la vida le vaya bien

Jesús lo dejó claro: *el camino a la vida es conocer a Dios* (véase Juan 17:3). Conocer a Dios lo suficientemente bien como para no querer nada más que relacionarse como Dios, en cualquier circunstancia de vida o condición del alma, define la vida buena. Es lo que significa estar plenamente vivos como hombres y mujeres para Dios.

Pero seguimos pensando que una relación satisfactoria *con* un cónyuge hay que valorarlo más que relacionarse bien *hacia* un cónyuge, incluso un cónyuge desagradable. Criar un hijo con un poder que produce niños educados nos parece más importante que criar a un hijo con un poder que revele a Dios a nuestros hijos, ya sea que se porten bien o no.

Una cuenta bancaria llena puede significar más para nosotros que la plenitud del Espíritu de Dios. A menudo estamos más interesados en un cuerpo saludable que en un alma saludable. Dígame que tengo cáncer y programaré una cirugía mientras oro. Dígame que soy egocéntrico y programaré un recorrido de golf mientras sonrío.

Perseguimos lo que más valoramos. Si valoro una vida

bendecida por encima de una manera de relacionarme que revele a Dios, si deseo legítimamente buenas cosas que, en mi inmadurez, me aportan más felicidad que la capacidad para amar bien en una vida difícil, negociaré con Dios y pensaré que es adoración. Oraré, iré a la iglesia y leeré mi Biblia para entender mejor lo que Él quiere que haga para convencerle de que me dé la bendición que quiero.

En nuestra búsqueda del camino estrecho, muchos cristianos encontramos nuestro camino a un camino ancho que creemos que es el buen camino porque promete darnos las bendiciones que suponemos que Dios más quiere darnos. No apuntamos más allá de una "vida bendecida." Y cuando la vida va bien, "adoramos" a Dios por cooperar con nuestra agenda. "Hazlo bien para que la vida vaya bien", un camino ancho por el que la mayoría viajamos de camino a nuestro camino estrecho.

Una sincera mujer cristiana anhela vivir bien, seguir a Jesús. Quizá sin darse cuenta, su verdadero motivo es sentirse amada por su esposo o atraer a un hombre para que se case con ella. Lee libros cristianos sobre ser madre esperando que sus hijos la respeten mientras siguen su guía. Quizá su decisión de vivir bien está vigorizada por el deseo de ser valorada en su trabajo o estar sana y sentirse atractiva. Ella cumple las reglas, esforzándose por hacerlo bien para que la vida le vaya bien. Valora la "vida bendecida" más que *la mejor vida* de conocer bien a Dios y revelarle a otros. En el proceso, está contristando al Espíritu.

Ella también está apagando al Espíritu, que proporciona poder inusual no para que ella viva bien a fin de que la vida vaya bien, sino para amar bien, para experimentar la presencia de Dios en su alma expresando el carácter de Dios por cómo se relaciona. Está viviendo en el poder de la carne, viviendo más por las bendiciones de la vida que puede disfrutar que por el privilegio de vivir una vida que

Dios pueda disfrutar.

Imaginemos que un hombre cristiano no quiere nada más que la satisfacción que aporta un buen matrimonio, buenos hijos, una buena carrera profesional, salud decente y una buena reputación entre sus compañeros y amigos. El hombre está caminando por el camino ancho, buscando la "vida bendecida", vivir una vida que no requiera el poder del Espíritu. Es un idólatra, adorando buenas cosas de Dios más que a Dios mismo.

Ni esta mujer ni este hombre está aún caminando por el camino estrecho que aparenta su profundo anhelo de revelar a Dios por su forma de relacionarse. Cuando no reconocemos un bien mayor que la "vida bendecida", nuestra obediencia se convierte en manipulación, nuestras oraciones en negociación.

Con una misericordia difícil de apreciar, Dios quizá no responda a ninguna de estas oraciones. Las bendiciones se pueden acabar. Las bendiciones que antes parecían que satisfacían puede que ahora parezcan vacías. Dios hará lo que sea necesario para dirigirnos hacia un bien mayor que la "vida bendecida." Finalmente, ya no nos encontramos viviendo para retirarnos o para bendiciones que no satisfacen sino para alivio, alivio del dolor de sentirnos vacíos. Es entonces cuando comienza la Fase 2, un camino ligeramente más estrecho. Ahora apuntamos a la "vida sanada."

Fase 2: Apuntar a la "vida sanada"— adormecer el dolor para sentirse mejor

Dos piedras en el riñón me habían dejado claro que el dolor intenso demanda un alivio inmediato. En medio de mi dolor físico, las medicinas se convirtieron en mis mejores amigas, no la oración, sino las medicinas. El dolor relacional tiene un efecto similar. La tierra tiembla cuando "la mujer amargada... finalmente encuentra marido" (Proverbios

30:23, NTV). Ella demanda que su hombre alivie el dolor de su corazón.

Un "esclavo que llega a ser rey" también provocará un terremoto relacional (véase vv. 21-22, NTV). Un hombre que haya sentido que es un fracaso desde hace mucho tiempo, inepto e insignificante, usará a otros como pueda para ayudarle a sentirse mejor consigo mismo.

El dolor *relacional* que parece justificar una demanda de alivio deja nuestras *almas* en dolor. Nadie nos trata exactamente como deseamos. Nada ocurre exactamente como queremos. Nos sentimos solos, invisibles y no escuchados, desconectados. Las medicinas recreativas ayudan. La pornografía funciona. El duro trabajo y la ocupación nublan la molesta incomodidad de nuestra alma.

Quizá buscamos a Dios, no para relacionarnos bien a pesar de nuestro dolor sino buscando alivio, para sanar de las dolorosas heridas de la vida. El dolor del alma genera un deseo de ninguna otra cosa más que una reconfortante experiencia de Dios. Es difícil creer que un Dios amoroso nos pudiera pedir revelar a un Dios que no experimentamos primero, amar a otro cuando nos sentimos vacíos. Un hombre me lo dijo de esta forma: "Hasta que me sienta bien conmigo mismo, realmente no puedo ayudar a nadie más."

Pero esa actitud promueve el narcisismo y una búsqueda de por vida de una experiencia plenamente satisfactoria del *yo* provista por la presencia sentida de Dios. En demasiados círculos, el evangelio de experimentar la presencia sanadora de Dios ha reemplazado al evangelio de revelar la naturaleza relacional de Dios. Cuando dejamos de esforzarnos por hacerlo bien para que la vida nos vaya bien, buscando la "vida bendecida", emprendemos la búsqueda de alivio para sentirnos mejor. Buscamos la "vida sanada."

Cuando nos sentimos bien, ya sea adorando alegres, con

las disciplinas espirituales, la ocupación ministerial o la consejería centrada en la oración, suponemos que hemos sido "sanados por Dios." Pero si seguimos sin ser conscientes de lo lejos que seguimos estando de amar como Jesús, nuestra sanidad queda bajo sospecha. Jeremías amonestó a los líderes espirituales que ofrecían sanidad superficial para las heridas mortales, sanidad que dejaba a los que estaban sanados sin tener vergüenza alguna por "haber hecho abominación" (Jeremías 6:13-15). Pedro nos dijo que las heridas de Cristo nos sanaron, no de nuestro dolor relacional o del alma, sino de nuestro fracaso relacional, de ser como "como ovejas descarriadas" del Pastor de nuestras almas (véase 1 Pedro 2:24-25). La sanidad que Cristo da nos permite relacionarnos bien, no siempre sentirnos bien.

Las mujeres que dicen haber sido sanadas por Dios sin llegar a ser capaces de revelar la naturaleza invitacional del amor de Dios no han avanzado en la feminidad relacional. Quizá sean felices, pero no son femeninas.

Los hombres que afirman haber sido sanados de sentirse vacíos e insignificantes sin valorar incluso más su oportunidad de revelar la naturaleza activa del amor de Dios no han crecido en la masculinidad relacional. Quizá se sientan seguros y vivos, pero no son masculinos.

Buscamos la "vida bendecida" y salimos orgullosos o desanimados. Nuestros esfuerzos por vivir bien o funcionan o no funcionan. Si no funcionan (y eso puede ser una bendición), si sentimos el dolor de la decepción y la derrota, o de la inutilidad y el aburrimiento, entonces buscamos la "vida sanada." Tras un tiempo, la búsqueda de alivio nos deja superficialmente sanados o profundamente preocupados.

La *concepción* nos lanza en la dirección errónea. La *conversión* nos hace estar vivos para Dios, capaces de amar, queriendo amar, y conscientes del llamado a conocer a Dios y a revelarle mediante nuestra manera de relacionarnos. Pero la conversión trae consigo una nueva batalla. Cuando la batalla nos desgasta, primero por nuestros esfuerzos por ordenar las bendiciones y luego por nuestra búsqueda de alivio para el dolor, estamos listos para hacer frente a una realidad que nos llevará al verdadero camino estrecho, el único camino que nos conduce hacia nuestro destino para vivir como mujeres femeninas y hombres masculinos. Es momento de continuar con el viaje desde el tercer estribo: *confesión.*

24

EMERGE LA VIDA

Cuando el camino se estrecha

Ningún grado alguno de santidad o heroísmo que haya sido registrado de los mayores santos está fuera del alcance de lo que Él está decidido a producir en cada uno de nosotros al final. El trabajo no se terminará en esta vida: pero Él desea llevarnos lo más lejos posible antes de que muramos. Por eso no nos debe sorprender que nos encontremos en un tiempo difícil.

C. S. Lewis[36]

En cada cristiano hay tanto "carne" como "espíritu"... Así que en cada cristiano se libra una lucha, la carne queriendo dominar y controlar al espíritu, y el espíritu intentando someter a la carne.

John Owen[37]

Por lo tanto, permitir que la naturaleza pecaminosa les controle la mente lleva a la muerte. Pero

---

36 C. S. Lewis, *Mere Christianity* (New York: MacMillan, 1943), pp. 173-74.

37 John Owen, *Spiritual Mindedness*, abreviado por R. J. K. Law (Carslisle, PA: The Banner of Thuth Trust, 2009), p. 1.

> permitir que el Espíritu les controle la mente lleva a la vida y a la paz.
>
> Romanos 8:6, NTV

> ¡Ay de ellos! porque se apartaron de mí; destrucción vendrá sobre ellos, porque contra mí se rebelaron; yo los redimí, y ellos hablaron mentiras contra mí.
> Y no clamaron a mí con su corazón cuando gritaban sobre sus camas; para el trigo y el mosto se congregaron, se rebelaron contra mí.
> Oseas 7:13-14

Sue, una mujer cristiana, había estado viviendo en un temor autoprotector durante más de cuarenta años, comenzando después de que un vecino abusara gravemente de ella cuando tenía cuatro años. Poco después, su padre la vio sentada llorando en soledad. No era un hombre amable. Sue recuerda a su papá preguntándole impacientemente: "¿Pero qué pasa contigo?"

Décadas después, mientras me contaba la historia, ella podía verse claramente en ese momento como una niña aterrada acurrucada en el sofá con sus piernas pegadas a su pecho y su rostro escondido entre sus rodillas.

"Cuando papá me preguntaba tan bruscamente por qué estaba llorando, me engullía una ola de temor. Me quedaba paralizada. Lo único que podía decir cuando le miraba a la cara era: 'No pasa nada. Estoy bien.' Él me miraba desconcertado y me decía de una manera disgustada: 'Bueno, entonces deja de llorar', y se alejaba. Creo que desde entonces he sido una mujer cerrada, con miedo a abrir cualquier parte de mí con nadie, aterrada de pensar que no me vieran. Sería invisible."

Mientras hablábamos, el camino por el que ella estaba caminando se estrechó. Pensamos juntos en el terror que le controlaba y cómo ese evento traumático, entre varios otros, había moldeado su manera de relacionarse con familia, amigos y un supervisor particularmente difícil en el trabajo cuyas secas maneras le recordaban a su padre. Sue llegó a ser muy consciente de dos cosas: un espacio vacío dentro de su alma que estaba pidiendo a gritos un amor que nunca había experimentado, y una determinación firme a jugar siempre a lo seguro y no salir nunca de detrás de un muro de autoprotección que hacía imposible que alguien le volviera a hacer daño.

Desde la concepción, la inclinación natural de Sue, como la de todos nosotros, fue cuidar de ella. Desde su conversión a los veinte años, había sido consciente de un deseo profundo y genuino de vivir para Dios. Mientras hablábamos, sentí que era el momento del Espíritu Santo para que Sue continuara su viaje desde el Estribo 3: confesión. Los lugares profundos de su interior estaban comenzando a ser inestables. Las realidades que había negado desde hacía tanto tiempo le estaban golpeando con un poder que previamente no sentía.

Con una fuerte emoción aunque no fácil aún de expresar, confesó lo desesperadamente sola que se sentía: invisible, no escuchada y desconocida. Pero entonces, algo raro, una seria calma vino sobre ella cuando entendió lo farisaica y tercamente justificada que se sentía al relacionarse con otros como una mujer temerosamente victimizada, protectora y vengativamente cerrada. La determinación egocéntrica estaba viva debajo de su terror amenazante. Ella lo veía. El Espíritu de amor santo estaba obrando. Dios aprovechó la oportunidad del desesperado vacío que ahora estaba experimentando y del desamparado quebrantamiento que ahora estaba confesando por su irrazonable manera de relacionarse que no tenía propósito alguno más que el suyo. El Espíritu de Dios hizo un milagro.

Su doloroso vacío se convirtió en un sediento anhelo por el Dios cuyo amor quería conocer tan apasionadamente. Y el quebranto por su fracaso relacional durante toda su vida abrió sus oídos para oír la gentil voz de su Padre celestial susurrando: *Te amo así como eres. Siempre te he amado. Te veo. Te conozco. Eres perdonada. Te abrazaré cuando llores.* El recuerdo de su rudo padre regresó, pero ahora, como una niña de cuatro años siendo ya una mujer adulta, dijo: "una luz brillante de agrado penetró en mi corazón."

No mucho después, fue llamada a reunirse con su difícil supervisor. Después recibí esta carta:

> Anoche, cuando me enteré de que estaría ante él al día siguiente, me di cuenta de que comencé a dirigirme hacia la autoprotección. También, reconocí un cierto desdén y espíritu de queja hacia él. Al llevarle esto a Dios, enseguida me convenció del pecado de mi corazón, y me mostró que era parte de mi decisión de mantener un muro de autoprotección. Mientras culpara a mi supervisor de todos mis problemas, podía justificarme y justificar seguir cerrada y no hablar. No fue divertido ver eso, pero supe que era cierto. Se lo confesé a Dios y me abrí a lo que Él quería que hiciera, a quien Él quería que fuera, como mujer. Fue entonces cuando sorprendentemente fui consciente de Él, de su deleite y de que Sue estaba viva. Podía amar. *Quería* amar. Qué gozo y tranquila belleza interior y fortaleza sentí.
>
> Al entrar en la reunión ayer, caminaba en libertad y viva, ¡no protegiéndome! Entré muy consciente de mi centro como una mujer femenina abierta. Me relacioné con él como Dios me dirigió y no me sentí intimidada. Ayer fue un gran comienzo

> de una nueva mujer. La parálisis que sentía cuando mi padre me preguntaba por qué lloraba se fue. Ya no podía controlarme. ¡Caramba! ¡Quería bailar! De hecho, me di cuenta de que estaba bailando de felicidad y libertad. Estaba adorando a Dios con todo mi ser.

La vida de Dios emergió en Sue cuando el camino por el que andaba se estrechó. Su camino estrecho se estiró más adelante, hacia lugares anchos de vida.

Ted, un hombre cristiano, se acercaba a otros como una disculpa andante. Su estilo de relacionarse hacía que otros sintieran pena de él, que le pidieran cuentas de nada, que aceptaran sus excusas por lo mucho que tan a menudo fallaba. Ted estaba en una posición de liderazgo espiritual, entrenado en un seminario y bendecido con una buena mente. Pero su ministerio no iba bien. La gente a su cargo se quejaba regularmente con otras personas de él. Él se sentía desanimado y derrotado, merecedor solo de la lástima que él sentía que merecía.

Le pregunté a Ted por su familia. Él respondió débilmente: "No sé por qué mi esposa sigue conmigo. A veces se frustra bastante y me dice que desearía que me defendiese."

"¿Qué dice usted cuando ella le dice eso?"

"Le digo que lo siento. Quizá me siento un poco enojado. Me gustaría que entendiera lo mal que me siento conmigo mismo. Normalmente me encojo de hombros y me voy. No sé qué más hacer."

Ted no se estaba comportando como un hombre. Oré para que sintiera que el camino se estaba estrechando.

Su hijo mayor, que vivía en otro estado y estaba estudiando en la universidad, acababa de dejar embarazada a su novia.

Les había contado a sus padres su dilema una semana antes de mi conversación con Ted; tiempo providencial.

"¿Qué hizo usted cuando se enteró de la noticia?"

"Bueno, la verdad es que yo no estaba en casa cuando llamó. Mi esposa me lo contó esa noche. Estaba llorando."

"¿Qué hizo usted?"

"No sabía qué hacer, así que oré con ella y le dije que de algún modo saldríamos de esto. Imagino que debería haber llamado a mi hijo, pero no estaba seguro de que él quisiera oírme."

"¿Esto ocurrió hace una semana?"

"Sí."

"¿Y aún no se ha puesto en contacto con él después de una semana?"

"No."

Como un padre y esposo joven, Ted había apuntado a una "vida bendecida." Durante años, había hecho lo que pudo, lo que pensaba que Dios quería que hiciera, y estaba dependiendo de Dios para ocuparse de que su vida fuera bien. Cuando su matrimonio entró en conflicto, cuando la diversión sexual de su hijo avergonzó a su familia, y cuando su ministerio sufrió un desplome extra profundo, Ted se sintió abrumado, airadamente autocompasivo y profundamente inepto.

En nuestra conversación, me aseguró que oró, lloró, leyó su Biblia. Nada le ayudaba. Con la "vida bendecida" fuera de su alcance, Ted anhelaba experimentar la "vida sanada." Pero no llegó.

Una realidad pronto golpeó a Ted, una vieja verdad que fue nueva para él. Durante varias conversaciones más, exploramos su trasfondo lo suficiente como para que viera que su padre, un pastor, había estado emocionalmente ausente de su familia, y probablemente como una reacción, su madre había sido obedientemente eficiente en su tarea como madre, sin involucrarse cálidamente. Cuando le pregunté qué "mensaje de la vida" había recibido de sus padres, tembló, pensó por un momento y luego luchando para no llorar, dijo: "Que no hay gran cosa para mí."

Otras conversaciones acerca de sus actuales relaciones con su esposa, hijo y subordinados y supervisores en el ministerio abrieron sus ojos para ver y saber significativamente que su manera de relacionarse era inexcusablemente débil. Se sentía vacío, falto de las fuerzas necesarias para moverse con un amor no defensivo hacia el corazón de su esposa, de moverse con la sabiduría de un mentor en el dilema de su hijo, y moverse con un humilde valor hacia la crítica que su supervisor hacía de su ministerio. Salió de nuestra reunión sintiéndose más derrotado e inútil que nunca. Su camino a la vida se estaba estrechando.

Dos días después, volvimos a conversar. Sentí una confianza poco habitual en sus palabras:

> Nunca me había sentido peor que después de nuestra última conversación. Me di cuenta de que me las había arreglado para verme más como maltratado que como débil. Pero cuando admití para mí lo débilmente que me estaba relacionando prácticamente con todo el mundo, quise hacerle un favor al mundo y acurrucarme en un rincón en algún lugar y quedarme ahí escondido el resto de mi vida.
>
> Pero algo ocurrió anoche. No podía dormir. Algo me molestaba. Ahora estoy bastante seguro de que era el Espíritu Santo. Casi de repente, a eso de las dos de la mañana, vi lo equivocado que estaba por ser tan débil. Le estaba fallando a mi esposa, a mi hijo y a la gente a la que se suponía que debería estar guiando espiritualmente. Quizá

> esto pueda ser una exageración, pero quizá no: *Creo que fue la primera vez que realmente me vi como un pecador.* Salí de nuestra última conversación sintiéndome avergonzado y humillado y, para serle honesto, bastante molesto con usted por haberme enseñado lo débil que era.
>
> Pero vengo a esta conversación ahora sintiéndome preocupado, más humilde que humillado; y convencido, no avergonzado. La manera en que vivo no es correcta; no está revelando nada de Dios a nadie. Sigo sintiéndome vacío, pero ahora también me siento quebrantado. No estoy seguro de poder explicarlo, pero soy consciente de un nuevo tipo de esperanza que nunca antes había sentido. Me siento fuerte, que puedo acercarme a otros con un nuevo tipo de fortaleza.

Como siempre, el Espíritu de Dios estaba aprovechando la oportunidad que Él había creado cuando abrió los ojos de Ted para ver y recibir su vacío sin intentar llenarlo, y para ver y quebrantarse por su fracaso relacional sin prometer arreglarlo.

Dos semanas después, recibí una carta de Ted.

> Ayer me senté con un comité de mi denominación que supervisa mi ministerio. Me reprendieron con más severidad de la que me imaginaba. *¡Y no me hundí!* Asumí mi fracaso, pero no como un debilucho derrotado, y no supliqué una segunda oportunidad de hacerlo mejor. Desafié sus perspectivas cuando veía las cosas de otra manera y les dije que al margen de que siguiera en esta posición ministerial o lo dejara para hacer otra cosa, confiaba en que Dios me estaba

> liberando para actuar con más poder espiritual que antes. Cuando le conté a mi esposa lo que ocurrió en la reunión, ella sonrió y me preguntó: "¿Qué te ha ocurrido? ¡Me gusta!" Aún tengo que moverme hacia mi hijo, pero espero con ilusión ese privilegio. Ya no me parece tanto una carga que no puedo sobrellevar, sino más bien una oportunidad de revelarle algo acerca de Dios.

El crecimiento espiritual en la masculinidad o feminidad relacional no siempre restaura la "vida bendecida" o lleva a la "vida sanada." Puede que nuestra vida se quede sin recibir las bendiciones de circunstancias agradables y sin sanar de emociones dolorosas. Dos semanas después, el comité de supervisión llamó para una segunda reunión con Ted a fin de informarle que sus responsabilidades y su sueldo iban a ser reducidos, y que iba a estar a prueba durante tres meses. Ted de inmediato sintió una ola gigante de ineptitud, frustración, enojo y terror sobre él al ver que su camino ya estrecho de por sí se estaba estrechando aún más.

Mientras escribo estas palabras, Ted sigue tambaleándose y confiando, aceptando su debilidad y responsabilizándose de su fracaso. Con el apóstol Pablo, está gimiendo interiormente y esperando impacientemente, apoyado por un pequeño grupo de amigos que creen en Ted y en la obra que Dios está haciendo en él y planea lograr a través de él.

La vida abundante

A menudo Dios usa los problemas presentes para nutrir una perspectiva eterna. "Pues tengo por cierto que las aflicciones del tiempo presente no son comparables con la gloria venidera que en nosotros ha de manifestarse" (Romanos 8:18). Ted ya no demanda ni la "vida bendecida" de cosas que van bien en este mundo ni la "vida sanada" de sentir siempre la presencia de Dios. *La vida abundante* de revelar a Dios a otros en cualquier circunstancia de la vida o condición del alma está viva dentro de él, y está emergiendo lentamente a medida que su camino sigue estrechándose.

Comparto estas historias de Sue y Ted porque son típicas de lo que ocurre cuando los pocos de los que Jesús habló que encuentran el camino estrecho caminan por él en la vida, y permanecen en él lo suficiente como para descubrir lo que significa estar relacionalmente vivo como mujeres femeninas y hombres masculinos.

A medida que consideramos ahora los "tiempos difíciles" que C. S. Lewis nos dijo que anticipásemos cuando seguimos a Jesús, tenga en mente con claridad una visión de lo que Dios está haciendo en nosotros y quiere hacer a través de nosotros a medida que el camino estrecho por el que Él nos dirige se estrecha. Los tiempos difíciles conllevan la guerra entre la carne y el espíritu que sucede en cada uno de nosotros al convertirnos, la guerra que continúa lidiándose en nuestro interior hasta que muramos. A medida que la estrechez del camino a la vida nos aprieta y saca de nosotros nuestra dependencia de las bendiciones o nuestra sanidad para gozo, entenderemos mejor lo que quiso decir el profeta Oseas cuando dijo que al caminar por el camino se debe "clamar a él con el corazón" y no "gritar sobre sus camas", aunque gritar, demandando bendiciones y alivio, nos resulta más natural y nos parece justificado (véase Oseas 7:14). Nadie que sigue comprometido con la "vida bendecida" o que, cuando los sueños se desmoronan, demanda experimentar la "vida sanada" será atraído a la vida abundante que Jesús nos dice que vendrá a todos los que caminan por el camino estrecho, "que claman a él con el corazón" mientras se arrepienten de sentirse con derecho a bien alguno.

Recuerde lo que ocurrió hace dos mil años cuando Jesús proveyó, como a menudo hace hoy, una probadita de la “vida bendecida.” Cinco mil personas hambrientas pudieron disfrutar de una buena comida cuando Jesús multiplicó cinco panes y dos peces para alimentarles a todos, incluso con la opción de repetir. Estaban emocionados. “Este verdaderamente es el profeta que había de venir al mundo” (Juan 6:14), declararon, pensando que Jesús era el profeta que Moisés había prometido que vendría para arreglar todo (véase Deuteronomio 18:15, 18).

La multitud estaba tan impresionada con lo que ahora sabía que Jesús podía hacer por ellos que, como muchos discípulos hoy día, querían hacerle rey. Pero Jesús “volvió a retirarse” (Juan 6:15). ¿Por qué? Él solo nos dará lo que sabe que necesitamos, no lo que nosotros creemos que necesitamos. La gente, sin embargo, insistía. Cuando le volvieron a ver al día siguiente y estaban impacientes de más de esa “vida bendecida”, Jesús dejó claro que su plan no se centraba en proveer comida para llenar sus estómagos, sino comida que les hiciera estar vivos para Dios.

Siguió hablando después acerca de “el pan de Dios”, el verdadero pan que descendió del cielo, del Padre (véase vv. 32-33). La gente, aún hambrienta de bendiciones materiales pero ahora más curiosa por las palabras del profeta, dijo: “Señor, danos siempre este pan.” Jesús entonces explicó que el pan que Él ofrecía era una relación con Él, pan que les haría vivir para Dios y les permitiría relacionarse como Dios.

Imagínese no haber comido durante una semana y ver un letrero que dice: “Disponible adentro: La mejor comida que haya probado jamás.” Usted se acerca, se sienta en una mesa preparada con un mantel de lino, cubertería, porcelana fina, una copa de vino y un vaso de agua cristalina. Un hombre, obviamente el dueño del restaurante, se acerca a su mesa y, en vez de darle un menú con cubiertas de piel describiendo los apetitosos platos, se sienta a su lado, sonríe y dice: “Vamos a conocernos. Usted tiene más hambre de un amigo que de comida. Yo quiero ser su amigo, el mejor amigo que haya tenido jamás. Déjeme ser su comida."

Probablemente usted le respondería a ese hombre algo muy parecido a lo que los discípulos del primer siglo le respondieron a Jesús: "Usted suplió la comida. ¿Qué hay de la cena de esta noche y el desayuno de mañana por la mañana? ¿Usted quiere que le comamos y le bebamos a usted? ¿De qué está hablando?" Imagino que estaban teniendo pensamientos similares cuando se dijeron entre ellos y a Jesús: "Dura es esta palabra; ¿quién la puede oír?"

En su forma típica, Jesús siguió ahondando su confusión. "El espíritu es el que da vida; la carne para nada aprovecha; las palabras que yo os he hablado son espíritu y son vida" (v. 63).

"Pero, Señor," decimos, "quiero comer comida de verdad, comida que pueda masticar y tragar, que sepa bien y me mantenga saludable. Quiero bendiciones ahora para poder disfrutar mi vida y una sanidad que me permita disfrutar de mí mismo."

Jesús pacientemente responde que Él ofrece comida del alma (literalmente) que nos hará vivir ya sea que nos muramos de hambre o no, ya sea que nuestro matrimonio sea terrible o nuestros hijos nos partan el corazón, o un amigo íntimo nos traicione, o perdamos el trabajo, o nuestra salud nos falle; comida que nos mantendrá relacionándonos con un amor centrado en otros cuando nos sintamos desanimados y vacíos, derrotados y desconsolados; comida que podemos seguir disfrutando cuando tropezamos y caemos, quizá entonces incluso la disfrutamos más que nunca.

"Jesús, ¿no tendría más sentido que tú *impidieras* todo ese sufrimiento, que nos hicieras dar un salto sobre los tiempos difíciles y nos dieras una vida bendecida de comodidad y prosperidad y una vida sanada de autoestima y autoconfianza?" Aparentemente, la mayoría de sus seguidores estaban haciendo la misma pregunta. Sé que a veces yo también la hago. Pero Jesús no se movió. Sabía que estaba ofreciendo algo mucho mejor que lo que ellos querían, que lo que yo a veces también quiero.

Cuando el camino se ha estrechado

Sus planes, sin embargo, no tenían sentido para ellos. Sus caminos iban demasiado por encima de ellos como para que sus mentes los apreciaran. Así, "muchos de sus discípulos volvieron atrás, y ya no andaban con él" (v. 66). Si Él no va a proveer la "vida bendecida" y la "vida sanada", buscaremos a un Mesías que coopere más. Y muchos seguidores de Jesús hoy, con la ayuda de sus líderes espirituales, están volviendo atrás, dejando el camino estrecho e imaginándose a un Jesús que encaje mejor en sus preferencias, un Jesús que prometa la vida bendecida de comodidad personal y la vida sanada de vanidad.

Fue entonces cuando Jesús se giró a los doce y les preguntó: "¿Queréis acaso iros también vosotros?" (v. 67). Pedro, siempre el portavoz del grupo, respondió: "Señor, ¿a quién iremos? Tú tienes palabras de vida eterna. Y nosotros hemos creído y conocemos que tú eres el Cristo, el Hijo del Dios viviente" (vv. 68-69).

Tres observaciones me resaltan de este incidente.

Primero, cuando el camino estrecho se estrecha, muchos de los que afirman ser seguidores de Jesús buscan un camino ancho. "Y angosto el camino que lleva a la vida, y pocos son los que la hallan" (Mateo 7:14).

Segundo, las bendiciones materiales a menudo están más disponibles para los que caminan por el camino ancho, que viven para ser bendecidos. Y los que valoran las bendiciones físicas en este mundo más que las bendiciones espirituales en los lugares celestiales nunca permanecerán en el camino estrecho y, por lo tanto, nunca vivirán plenamente como mujeres femeninas u hombres masculinos. "Bendito sea el Dios y Padre de nuestro Señor Jesucristo, que nos bendijo con toda bendición espiritual en los lugares celestiales en Cristo" (Efesios 1:3).

Tercero, solo los pocos que caminan en el camino estrecho, incluso cuando se estrecha más de lo esperado, se darán cuenta de que su destino es revelar la apertura de Dios mediante una feminidad relacional que invita a la vida o su acercamiento mediante la masculinidad relacional que da vida. "Pues vivimos por lo que creemos y no por lo que vemos… nuestro objetivo es" no negociar la vida bendecida o buscar la vida sanada, sino "agradarlo a él" (2 Corintios 5:7, 9, NTV).

Dios hace su obra más poderosa y profunda mediante seguidores de Jesús plenamente vivos. Y como Él nos hizo varón y mujer, ocurre que cuanto más vivas estén las mujeres en su feminidad que revela a Dios y más vivos estén los hombres en su masculinidad que revela a Dios, más deleitarán el corazón de Dios y demostrarán ser útiles para sus propósitos.

Cuando nuestro llamado a revelar a Dios por cómo nos relacionamos como portadores de su imagen de género se acepte como nuestro mejor acto de adoración, *encontraremos* el camino estrecho que nos lleva a un llamado más profundo y *caminaremos* por ese camino por la vida en este mundo sin importar lo estrecho que llegue a ser, anclados en la esperanza eterna, perseverando en la fe ciega, e irrevocablemente comprometidos con el amor sacrificial.

Escuche a Jesús haciéndole la pregunta que una vez hizo a sus discípulos: "¿Te irás? ¿O me seguirás por el camino estrecho? ¿Creerás que aprender a relacionarte como mujer femenina u hombre masculino es la manera de vivir la vida para la que fuiste diseñado, la vida que más quieres vivir?"

Después escuche la respuesta de su corazón convertido: "Señor, ¿qué otro camino hay por el que ir? Tú eres vida. Muéstranos la manera de vivir la vida que tú nos has dado. Muéstranos el camino estrecho."

25

SUS OÍDOS OIRÁN

Entonces tus oídos oirán a tus espaldas palabra que diga: Este es el camino, andad por él.

Isaías 30:21

Muéstrame, oh Jehová, tus caminos; enséñame tus sendas.

Salmos 25:4

Enséñame, oh Jehová, tu camino; caminaré yo en tu verdad.

Salmos 86:11

Porque mis pensamientos no son vuestros pensamientos, ni vuestros caminos mis caminos, dijo Jehová.

Isaías 55:8

Pero ahora déjenme mostrarles una manera de vida que supera a todas las demás… Si diera todo lo que tengo a los pobres y hasta sacrificara mi cuerpo, podría jactarme de eso; pero si no amara a los demás, no habría logrado nada.

1 Corintios 12:31; 13:3, NTV

Escuche conmigo ahora las palabras inspiradas por Dios de la Escritura, palabras que nos hablan con un poder que nos hace pensar distinto y una relevancia que moldea la vida. Estoy escuchando porque mis pensamientos hace mucho que necesitaban cambiar y mi vida relacional de cada día necesita ser moldeada continuamente. ¿Por qué? Vine a este mundo con una actitud.

El camino del hombre

Junto a todos los demás nacidos de padres humanos, yo llegué a este planeta asumiendo que si Dios existía, existía para mí. Cuando me dijeron que Él era un Dios bueno, inmediatamente me quedó claro que Él no tenía una prioridad mayor que la de procurar mi comodidad personal. Me di cuenta, por supuesto, de que yo tenía un papel que desempeñar. Si hacía un trabajo relativamente bueno viviendo según sus principios y guardando la mayoría de sus reglas, Dios estaría obligado según sus normas de justicia a derramar las merecidas bendiciones sobre mi vida. Así, según yo entendía las cosas, era como funcionaba la vida, como mi vida podría ser buena.

Y también creía que sabía lo que hacía que la vida fuera buena: una corta lista de cosas "para hacer hoy" que se lograban fácilmente, doctores que sonreían cuando veían los resultados de mis análisis, más dinero que facturas, propiedad en una complejo vacacional, niños que amaban a Jesús, un matrimonio que me hacía sentir bien conmigo mismo, la "vida bendecida" que podía anticipar disfrutar cada día. Mi tarea era vivir de tal forma que mantuviera a Dios cooperando con mis planes.

Al igual que usted, di mi primer paso en la vida en el camino ancho. Mi actitud definía el egocentrismo, pero para mí era algo totalmente razonable, incluso cristiano. Aún hoy día, después de sesenta años de afirmar a Jesús como mi Señor, vivir en el camino ancho tiene su atractivo.

Pero las palabras del profeta Jeremías han ido cambiando lentamente mi pensamiento, y continúan moldeando mi vida relacional. Permítame explicarme.

Cuando Jeremías oyó que grandes problemas venían de camino para el pueblo de Dios, el consternado profeta le *confesó* algo a Dios. Cuando mi vida comienza a ir mal, mi impulso es *negociar* con Dios: "Señor, las cosas no van muy bien ¿Qué puedo hacer para hacer que mi vida se vuelva a enderezar?"

Las palabras de Jeremías fueron diferentes: "Conozco, oh Jehová, que el hombre no es señor de su camino, ni del hombre que camina es el ordenar sus pasos" (Jeremías 10:23). En otras palabras: "Señor, tú envías problemas a nuestras vidas no como problemas que resolver, sino como oportunidades para aprovechar, oportunidades para que yo confiese que he estado intentando dirigir una vida arreglada diseñada para obtener la satisfacción que deseo, y para confesar que necesito que me muestres el camino que lleva a la vida que fui diseñado para vivir."

Cuando él oyó que la vida como él la conocía estaba a punto de desenredarse, Jeremías confesó no solo su ignorancia de los caminos de Dios sino también su necesidad de sabiduría revelada de Dios. "Castígame, oh Jehová, mas con juicio; no con tu furor, para que no me aniquiles" (v. 24).

Nunca pida la sabiduría de Dios a la ligera. Ver las cosas como son según la forma de pensar de Dios puede ser algo difícil de manejar. Recuerde lo que la búsqueda de Salomón de sabiduría le llevó a darse cuenta: "Pronto descubrí que Dios le había dado una existencia trágica al género humano" (Eclesiastés 1:13, NTV).

Tanto Jeremías como Salomón tenían sus ojos abiertos para ver una verdad difícil: *la vida no funcionará como queremos, y no hay nada que podamos hacer para cambiar esa realidad.* Arregle un problema, y surgirá otro. Resuelva un conflicto relacional, y se desarrolla otro. Y cuando Dios nos dice cómo quiere que nos comportemos en medio de una vida decepcionante y llena de tensión, no nos vemos inmediatamente atraídos a su plan. Nos queda incómodamente claro que sus caminos no nos garantizan la buena vida que teníamos en mente.

Cuando Salomón se vio ante la realidad de que no podía manejar su vida para su satisfacción, finalmente se encogió de hombros con agotada resignación y persiguió el placer que adormece el dolor donde pudiera encontrarlo. Se convirtió en un hombre necio y poco masculino. Jeremías hizo algo diferente, y se convirtió en alguien diferente.

Como Moisés en el desierto y el salmista en la angustia, Jeremías rogó a Dios que le mostrara sus caminos, que le mostrara el camino que guiaba a la vida como Dios la diseñó, no a la vida como Jeremías la veía en lo natural. Salomón, con todo su resplandor, escogió un camino que le *parecía* bien a su intelecto y sus instintos pero que resultó ser tremendamente erróneo. Jeremías, en circunstancias mucho más difíciles, anhelaba conocer el camino que *era* correcto. Quería caminar por un camino en la vida que la sabiduría humana no podía encontrar, que esas pasiones naturales nunca desearían.

En su confesión, Jeremías usó dos veces la palabra "hombre." El primer uso, "el hombre no es señor de su camino", traduce la palabra hebrea *adán*, refiriéndose a la raza humana en general. En el segundo uso, "ni del hombre que camina es el ordenar sus pasos", "hombre" traduce la palabra *ish*. Una persona individual es lo que ahora tiene en mente. El punto parece ser que lo que es verdad para todos, las personas en general, también es verdad para usted y para mí, personas en particular.

Y esa verdad es esta: ninguna mujer u hombre por sí mismo, y ninguna cultura o nación con su sabiduría religiosa conjunta, pensará jamás como Dios piensa.

Ningún grupo de cristianos y ningún cristiano en concreto, sin oír del Espíritu Santo a través del Libro que Él escribió, creerá jamás que un camino estrecho, un camino difícil a través de un mundo difícil, nos lleve a la vida que cada mujer y hombre fue diseñado para disfrutar.

Ha sido cierto desde el Edén. Es verdad ahora. Queremos creer que podemos confiar en que Dios nos inundará con las bendiciones que queremos disfrutar en esta vida. Como los israelitas en los tiempos de Isaías, gravitamos hacia los líderes espirituales que nos dicen cosas agradables, mintiendo si es necesario. No era diferente en tiempos de Pablo. "Porque vendrá tiempo cuando no sufrirán la sana doctrina, sino que teniendo comezón de oír, se amontonarán maestros conforme a sus propias concupiscencias" (2 Timoteo 4:3). Y no es diferente hoy día. Nos resistimos a hablar del camino estrecho que amenaza con robarnos nuestra libertad para vivir como creemos que es mejor, que reta nuestro asumido derecho a que la vida transcurra como nosotros deseamos si vivimos vidas buenas y morales.

Permítame decirlo con más severidad: nos es natural ser indulgentes con una forma cristianizada de egocentrismo cuando afirmamos seguir devotamente a Cristo. Algún nivel de egocentrismo parece esencial para nuestro bienestar según lo definimos. Pero es precisamente esa actitud, nuestro intratable sentido de sentirnos con derecho a la "vida bendecida", lo que nos impide caer lo suficientemente bajo como para arrepentirnos a fin de levantarnos hasta la feminidad y masculinidad que revela a Dios.

El final del egocentrismo

La enseñanza de Pablo es más radical de lo que pensamos. Este es un ejemplo. En Filipenses, nos enseña a caminar en un camino *relacionalmente* estrecho, a vivir en este mundo, el cual honra el interés propio como una virtud, como ciudadanos de otro mundo donde la virtud se define de otra forma. "*No* se ocupen *sólo* de sus propios intereses, *sino también* procuren interesarse en los demás" (Filipenses 2:4, NTV, énfasis añadido).

Pablo parece estar diciendo: "Tengan cuidado de ustedes, pero cuiden también de otros." Sin embargo, según respetados eruditos bíblicos que estudian con meticulosidad las palabras originales, la palabra *solo* no aparece. Borre *solo*, y *también* ya no será necesario. La instrucción de Pablo, entonces, es esta: "Que cada uno de ustedes no se ocupe de sus propios intereses, sino de los intereses de otros." El cambio de significado es tan radical como profundo, y tan profundo como imposible, *sin el Espíritu Santo.*

Si queremos ser espiritualmente formados en hombres relacionalmente masculinos y mujeres relacionalmente femeninas, es obligatorio el *final* del egocentrismo, no su socialización. Tenemos que crucificar la vida que apunta a sentirnos bien. No debemos vivir una mezcla aceptable de egocentrismo y ver por los demás. No hay mezcla aceptable de virtudes del cielo y del infierno.

Jesús vivió la virtud del cielo. En la terrible cruz, dio a conocer tanto la ira santa del Padre como su amor misericordioso. Al hacerlo, modeló e hizo posible un manera totalmente nueva de vivir como hombres y mujeres. En vez de librarse de su dolor, lo cual podía hacer, "encomendaba la causa al que juzga justamente" (1 Pedro 2:23). Quizá no hay verdad que se comprometa más o más fácilmente en las vidas de los cristianos que esta: ser formado a imagen de Jesús significa vivir radicalmente centrado en otros, ya no cuidando de nosotros sino viviendo totalmente para Dios y para sus propósitos en otros.

Es cierto, claro, que no podemos dejar de desear nuestro bienestar. Tampoco deberíamos, incluso aunque fuera posible. Dios recorrió un gran trecho para asegurar nuestra integridad y gozo eternos. Pero deshonramos su amor cuando asumimos la responsabilidad de prepararnos para nuestra experiencia de bienestar personal, de buscar las cosas buenas de la vida y el buen trato de otros como la base de nuestro gozo y significado en este mundo. Su llamado es claro. *Tenemos que confiar nuestro bienestar a Dios mientras vivimos para revelarle a otros por la manera en que nos relacionamos como hombres y mujeres.*

Las palabras de Jeremías, junto con todas las demás palabras inspiradas por el Espíritu, pueden cambiar nuestro pensamiento y moldear nuestra manera de relacionarnos. Podemos encontrar nuestro camino al camino estrecho cuando la *conversión* sigue a la *concepción*, y vivimos en *confesión* reconociendo la trágica existencia de la vida en este mundo. La vida no funcionará como queremos. Antes de que se termine, la vida será difícil para todos nosotros. Sufriremos y fracasaremos.

Solo cuando hacemos frente a nuestra trágica existencia como almas no llenas y amantes imperfectos clamaremos con nuestro corazón: "Padre misericordioso, perdóname. Hazme conocer tus caminos, oh Señor. Enséñame tu camino, para que camine en tu verdad."

Al prepararnos ahora para oír al Espíritu susurrar: *Esta es la manera de vivir plenamente vivos como hombres y mujeres para la gloria de Dios; camina en él*, recordemos que el sendero es costoso y el camino estrecho. Recuerde que la palabra traducida como "estrecho" en Mateo 7:14 es *thlipsis*, y que literalmente significa "aplastar." Pero recuerde también esto: Dios nunca aplastará su vida en nosotros, sino que pretende hacer polvo lo que erróneamente creemos que es vida para liberar *su* vida en la manera en que nos relacionamos como hombres y mujeres.

Escuche ahora al Espíritu de Dios mientras revela una manera de vida que es la mejor para todos nosotros, un camino que nunca encontraríamos por nosotros mismos, un camino estrecho que nos lleva, con total garantía, no a la "vida bendecida" o la "vida sanada", sino a la *vida abundante* de vivir plenamente en una verdadera feminidad o masculinidad.

26

ANDANDO POR EL CAMINO ESTRECHO

La oportunidad de la derrota

> Muchas personas se sorprenden al saber que los cristianos siguen sujetos a las pasiones humanas que son contrarias a la voluntad de Dios. Se sorprenden incluso más cuando se enteran de que Dios puede cambiar todo eso; cuando tropiezan con esta verdad, les impacta como una idea totalmente nueva.
>
> Dennis F. Kinlaw[38]

> No estamos hablando aquí de abandonar cosas... Estamos hablando de despojar los anhelos de gratificación en esas cosas. Porque no son las cosas del mundo las que ocupan espacio en la persona o le hacen daño... La persona solo tiene *una* voluntad, y si esta se queda atrapada en algo en concreto, no será libre... sin embargo, eso es lo necesario si Dios va a transformarlo.
>
> San Juan de la Cruz[39]

---

38 Dennis F. Kinlaw, *The Mind of Christ* (Nappanee, IN: Francis Asburyu Press, 1998), p. 84

39 Citado en Iain Matthew, *The Impact of God* (London: Hodder y Soughton, 1995), p. 40.

> Ya que han sido resucitados a una vida nueva con Cristo, pongan la mira en las verdades del cielo.
> Colosenses 3:1, NTV

Se sabe que Sócrates dijo que la vida que no se examina no merece la pena vivirla. Muchos de nosotros, sin embargo, nos preguntamos si la vida examinada es demasiado difícil de vivir, especialmente si dejamos que la Biblia nos guíe en nuestro examen. Dios nos dice que la vida en este mundo estará llena de problemas, que tenemos a Satanás como enemigo, que nos engañamos a nosotros mismos y que nuestras mejores obras están manchadas de egoísmo. Puede parecer demasiado en lo que pensar, y mucho menos tratar con ello. Quizá sea mejor enfocarnos en las enseñanzas más positivas y restar importancia a las negativas.

Pero Pablo tenía una idea mejor. Él nos habla en nuestras dificultades, confusiones y fracaso y nos dice que pongamos nuestra mirada en "las verdades del cielo" (Colosenses 3:1, NTV). Él establece el patrón en Romanos: afronten las trágicas realidades de la tierra, después alcen la mirada para oír las buenas nuevas. Pablo está enseñándonos una verdad difícil: *debemos mirar detenidamente durante un largo rato lo que hace que la vida en este mundo sea tan vacía y difícil antes de poder ver cómo Dios quiere levantarnos hasta alcanzar una manera celestial de vivir.*

Y sin embargo, nosotros trabajamos para *no* ver nuestra trágica existencia creyendo dos mentiras: una, que por nuestros propios esfuerzos podemos recibir las bendiciones que queremos; y dos, que las bendiciones que queremos pueden darnos la satisfacción que deseamos. Si las bendiciones no llegan y los sueños rotos nos producen dolor, entonces nos revolvemos para encontrar alivio. La vida abundante de vivir verdaderamente en las realidades del cielo como hombres y mujeres se queda como un vago ideal, un sueño distante y quizá poco atractivo. E incluso si el sueño de convertirnos en femeninos o masculinos estuviera a nuestro alcance, el camino a su realización parece demasiado difícil de transitar.

Las realidades del cielo

Los cristianos que se conforman con una vida de sentirse "bendecidos" quieren quedarse ahí. Es difícil imaginarse algo mejor que el hecho de que nuestra vida vaya bien. Y cuando llegan los problemas, el anhelo de sentirse mejor parece que consume todo el tiempo que se tiene. Queremos al menos sentirnos intactos cuando las cosas a nuestro alrededor se desmoronan. Mientras fijemos nuestra vista en sentirnos bien con las circunstancias bendecidas por Dios y las emociones sanadas por Dios, no seremos capaces de dar la bienvenida a los problemas y el dolor como oportunidades de Dios. Estaremos cegados al hecho de que Él puede usar los problemas y el dolor para soltar en nuestra manera de relacionarnos la feminidad o masculinidad que ya ha fijado dentro de nuestra naturaleza.

El cristiano que ve la vida a través de los ojos de Dios *primero* se enfrentará de cara con la trágica realidad que derrota toda ambición egocéntrica *antes* de que las liberadoras realidades del cielo sean visibles, realidades que nos emocionarán con la perspectiva de una nueva manera de vivir. Pero nuestro primer destello de la forma en que Dios trae el reino de Dios a nuestro alcance no es siempre atractivo. Sueños rotos y almas doloridas son la entrada por la que Dios pasa a nuestra vida, y no nos gusta mucho esa idea.

El dolor de bendiciones perdidas nos introduce al incómodo hecho de que no podemos y no debemos medir la bondad de Dios ni por las cosas buenas que Él nos da en este mundo ni por la protección sanadora que Él ofrece que calma nuestro dolor cuando ocurren cosas malas.

Cuando la vida se pone difícil, nuestra tendencia natural es buscar recuperación o alivio. Es entonces cuando el egoísmo crece al máximo. Pero Dios tiene algo mejor en mente, una *nueva manera* de vivir. Y Él lo ha hecho posible mediante su Hijo y su Espíritu. Jesús nos dijo que vino para darnos *vida en abundancia*, no una vida de bendiciones terrenales o una experiencia satisfactoria de nosotros mismos, sino más bien una de la capacidad de amar, como hombres y mujeres.

Nuestra respuesta natural al plan de Dios es suprimir un bostezo mientras expresamos un educado interés. ¿No sabemos todos que la vida cristiana se centra en un Dios que nos ama lo suficiente como para darnos las bendiciones que queremos y la sanidad que necesitamos para vivir felices en este mundo? Es difícil emocionarse con un Dios que nos permite amar a otros cuando nuestras vidas siguen siendo difíciles y nos sentimos mal. Y nunca lo haremos, al menos hasta que afrontemos la realidad de nuestra trágica existencia que sigue siendo trágica aún cuando nos sentimos realmente bien en una vida muy bendecida.

Si usted gime con el anhelo de vivir en una feminidad o masculinidad que revele a Dios, ese deseo nunca ocupará la mayor prioridad hasta que se enfrente a la trágica realidad de su existencia en este mundo. Hasta entonces, su prioridad será hacer que la vida sea mejor o encontrar una manera de sentirse mejor, no cooperar con el Espíritu de Dios mientras Él le capacita para amar mejor. Enfrentarse a la realidad es importante, y esa realidad viene en dos partes:

Una: un anhelo inconsolable está alojado en lo profundo de nuestra alma, un deseo insaciable que ni las bendiciones ni la sanidad pueden satisfacer. Los que aceptan esta realidad sentirán un *vacío* insoportable dentro de ellos, un hueco sin llenar que anhela la plenitud, un hueco que, al mirar a su alrededor y en su interior, les deja preguntándose: *¿es esto todo lo que hay?*

Dos: ninguno de nosotros ama como fue diseñado para amar, como fue recreado para amar por el Espíritu de Dios. Continuamente no damos la talla ante un ideal que no podemos ni denegar ni alcanzar, y a la vez rutinariamente vemos el fallo en amar en otros más claramente de lo que lo vemos en nosotros mismos. Los que aceptan la realidad de su amor imperfecto sentirán un triste *quebrantamiento*, una molesta sensación de que se han perdido algo que no se deben perder, diariamente. Su quebrantamiento no vendrá por ser maltratados *por* otros sino de su maltrato *a* otros.

Vacío y quebrantamiento: dos realidades terrenales que preferimos negar pero que debemos afrontar si queremos vivir en las realidades del cielo como mujeres y hombres. Parece mejor vivir la *vida arreglada* de vivir bien para que la vida vaya como hemos planeado. Si la vida no va bien, si las buenas decisiones no van acompañadas de buenos resultados, entonces nos impacientamos por entrar en la *vida herida*. Nuestra mayor ambición es el alivio, la sanidad de nuestro dolor, ya sea mediante un escape a una actividad para sobrellevarlo que es insana o acudiendo a la oración.

Sócrates estaba en lo cierto. La vida que no se examina no merece la pena vivirla. Nos deja viajando por un camino ancho que lentamente destruye la vida. La vida que no se examina y que cree neciamente que las bendiciones y la sanidad definen la buena vida nos lleva a un camino sin salida.

Es entonces, misericordiosamente, cuando nos impacta la realidad. El vacío, ya sea que estemos viviendo en bendición o en problemas, y el quebrantamiento por nuestro fracaso reconocido de amar bien nos hacen bajar de la *vida arreglada*, pasar por la *vida herida* y nos hace entrar en la *vida de formación* donde la derrota se convierte en una bienvenida oportunidad. Esta oportunidad nos permite descubrir el poder divino de estar plenamente vivos en la feminidad relacional o la masculinidad relacional. Es la vida de formación porque es donde *queremos* ser formados para relacionarnos como Jesús más que querer bendiciones o sanidad.

Cuando estamos abatidos

Cuando la realidad del vacío y el quebrantamiento nos abate, debemos esperar, sabedores de que somos incapaces de arreglar nuestro camino hacia la satisfacción mediante las bendiciones disponibles en este mundo, e incapaces de sanar nuestras heridas de una forma profunda y duradera que nos libera para amar como hombres y mujeres. Mientras nos hundimos en las profundidades de la aflicción y la derrota, somos confrontados solamente ante dos posibles opciones: *rendirnos en la vida* o *buscar a Dios para la vida*. Nuestra miseria se convierte en una oportunidad agonizante de "buscar de todo corazón" a Dios (Oseas 5:15).

Buscarle, ¿para qué? ¿Para la recuperación de la "vida bendecida"? No. Las bendiciones han sido expuestas como insatisfactorias. Ahora estamos apuntando más alto. ¿Para alivio en la "vida sanada"? Nuevamente no. Una buena autoestima ahora significa poco mientras continuamos amando escasamente.

En el vacío del anhelo inconsolable y en el quebrantamiento de no amar nunca sin la mancha del interés propio, somos liberados para buscar a Dios para una cosa: *conocerle como nuestro Padre perdonador y capacitador*. Desde las oscuras profundidades de la desesperación alzamos la mirada, gritando por ver un destello de la brillante realidad del cielo. Nos arriesgamos, esperando poder de algún modo deleitarnos en el inexplicable deleite de Dios en nosotros, y que por nuestra manera de relacionarnos podríamos transmitir su deleite a otros.

El vacío que sentimos y el quebrantamiento que poseemos crean espacio dentro de nosotros que impacientemente, e incluso desesperadamente, espera a Dios y a nadie ni nada menos. Como lo dijo San Juan de la Cruz, nuestra miseria despoja los "anhelos de gratificación" en las bendiciones de la vida o la sanidad del dolor.

Así que esperamos. Oramos. Nos despertamos a las dos de la mañana, preocupados, incapaces de dormir. Leemos nuestra Biblia, a veces consolados, a veces confundidos, a veces convencidos. Adoramos, lloramos de gozo o nos sentimos secos como un hueso. Buscamos la comunidad espiritual. Un amigo toca nuestro corazón. Otro nos extraña.

Esperamos, demandamos nada, lo rendimos todo. Nuestra esperanza está solamente en Cristo. Confesamos nuestra trágica realidad mientras esperamos ser atrapados en la hermosa realidad de Él.

Mientras escribo estas palabras, hace seis semanas que celebré mi sesenta y ocho cumpleaños. Nací en el verano de 1944. Me convertí ocho veranos más tarde. En las seis décadas desde que nací en la familia de Dios, he conocido noches oscuras y mañanas radiantes. La oscuridad de no sentir a Dios cuando estaba agitado a veces me hacía preguntarme si realmente me había convertido. El brillo de la presencia de Dios, experimentada principalmente cuando la Biblia cobraba vida para mí, me llevó a tener una probadita demasiado corta, pero muy real, de gozo inexpresable.

Solo recientemente he entendido lo que creo que es un claro destello de lo que Dios tenía en mente cuando me formó como varón. Cada vez me sostiene más, a veces me vigoriza, lo que significa que las realidades del cielo me formen en un hombre masculino, plenamente vivo para la gloria de Dios. Sin embargo, cuanto más claramente se desarrolla la visión de lo que yo podría ser, más claramente me doy cuenta de lo que no he alcanzado aún.

Estoy comenzando a disfrutar el fruto de la conversión de una forma nueva. Con más frecuencia y con mayor intensidad ahora experimento la realidad del vacío y el quebranto, a una profundidad que no había conocido antes, y parece que estoy abrazando esta realidad con más disposición, incluso agradecimiento, sin luchar, y con resultados que había estado esperando desde hacía mucho tiempo.

Es el resultado sobrenatural de aceptar la trágica realidad de vacío y quebrantamiento lo que ahora quiero dar a conocer. Las palabras, claro está, me fallan. No quiero ni enfatizar en exceso ni restar importancia a lo que está ocurriendo en mí, y lo que está ocurriendo o podría ocurrir en usted.

Me veo más tentado a enfatizar lo que aún no está sucediendo, a enfocarme en mí, en mis continuas luchas y fracaso. Soy muy consciente de que el gozo de estar *plenamente* vivo como hombre no será mío hasta que no esté en el cielo. Pero cada vez soy más consciente de que lo que está disponible ahora es profundamente bueno. Es mi *vida.*

Ningún lenguaje humano puede captar el misterio de lo que el Espíritu de Dios puede hacer en un corazón vacío y quebrantado. Pero se desarrolla una extraña confianza: cuanto más me hundo en la oscuridad de mi *yo*, más alto puedo subir a la luz de Cristo que entonces llenará mi alma y se revelará en mi manera de relacionarme. En esa confianza, estoy descubriendo un calmado descanso debajo de mi ruidosa angustia. En esa esperanza estoy probando la libertad, la libertad de moverme hacia otros en cualquier circunstancia de la vida y en cualquier condición del alma.

27

SER HOMBRES MASCULINOS Y MUJERES FEMENINAS

> La iglesia... es una comunión creada por Cristo y fundada sobre Él, una en la que Cristo se revela a sí mismo... como la nueva humanidad misma.
>
> Dietrich Bonhoeffer[40]

> La plenitud de ser humano... radica no solo en el varón o solo en la mujer sino en la comunión de varón y mujer.
>
> Mauro Meruzzi[41]

Permítame ahora completar este libro resumiendo el proceso mediante el que el Espíritu de Dios forma mujeres cristianas para que sean mujeres femeninas y hombres cristianos para que sean hombres masculinos que pueden encontrarse en el Puente de la conexión. El proceso es el mismo tanto para las mujeres como para los hombres. El resultado es maravillosamente único.

---

40 Charles Ringma, *Seize the Day with Dietrich Bonhoeffer* (Colorado Springs, CO: Pinon Press, 2000), 26 de octubre.

41 Mauro Meruzzi, "Woman and her complementary relationship to man", *Contendingi Modernities*, 1 de noviembre de 2012, http://blogs.nd.edu/contendingmodernities2012/11/01.

Confesión
La confesión acepta la derrota como una oportunidad de caminar por el camino estrecho hacia la vida.

La realidad de nuestra trágica existencia se siente profundamente.
Cuando el Espíritu comienza su obra profunda, nos sentimos desesperados en nuestro vacío, el cual no podemos ni llenar ni ignorar. Y gracias a Él, nos responsabilizamos de nuestros fallos relacionales como pecado, dejándonos rotos, sufriendo de nuestra incapacidad de amar a otros como Cristo nos ama.

Aceptamos la trágica realidad de nuestro vacío y quebrantamiento
Dejamos de luchar contra la verdad de lo que ahora estamos experimentando, no tratando más nuestra tristeza y fracaso como un enemigo a derrotar, sabiendo en cambio que esta difícil realidad es una oportunidad de aceptar nuestra derrota y así dejar hueco para el poder transformador de Dios.

Esperamos
Oramos no para negociar sino para rendirnos. Esperamos, más intencionadamente, no las bendiciones superficiales ni los agradables sentimientos, sino la liberación de la vida abundante, para crecer en nuestra capacidad dada por Dios de amar.

Discernimos la evidencia de la obra del Espíritu
El insoportable vacío se transforma lentamente en una sed esperanzadora. Nos identificamos con el salmista: "Una cosa he demandado a Jehová, ésta buscaré" (Salmos 27:4). Aunque aún fuerte, nuestro anhelo por las bendiciones y la sanidad se relega a un segundo plano y pasa a ser un deseo sin presión, "Que esté yo en la casa de Jehová todos los días de mi vida,

para contemplar la hermosura de Jehová" (Salmos 27:4). Nuestra sed de conocer a Dios nos despierta a nuestro máximo deseo: "ven, Señor Jesús" (Apocalipsis 22:10). No es un accidente que leer las cartas de amor de Dios nos deje queriendo nada más que ir a casa para estar con Jesús, verle y bailar para siempre en un ritmo perfecto con la Trinidad cuando nos unamos a la Fiesta eterna de amor.

Discernimos la obra más profunda del Espíritu

Cuanto más anhelamos bailar con la Trinidad amando como Jesús, más reconocemos que nuestras mejores acciones aún no están perfectamente acompasadas con el Espíritu. El quebrantamiento se profundiza, no en el menosprecio propio sino en una alegre gratitud a Dios. ¿Perdonado? ¿Por cada fracaso relacional? Sorprendente amor, ¡cómo es posible! La agonía del quebrantamiento se convierte en una celebración de gracia. Solo los quebrantados por el fracaso relacional pueden oír la dulce música del amor divino.

> *La esperanza se convierte en el fundamento sólido sobre el que podemos edificar una nueva manera de relacionarnos.*

Cuando el vacío se convierte en sed y el quebrantamiento se convierte en gratitud, la esperanza se revuelve con la vida. Seguimos dolidos, luchando y fallando; pero nuestra esperanza se mantiene firme. Aquel que comenzó una buena obra en nuestra conversión está profundizando esa obra mediante nuestra confesión, y la "perfeccionará hasta el día de Jesucristo" (Filipenses 1:6). El viaje se despliega: de concepción a conversión, de conversión a confesión, de confesión a término. Cada corazón vacío será totalmente satisfecho en Dios. Cada alma quebrantada recibirá la facultad de amar como Jesús. Nuestra esperanza segura nos sostiene.

El ancla de esperanza fortalece nuestra fe

Pablo agradecía a Dios porque "a causa de la esperanza que os está guardada" para los cristianos colosenses en el cielo, ahora estaban firmemente cimentados en la fe (véase Colosenses 1:4-5). Aprendemos una lección: la fe supera a la duda cuando la esperanza está viva; es más, la fe crece. Ninguna noche oscura puede destruir nuestra fe apoyada por la esperanza de que Dios nos está haciendo bien. Vivimos con una esperanza segura de que la mañana vendrá. Quizá sea viernes, ¡pero llega el domingo!

La fe fortalecida por la esperanza libera amor

La batalla continúa. La malvada carne está aún con nosotros. Las mujeres son tentadas a cerrarse para protegerse cuando acecha el peligro. Los hombres quieren retirarse para protegerse cuando el fracaso parece inminente. Pero nuestra experiencia de vacío y quebrantamiento ha debilitado nuestra demanda de conseguir todo lo que queremos de la vida y nuestro esfuerzo por controlar o negar el temor realista de que pueden ocurrirnos cosas malas. Al morir a las demandas del trato justo de parte de otros, vivimos con el deseo de revelar a Dios a esas personas que nos ofenden. Puede que estemos dolidos, pero podemos amar. Nuestra esperanza de un día mejor y nuestra fe de que vendrá nos liberan para amar. Cuando nuestra obligación de amar se convierte en nuestro deseo y delicia, es cuando ese amor divino vigoriza la forma en que nos relacionamos.

Es entonces cuando probamos la vida abundante

Quizá continúen las bendiciones, las bendiciones perdidas se pueden restaurar, o quizá no. Quizá experimentemos la presencia sanadora de Dios, o quizá no. Pero en cualquier circunstancia de la vida o en cualquier condición del alma, somos conscientes de una abundancia del deseo y del poder de amar. Quizá no los sintamos, pero de algún modo sabemos que ambos están ahí, vivos dentro de nosotros. *Queremos* amar. *Podemos* amar. Y a veces hacemos justo eso. ¡Amamos!

Entonces algo ocurre, y debemos volver a empezar el ciclo del proceso otra vez.
Quizá sea orgullo, la ilusión de que hemos llegado. Quizá otro sueño roto o un dolor enterrado desde hace mucho vuelve a resurgir. Podría ser la presión acumulada o el resurgir de una adicción poderosa. Nos encontramos anhelando bendiciones restauradas o paz sanadora. Intentamos actuar bien. Vivimos para el alivio. Y entonces el Espíritu, que nunca se rinde con nosotros, nos concede otro destello de realidad, esta más profunda, más inquietante. La experiencia de vacío y quebrantamiento regresa. Detrás de nosotros, oímos una voz calmada recordándonos: "Este es el camino, andad por él" (Isaías 30:21). Con sed y corazones agradecidos, recordamos que Cristo está en nosotros, "la esperanza de gloria" (Colosenses 1:27). La fe de nuevo se fortalece, el anhelo de amar de nuevo nos quema por dentro, y retomamos nuestro viaje por el camino estrecho. Entramos en otra etapa de vivir la vida abundante. Y la oración se levanta de nuestros corazones renovados: "Una etapa más larga, Señor, más profunda y más rica esta vez, hasta que una etapa de vida abundante se convierta en eternidad de gozo. ¡Ven, Señor Jesús!"

VIDA ABUNDANTE

Cuando una mujer camina por el camino estrecho hacia la vida abundante, se vuelve viva en su feminidad.
Sin intentar ser femenina, sucede. Ama como una mujer porque Dios le hizo mujer. Está abierta a recibir e impaciente de alimentar. Descubre el gozo de vivir en feminidad

relacional, no mediante esfuerzos agotadores sino mediante una grata rendición a la sabiduría, guía y poder celestial del Espíritu.

Cuando un hombre camina por el camino estrecho hacia la vida abundante, se vuelve vivo en su masculinidad.
Sin intentar ser masculino, sucede. Ama como un hombre porque Dios le hizo hombre. Inclina su oído al corazón de otro para oír su gemido, y luego se mueve hacia las relaciones con un amor que vivifica. Descubre el gozo de vivir en masculinidad relacional, no mediante esfuerzos agotadores sino mediante una grata rendición a la sabiduría, guía y poder celestial del Espíritu.

El hombre y la mujer se encuentran en el puente. Ella invita. Él se mueve. O dos mujeres se encuentran en el disfrute mutuo de su feminidad, o dos hombres se encuentran en el disfrute mutuo de su masculinidad. La realidad del cielo, el reino de Dios, viene a la tierra, visible en la comunidad de mujeres femeninas y hombres masculinos. Que así sea.

EPÍLOGO

UNA PALABRA FINAL PARA MUJERES Y HOMBRES

Para las mujeres

Si usted experimenta atracción por personas del mismo sexo; si lucha con preocupaciones sobre la imagen corporal y trastornos alimenticios; si alivia el dolor de su alma haciéndose cortes en el cuerpo o llenado su vacío con sexo, drogas, alcohol o intenta suicidarse: **usted sigue siendo una mujer.**

Si se siente insegura con su apariencia o avergonzada de sus debilidades, si han abusado sexual o emocionalmente e usted y ha vivido con odio y temor, si creció en una familia con padres y hermanos que nunca le *vieron*: **nada cambia el hecho de que usted es una mujer.**

Si es una niña adolescente que sufre problemas que no ha compartido con nadie, si está soltera y se pregunta por qué no se ha casado, o se ha casado y desearía estar soltera, si está luchando por llegar a ser mujer en un mundo de hombres: **su identidad básica es mujer**.

Si es atractiva y saludable; si es una abogada respetada, pastora, médico, empresaria o maestra; si opera bien en las relaciones y responsabilidades como esposa y madre o como una soltera activa y satisfecha: **reclame su más alto privilegio de relacionarse como una mujer.**

NO se etiquete por sus luchas y síntomas.
NO se defina por su historia y sus emociones.

NO se identifique por sus circunstancias y retos.
NO se limite por su éxito y satisfacción.

¡Oiga el llamado de Dios a vivir en feminidad relacional!

Una mujer auténticamente femenina es una mujer tan descansada en el deleite de Dios en su belleza indestructible, que rehúsa ser esclava de su temor a la invisibilidad. Por lo tanto, invita a otros a disfrutar de la belleza del Dios cuyo amor echa fuera el poder del temor al relacionarse:

- invitacionalmente, no controladoramente
- abiertamente, no cautelosamente
- valientemente, no defensivamente
- libremente, no en actitud protectora

Ella se relaciona con un propósito aceptado en su mente: animar a otros a ser consumidos y transformados por la belleza del Dios que ve, invita, nutre y disfruta de su pueblo.

Para los hombres

Si siente un deseo homosexual; si el placer de la pornografía parece irresistible; si anestesia su dolor con sexo, drogas, alcohol o una adicción más sutil como humor, sarcasmo o agresión: **usted sigue siendo un hombre.**

Si se siente inepto para marcar la diferencia que quiere marcar y, por lo tanto lucha con un sentimiento de insignificancia, si experimentó un abuso devastador en su familia o durante sus días de escuela, si le crió un padre que le empujaba o le ignoraba, o una madre que le criticaba o le sobreprotegía: **nada cambia el hecho de que es un hombre.**

Si es un chico adolescente con luchas privadas o secretos vergonzosos, si está soltero y se pregunta por qué no se ha casado, o se ha casado y desearía estar soltero, si está luchando por estar a la altura de un hombre en un mundo de hombres: **su identidad básica es hombre.**

Si está saludable y en buena forma; si es exitoso como líder en la iglesia, la empresa o la política; si opera bien en las relaciones y responsabilidades como esposo y padre, con los colegas de la empresa o los compañeros del deporte, o como un soltero productivamente activo: **reclame su más alto privilegio de relacionarse como un hombre.**

NO se etiquete por sus luchas y síntomas.
NO se defina por su historia y sus emociones.
NO se identifique por sus circunstancias y retos.
NO se limite por su éxito y satisfacción

¡Oiga el llamado de Dios a vivir en masculinidad relacional!

Un hombre auténticamente masculino es un hombre tan agradecido por su llamado a acercarse a otros con el peso del impacto divino que confronta su temor paralizante de ingravidez relacionándose para:

- oír las luchas de otro
- recordar su oportunidad privilegiada de moverse hacia otro y hacer por otro lo que crea que revelará la naturaleza del Dios que ve lo peor de otro, siente su impacto en Él y a la vez rehúsa retirarse.
- explorar las profundidades de esa lucha hasta que no sea consciente de ninguna otra ambición que la de estar con otra persona sin sentirse amenazado.
- sacrificarse por el placer de servir a otro

Él se relaciona con un propósito aceptado en su mente: animar a otros a confiar y a descansar en la belleza del Dios que está siempre moviéndose hacia otros en amor.

Las mujeres ofrecen un destello de la belleza del cielo. Muestran la invitación de Dios a acercarse a Él. Los hombres presentan una mirada a la belleza del cielo al igual que muestran el movimiento de Dios hacia nosotros que revela su amor.

La visión se ha lanzado. Quizá no cambiemos el mundo, pero podemos mostrar a Dios en nuestro mundo. Marque la diferencia para la que fue diseñado en las vidas de otras personas revelando la irresistible belleza de Dios al relacionarse como Jesús en el poder del Espíritu.

Que todos vivamos para revelar al Dios que amamos, como mujeres femeninas y hombres masculinos.

PALABRAS FINALES

Como una mujer cada vez más plenamente viva, quiero añadir mi voz al que creo que es un libro importante y liberador. Una breve historia podría ayudar a comunicar lo que está más vivo en mí cuando reflexiono en lo que Larry ha escrito.

Cuando escribo estas palabras, Larry y yo nos acercamos a nuestro aniversario número cuarenta y siete. Nos conocimos a la edad de diez años, tuvimos nuestra primera "cita" a los doce, nos casamos unas semanas antes de cumplir los veintidós, y nos hemos conocido durante cincuenta y ocho de los sesenta y ocho años desde que nacimos. Al mirar atrás a nuestros años de crecimiento, está claro para los dos que hemos estado en un viaje largo y lento hacia entender lo que significa estar plenamente vivos como hombre y mujer para la gloria de Dios.

Nuestros padres eran cristianos profundamente comprometidos que seguían lo que creían que era el llamado de Dios en sus vidas. Nuestros padres entendieron su "papel" como hombres de proporcionar sostén para sus familias (un término tradicional que con frecuencia oía cuando era niña) y asumir la responsabilidad del liderazgo espiritual. Nuestras madres aceptaron su "papel" de seguir sumisamente la dirección de su esposo y hacer su parte quietamente como ayudadora que apoya.

Ni Larry ni yo tenemos ninguna duda con respecto a que nuestros padres se amaban el uno al otro como fieles cónyuges y que vivieron su entendimiento de lo que significaba seguir a Cristo. Sin embargo, nos preguntamos si su declarada fe en Dios como una Trinidad de tres Personas divinas les hizo ser conscientes de que ellos estaban llamados a revelar a Dios de manera única mediante el modo en que se relacionaban como hombres y mujeres. Nos entristece pensar que nuestros padres no parecieran pensar en lo que significaría vivir plenamente vivos como varón y mujer portadores de una imagen.

Con poca o ninguna enseñanza o ejemplo a seguir del modo de relación en la Trinidad en mi trasfondo, ahora estoy agradecida por tener una visión de vivir como una mujer plenamente viva y abierta. Cada día me enfrento a la realidad del pecado relacional, de cerrar mi alma femenina a otros para protegerme a mí misma del dolor, un terror profundo que tomó forma en mí a los ocho años de edad, cuando comenzó el abuso por parte de un vecino. Pero cada día siento más claramente el deleite de vivir como la mujer que revela a Dios, lo cual la redención me ha permitido ser.

¿Sumisa? ¡Sí! ¿Bondadosa y callada? ¡Desde luego! ¿Una ayuda idónea para mi esposo? ¡Un privilegio! Pero de una manera nueva que me libera para vivir por encima de estereotipos, para ser cada vez más todo lo que soy como portadora femenina de la imagen de Dios.

Gracias al mensaje de *Plenamente vivos* puedo mirar hacia delante a mis años de ancianidad sabiendo que la verdadera belleza de mi feminidad nunca se desvanecerá, sino solo se irá haciendo más profunda. Dios ha usado la enseñanza de Larry en este libro para despertarme para probar la libertad de vivir para la gloria de Dios como mujer relacionalmente femenina. Larry también vive el mensaje de este libro, y yo he sido la gozosa receptora de un esposo que se mueve hacia mí y hacia Dios, viviendo en masculinidad relacional. Nos encontramos en el puente.

Esté usted casado o soltero, sea viejo o joven, disfrutando

de una vida bendecida o batallando en medio de dificultades, oro para que *Plenamente vivos* le despierte al privilegio de revelar a nuestro Dios relacional mediante el modo en que se relaciona como mujer femenina o como hombre masculino.

Rachael Crabb